Futh

Rationalisierung der Datenverarbeitung
Band II

Dipl.-Kfm. Horst Futh

Rationalisierung der Datenverarbeitung

Band II

Planung und Einrichtung von EDV-Abteilungen

Voruntersuchung – Einsatzplanung
Einsatzvorbereitung

Mit 31 Abbildungen und 30 Formularen

R. Oldenbourg Verlag
München Wien 1976

CIP-Kurztitelaufnahme der Deutschen Bibliothek

Futh , Horst
Rationalisierung der Datenverarbeitung. – München,
Wien : Oldenbourg

Bd. 2. Planung und Einrichtung von EDV-Abteilungen : Voruntersuchung, Einsatzplanung, Einsatzvorbereitung. – 1. Aufl. – 1976.
ISBN 3-486-34921-X

Gesamtherstellung: R. Oldenbourg, Graph. Betriebe GmbH, München
ISBN 3-486-34921-X

Inhalt

Vorwort zur Gesamtausgabe

Alle mit der Datenverarbeitung zusammenhängenden Fragen sind heute aktueller denn je. Nicht nur, daß die Anzahl der installierten EDV-Anlagen von Jahr zu Jahr wächst und immer mehr Anwendungsgebiete auf die EDV umgestellt werden, auch die EDV-Probleme haben erheblich zugenommen. Während in den 60er Jahren die maschinelle Abwicklung von Massen- und Routinearbeiten im Vordergrund stand, werden heute Lösungen für Dispositions- und Informationssysteme, für den Einsatz von Dialoggeräten und für den Aufbau von Datenbanken gesucht. Diese Entwicklung stellt neue Fragen und verlangt ein Abweichen von eingefahrenen Wegen. Hinzu kommt, daß die Unternehmen heute aus wirtschaftlichen Gründen gezwungen sind, rationellere Verfahren und Techniken in der EDV einzusetzen. Mehr Planung und Überwachung, der Einsatz normierter Organisations- und Programmierungstechniken und die Einführung von Kostenbudgets und Wirtschaftlichkeitsberechnungen werden bald zum Maßnahmenkatalog jeder EDV-Abteilung gehören.

Dem Wandel in der EDV und den Anforderungen, die künftig an die EDV-Mitarbeiter, aber auch an die Geschäftsleitungen und Mitarbeiter in den Fachabteilungen gestellt werden, will diese Buchreihe Rechnung tragen. Sie erstreckt sich auf das Gesamtgebiet der EDV-Technik und wird nur dort eingeschränkt, wo sich die EDV-Aktivitäten auf herstellerbezogene Hardware- und Softwaretechniken beziehen.

Die neue Buchreihe umfaßt folgende Bände:

Band I Grundlagen der EDV
- Hardware, Software, Orgware -

Band II Planung und Einrichtung von EDV-Abteilungen
- Aufgaben- und Datenanalyse, Gesamtsystem, Hardware- und Softwareauswahl, Wirtschaftlichkeitsanalyse, Gesamtplanung, organisatorischer, personeller und räumlicher Aufbau der EDV-Abteilung -

Band III Entwicklung und Einführung von EDV-Systemen
- Voruntersuchung, Projektsteuerung, Projektrealisierung, Änderungsdienst -

Band IV Rechenzentrumsorganisation
- Arbeitsplanung und Ablaufvorbereitung, Datenerfassung und Datenverarbeitung, Kontrolle und Abstimmung -

Band V Überprüfung von EDV-Abteilungen
- Revision der Projektumstellung, Revision der Projektabwicklung, Revision projektunabhängiger Bereiche -

Weitere Bände dieser Reihe sind geplant.

Januar 1976 Horst Futh

Vorwort zu Band II

Dieser Band erstreckt sich auf alle Aufgaben im Zusammenhang mit der Einrichtung oder Erweiterung einer EDV-Abteilung, im einzelnen die

- Voruntersuchung
  mit Organisationsauftrag, Aufgaben- und Datenanalyse, Entwurf eines Gesamtsystems, Hardware- und Softwareauswahl, Wirtschaftlichkeitsanalyse, Ausarbeitung und Präsentation des Organisationsvorschlages und Prüfung, Entscheidung und Bestellung der EDV-Anlage und die

- Planung und Vorbereitung des EDV-Einsatzes
  mit Bekanntgabe der EDV-Einführung, Ausarbeitung des Gesamtplans, organisatorischem, personellem und räumlichem Aufbau der EDV-Abteilung und Umstellung der Arbeitsgebiete.

Das Buch soll den Führungs- und Fachkräften der EDV-Abteilung helfen, die Planung und Durchführung der EDV-Einrichtung zu rationalisieren und stellt ihnen hierfür geeignete und bewährte Hilfsmittel zur Verfügung. Aber auch für die Mitglieder der Unternehmensführung und Mitarbeiter von Fachabteilungen, Betriebsorganisation und Revision ist dieses Buch ein Ratgeber, damit sie ihre Rolle bei der Einrichtung oder Erweiterung der EDV-Abteilung kennen und verstehen lernen.

Alle Abschnitte werden durch schaubildliche Darstellungen, Formularmuster und Fallbeispiele ergänzt. Alle DIN A 3 Formulare sind als Falttafeln im Anhang untergebracht.

Januar 1976 Horst Futh

1. Einführung

Die Aktivitäten bei der Planung und Einrichtung einer EDV-Abteilung werden in die beiden Stufen

- Voruntersuchung und
- Einsatzplanung und -vorbereitung

unterteilt. Hierbei muß es das Ziel sein, die Planung und Einrichtung systematisch, wirtschaftlich und ohne größere Reibungsverluste durchzuführen. Die Bedeutung dieses Schritts und die langfristige Bindung des Unternehmens an die gewählten Techniken und Hilfsmittel machen es erforderlich, daß neben erfahrenen EDV-Kräften auch die Unternehmensführung sowie Mitarbeiter der Fachabteilungen, der Betriebsorganisation und der Revision an der Planung und Einrichtung der EDV-Abteilung mitwirken.

Die erste Stufe der Aufgaben beginnt mit der Erteilung eines Organisationsauftrages an ein Untersuchungsteam und endet mit der Ausarbeitung eines Organisationsvorschlages sowie der Entscheidung und Bestellung der EDV-Anlage. Objekte der Voruntersuchung sind

- die Aufgaben- und Datenanalyse
- der Entwurf eines Gesamtsystems
- die Hardware- und Software-Auswahl und
- die Wirtschaftlichkeitsanalyse.

Umgehend nach Bestellung der EDV-Anlage sollten die Entscheidung und die geplanten Maßnahmen zur EDV-Einführung oder -erweiterung den Mitarbeitern des Unternehmens bekanntgegeben werden. Im Anschluß daran erfolgt die Einsatzplanung und -vorbereitung mit

- der Ausarbeitung eines Gesamtplans
- dem organisatorischen Aufbau der EDV-Abteilung
- dem personellen Aufbau der EDV-Abteilung
- dem räumlichen und technischen Aufbau der EDV-Abteilung und
- der Umstellung der Arbeitsgebiete.

Bild 1 zeigt eine Übersicht über die Gesamtaktivitäten bei der Planung und Einrichtung einer EDV-Abteilung. Damit die einzelnen Arbeitsschritte und Unterlagen sowohl sach- als auch arbeitsmäßig richtig zugeordnet werden können, haben wir Zuordnungsmerkmale geschaffen, die im Kopf eines jeden Formulars angebracht sind. Diese Zuordnungsmerkmale beziehen sich auf die

- Systemzuordnung
  (zu welchem Sachkomplex gehört die Tätigkeit bzw. das Formular, hierarchisch unterteilt nach System, Teilsystem und Untersystem?)

- Auftragszuordnung
  (aufgrund welchen Auftrages erfolgt die Tätigkeit, mit Auftrags-Nr. und Auftragsbezeichnung?)

- Projektstufenzuordnung
  (welcher Projektstufe ist eine Tätigkeit oder ein Beleg zuzuordnen?)

Die nachfolgenden Beispiele sollen die beschriebene Ordnung noch einmal veranschaulichen:

Systemzuordnung

Beispiel: System = Rechnungswesen (Unterteilung des Gesamtsystems der Daten- und Informationsverarbeitung eines Unternehmens in Systeme)

FUTH	Einführung Gesamtübersicht	Bild 1

Erteilung Organisationsauftrag

▽

Voruntersuchung

- Aufgaben und Datenanalyse
- Entwurf eines Gesamtsystems
- Hardware- und Softwareauswahl
- Wirtschaftlichkeitsanalyse
- Ausarbeitung Organisationsvorschlag
- Prüfung, Entscheidung und Bestellung der EDV-Anlage

▽

Einsatzplanung und -vorbereitung

- Bekanntgabe der EDV-Einführung
- Ausarbeitung des Gesamtplans
- Organisatorischer Aufbau
- Personeller Aufbau
- Räumlicher und technischer Aufbau
- Umstellung der Arbeitsgebiete

Teilsysteme = Buchhaltung, Kostenrechnung, Kalkulation (Unterteilung eines Systems - hier Rechnungswesen - in Teilsysteme)

Untersystem = Verkaufsabrechnung, Debitorenbuchhaltung, Sachkontenbuchhaltung (Unterteilung eines Teilsystems - hier Buchhaltung - in Untersysteme).

Anmerkung: Die Systemzuordnung kann sich mit der Bereichs- und Abteilungshierarchie eines Unternehmens decken, braucht dies aber nicht zu tun.

<u>Auftragszuordnung</u>

Beispiel: Auftrags-Nr.

XXX.X.XX

- XXX — Nr. des EDV-Auftrages (Geschäftsleitung an EDV-Leiter)
- X — Nr. des Projektauftrages (EDV-Leiter an Projektleiter)
- XX — Nr. des Arbeitsauftrages (Projektleiter an Projektmitarbeiter)

Auftragsbezeichnung = verbale Bezeichnung des Auftrages.

<u>Projektstufenzuordnung</u>

Beispiel: Wirtschaftlichkeitsanalyse = die Tätigkeit oder das Formular gehört der Projektstufe "Wirtschaftlichkeitsanalyse" an.

2. Voruntersuchung

2.1 Organisationsauftrag

2.11 Inhalt des Organisationsauftrages

Grundlage und Ausgang für jede Planung oder Erweiterung einer EDV-Abteilung sollte ein Organisationsauftrag sein, der folgende Punkte behandelt:

- Zielsetzung
- Vollmachten
- Sachliche und zeitliche Begrenzung
- Kosten
- Berichterstattung.

Da sich die Anwendung der maschinellen Datenverarbeitung heute selten nur auf einen einzigen Bereich oder eine einzige Abteilung im Unternehmen erstreckt, sollte der Organisationsauftrag von der Geschäftsleitung ausgehen. Die Bedeutung der EDV und ihre Auswirkungen auf das Unternehmen, aber auch die Autorität bei der Planung und Durchsetzung der EDV erfordern eine völlige Identifikation der Geschäftsleitung mit dem Organisationsauftrag. Nur so ist sichergestellt, daß die Geschäftsleitung sichtbar hinter diesem Projekt steht und der Voruntersuchung und Einsatzplanung das nötige Gewicht verleiht. Von Vorteil ist es auch, wenn ein Mitglied der Geschäftsleitung teilweise an den Untersuchungsarbeiten teilnimmt, zumindest aber den Ablauf der Untersuchung verfolgt und überwacht. Um Unklarheiten und Mißverständnisse von vornherein auszuschließen, sollte der Organisationsauftrag in schriftlicher Form erteilt werden.

Als Hauptpunkt des Organisationsauftrages ist die Zielsetzung anzusehen. Hier muß die Geschäftsleitung eindeutig sagen, welche Zielsetzung sie mit der Durchführung der Voruntersuchung verfolgt. Im weiteren Sinne besteht die Zielsetzung des Organisationsauftrages in der Prüfung, ob die Voraussetzungen für einen sinnvollen und wirtschaftlichen Einsatz der elektronischen Datenverarbeitung bzw. deren Erweiterung im Unternehmen gegeben sind. Deshalb muß das Ergebnis der Untersuchung klar ausweisen, welche Einsatzmöglichkeiten die Datenverarbeitungstechnik im Unternehmen besitzt, welche EDV-Anlage mit Größe und Ausrüstung sich am besten zur Aufgabenerfüllung eignet und welche wirtschaftlichen Vorteile durch den Einsatz der neuen Technik im Unternehmen zu erwarten sind. Im Gegensatz zu dieser allgemeinen Zielsetzung muß die Geschäftsleitung darüber hinaus die Ziele im engeren Sinne nennen. Hiermit meinen wir insbesondere die Beantwortung der Frage, welche EDV-Stufe mit dem möglichen Einsatz oder der Erweiterung der EDV erreicht werden soll. Üblicherweise unterscheiden wir nach den drei EDV-Stufen

- Mechanisierung von Massen- und Routinearbeiten
- Integrierte Datenverarbeitung unter Einbeziehung von dispositiven und informativen Aufgaben und
- Planungs- und Gestaltungsaufgaben unter Verwendung von Auskunftssystemen (Dialogverkehr).

Die maschinellen Hilfsmittel, die Kosten der EDV, aber auch ihr Nutzen sind in der Regel je EDV-Stufe völlig anders, so daß klar festgelegt werden muß, welche Stufe für den maschinellen Einsatz anzustreben ist.

Die Untersuchungsgruppe muß weiter alle Vollmachten erhalten, die für die reibungslose Durchführung der Voruntersuchung erforderlich sind. Hierzu gehören sowohl interne Vollmachten zur Befragung der erforderlichen Personen über den Istzustand als auch externe Vollmachten zur Verhandlung mit Hardwareherstellern und Softwarehäusern über die

Auswahl der Hardware und Software. Die erteilten Vollmachten haben jedoch lediglich informativen Charakter und sollten keine Weisungsbefugnis enthalten.

Als nächster Punkt ist die sachliche und zeitliche Begrenzung des Organisationsauftrages zu nennen. Sie bedeutet, daß sich die Voruntersuchung sowohl auf das ganze Unternehmen bzw. die ganze Unternehmensgruppe als auch nur auf Teilbereiche (z.B. nur den kaufmännischen Bereich) erstrekken kann. Genauso wichtig wie die sachliche ist eine zeitliche Begrenzung der Voruntersuchung, weil sonst (neben höheren Untersuchungskosten) die Gefahr besteht, daß bereits Einzelfragen in die Voruntersuchung einbezogen werden. Aus diesem Grunde sollte vor Beginn der Untersuchung ein detaillierter Zeitplan aufgestellt werden, in dem die Geschäftsleitung den Zeitaufwand und die Termine für die Voruntersuchung festlegt, die natürlich mit dem Umfang und Schwierigkeitsgrad der Voruntersuchung abgestimmt sein müssen. Damit die Termineinhaltung periodisch überwacht werden kann, ist eine Terminunterteilung von Vorteil. Terminsetzung und Terminunterteilung zwingen das Untersuchungsteam, sich auf die wesentlichen Fragen der Voruntersuchung zu konzentrieren und nicht das Untersuchungsziel aus den Augen zu verlieren. Für die Dauer der Voruntersuchung lassen sich kaum generelle Angaben machen: Je nach Umfang, Schwierigkeitsgrad und EDV-Stufe wird man im Minimum mit zwei bis drei Mannmonaten und im Maximum mit zehn bis zwölf Mannmonaten rechnen müssen.

Die Kosten der Voruntersuchung hängen im wesentlichen vom Zeitaufwand und der Anzahl und Qualifikation der Untersuchungspersonen ab. Reise- und Ausbildungskosten (für Informationsschulung bei Anlagenherstellern und Softwarehäusern) müssen in die Kosten einbezogen werden. Im übrigen gilt für die Kosten das gleiche wie für die zeitliche Begrenzung. Auch sie sollte nach oben limitiert sein, um das Untersuchungsteam von vornherein zu einer sachlichen und zeitlichen Begrenzung zu zwingen.

Als letzten Punkt enthält der Organisationsauftrag Hinweise zur Berichterstattung und Überwachung. Die Berichterstattung ist ein wichtiges Mittel zur Überwachung der Untersuchungsarbeiten und des Untersuchungsteams. Hierbei geht es nicht allein um die Überwachung im Hinblick auf richtige und terminliche Durchführung des Auftrages, sondern genauso um die Beratung und Unterstützung des Untersuchungsteams. Schon aus diesem Grunde ist es von Vorteil, wenn hierfür ein Mitglied der Geschäftsleitung zur Verfügung steht. Die Berichterstattung selbst sollte sowohl periodisch (beispielsweise einmal monatlich) als auch nach Abschluß der einzelnen Untersuchungsstufen erfolgen. Mittel der Berichterstattung sind Protokolle, Berichte und Diskussionen sowie zum Abschluß der Untersuchung die Ausarbeitung eines Organisationsvorschlages und Präsentation der Untersuchungsergebnisse vor der Geschäftsleitung und den Führungskräften der betroffenen Fachbereiche.

Bild 2 zeigt noch einmal eine Übersicht über den Inhalt des Organisationsauftrages, und im Formular II/01 ist das Muster eines Organisationsauftrages dargestellt.

FUTH	Organisationsauftrag Inhalt des Organisationsauftrages	Bild 2

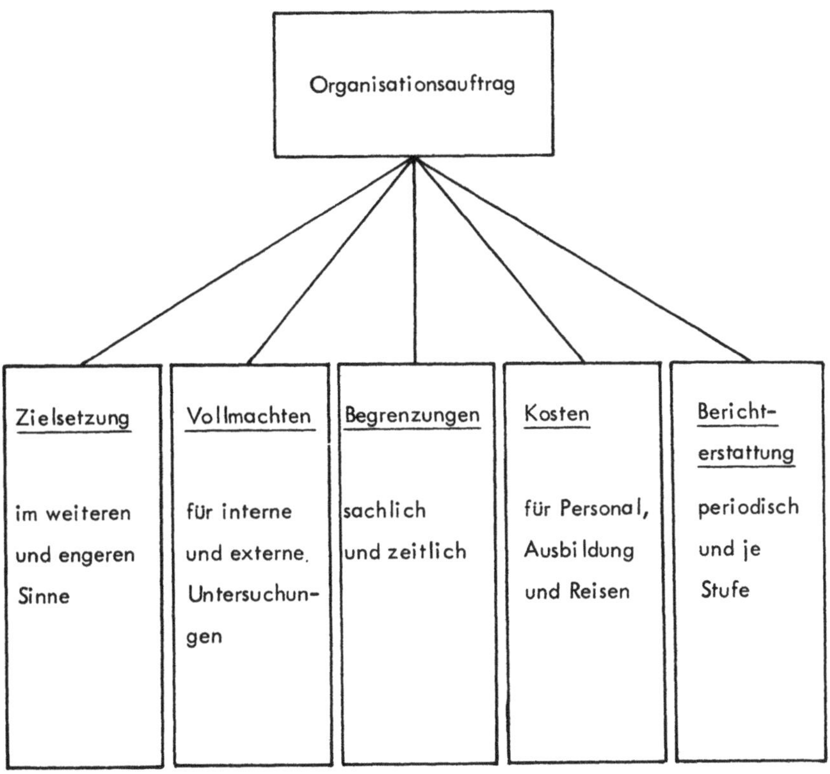

FUTH	ORGANISATIONSAUFTRAG	erstellt am: erstellt durch:
System	Teilsystem	Untersystem
Gesamtsystem		
Auftrags-Nr.	Auftragsbezeichnung	Projektstufe
075.1.03	Voruntersuchung	Erteilung Org.-Auftrag

Auftrag erteilt am:	5.11.75	Projektleiter:	Meyer
Auftrag erteilt durch:	Kunz, GL	Projektmitarbeiter:	Franz, Lehmann

Zielsetzung: Untersuchung der EDV-Einsatzmöglichkeit mit dem Ziel, Personal und Kosten zu sparen und die EDV als Dispositionshilfsmittel einzusetzen

Vollmachten: uneingeschränkt, aber keine Weisungs- und Entscheidungsbefugnis

Sachliche Begrenzung: Gesamtunternehmen

Stufen	Termine		Zeitaufwand in MW			Kosten in TDM		
	Anfang	Ende	Soll	Ist	Abw.	Soll	Ist	Abw.
Aufgaben- und Datenanalyse	10.11.75	21.11.	6			7,50		
Gesamtkonzeption	24.11.	5.12.	4			5,00		
Hardware- und Softwareauswahl	8.12.	19.12.	2			4,50		
Wirtschaftlichkeitsanalyse	5.1.76	9.1.76	1			1,25		
Organisationsvorschlag	12.1.	23.1.	2			2,50		
Summe	10.11.75	30.1.76	15			20,75		

Berichterstattung: monatlich und nach Abschluß einer Stufe

Anlagen: keine

Formular II/01

2.12 Zusammensetzung des Untersuchungsteams

Von entscheidender Bedeutung ist neben der schriftlichen Fixierung des Organisationsauftrages und der Unterstützung durch die Geschäftsleitung die Bildung und Zusammensetzung des Untersuchungsteams. Die Geschäftsleitung selbst sollte den Projektleiter ernennen, der für die gesamte Voruntersuchung verantwortlich und fähig ist, die Mitarbeiter fachlich anzuleiten und persönlich zu motivieren. Unabhängig davon, ob betriebseigene oder betriebsfremde Organisatoren bzw. ein gemischtes Untersuchungsteam eingesetzt werden, sollte der Projektleiter aus dem eigenen Unternehmen hervorgehen. Soweit noch keine EDV-Abteilung besteht, kann ein Mitglied der Betriebsorganisation oder der Revisionsabteilung, ggfs. aber auch einer Fachabteilung, zum Projektleiter ernannt werden. Voraussetzung ist, daß der Projektleiter die Probleme der Voruntersuchung erkennt und über erfahrene Fachkräfte verfügt.

Der Einsatz betriebseigener Organisatoren hängt zunächst davon ab, ob entsprechende Fachkräfte im Unternehmen vorhanden sind. Das wird in der Regel nur dann der Fall sein, wenn bereits eine Organisations- und Datenverarbeitungsabteilung besteht. Aber selbst dann kann es fraglich sein, ob die vorhandenen Mitarbeiter allein diese Aufgabe erfüllen können. Auch wird selten ausreichend Zeit für die Aus- und Weiterbildung eigener Kräfte zur Durchführung der Voruntersuchung zur Verfügung stehen. Gerade an die Mitglieder des Untersuchungsteams sind außerordentlich hohe Ansprüche zu stellen, die nicht allein in der Kenntnis der eigenen Betriebsorganisation liegen. Betriebseigene Organisatoren besitzen zwar den Vorteil, daß sie die Organisation und die organisatorischen Eigenheiten des Unternehmens besonders gut kennen, nachteilig wirkt sich dagegen eine mögliche Betriebsblindheit aus, insbesondere dann, wenn sie seit längerer Zeit im Unternehmen beschäftigt sind. Auch mangelndes Durchsetzungsvermögen gegenüber den eigenen Kollegen kann ein weiterer Nachteil betriebseigener Organisatoren sein.

Betriebsfremde Organisatoren gehören entweder einer unabhängigen Beratungsgesellschaft an oder sind bei einer Herstellerfirma für EDV-Anlagen beschäftigt. Denkbar ist es auch, daß vor Beginn der Untersuchung ein fachkundiger Organisator auf dem Arbeitsmarkt angeworben wird. Betriebsfremde Organisatoren haben im allgemeinen den Vorteil der fachlichen Qualifikation, verbunden mit einer langjährigen Erfahrung im Umgang mit der Datenverarbeitungstechnik. Sie kennen die Einsatzmöglichkeiten der Maschine, die auf dem Markt angebotenen Anlagen und Ausrüstungen und haben vielleicht gleiche Untersuchungen bereits in anderen Unternehmen durchgeführt. Es versteht sich von selbst, daß sich die geschilderten Vorzüge nur auf wirklich gute Berater oder Mitarbeiter von Herstellerfirmen beziehen. Ein gewisser Nachteil des betriebsfremden Organisators ist seine Unkenntnis von der Organisation des zu untersuchenden Unternehmens. Betriebsfremde Organisatoren benötigen meist eine Einarbeitungszeit, um den Aufbau und die Eigenschaften des Unternehmens kennenzulernen. Dieser Mangel kann im Einzelfall zu Fehleinschätzungen und falschen Folgerungen führen. Den Organisatoren und Verkäufern der Herstellerfirmen fehlt es zusätzlich an Unparteilichkeit. Häufig untersuchen sie nicht, welche EDV-Anlagen und Ausrüstungen sich am besten zur Lösung der anstehenden Aufgaben eignen, sondern passen die Organisation des Unternehmens der von ihnen vorgeschlagenen EDV-Anlage an. In diesem Falle empfiehlt es sich unbedingt, eine solche Untersuchung von mehreren Herstellerfirmen gleichzeitig durchzuführen und die Ergebnisse der Untersuchung dann von einem erfahrenen und unabhängigen Berater überprüfen zu lassen.

Die Nachteile der beiden genannten Gruppen führen häufig zu einer Kombination aus betriebseigenen und betriebsfremden Organisatoren, die sich in der Praxis gut bewährt hat. Dies gilt besonders dort, wo zwar eigene Organisatoren zur Verfügung stehen, diese aber nicht über die erforderlichen Kenntnisse und Erfahrungen auf dem Gebiet der Datenverarbeitung verfügen. Hier gibt es verschiedene Möglichkeiten einer erfolgversprechenden Zusammenarbeit: Einmal können betriebseigene Organisatoren oder andere befähigte Mitarbeiter des Unternehmens unter Beratung und Anleitung eines Unternehmensberaters mit der Untersuchung betraut werden (ohne daß jedoch die Projektleitung selbst an den Berater übergeht). Gilt der Einsatz oder die Erweiterung der Datenverarbeitung als nahezu sicher, können die eigenen Kräfte auch durch angeworbene Mitarbeiter verstärkt werden. Beide Möglichkeiten haben den Vorteil, daß eine Untersuchungsmannschaft besteht, die den Vorzug der Kenntnis der eigenen Organisation mit denen der Erfahrung im Einsatz von EDV-Anlagen verbindet. Die Mitarbeiter des eigenen Unternehmens erhalten neue Anregungen und Impulse, und die gegenwärtige Unterstützung und Kontrolle trägt dazu bei, daß Fehlwege und Irrtümer reduziert werden. Bei allen Vorteilen, die eine gemischte Untersuchungsgruppe bietet, sollte jedoch auf eine gute persönliche Zusammenarbeit der einzelnen Mitglieder des Teams geachtet werden. Außerdem sollte die Unternehmensführung unbedingt Wert darauf legen, daß in jedem Falle Mitarbeiter des eigenen Unternehmens an der Untersuchung beteiligt sind, jedoch nur solche Kräfte, die eine ausreichende Kenntnis der Zusammenhänge im Unternehmen sowie eine gute Anpassungsfähigkeit besitzen und in der Lage sind, sich kurzfristig die Grundlagen der maschinellen Datenverarbeitung anzueignen. Denn die Einführung oder Erweiterung der EDV erfordert neue Lösungen, deren Durchsetzung ohne eigene und fähige Fachkräfte nicht möglich ist.

Für welchen Weg sich die Geschäftsleitung in der Zusammensetzung des Untersuchungsteams auch entscheidet, in jedem Falle muß gewährleistet sein, daß erfahrene Fachleute die Untersuchung vornehmen, da das Ergebnis mitbestimmend für den Erfolg oder Mißerfolg bei der Einführung der maschinellen Datenverarbeitung ist. Enttäuschungen und Fehlschläge, die sich oft erst viel später bemerkbar machen, können so von vornherein vermieden, zumindest aber eingeschränkt werden.

Bild 3 zeigt eine Übersicht über die Vor- und Nachteile der einzelnen Untersuchungsgruppen.

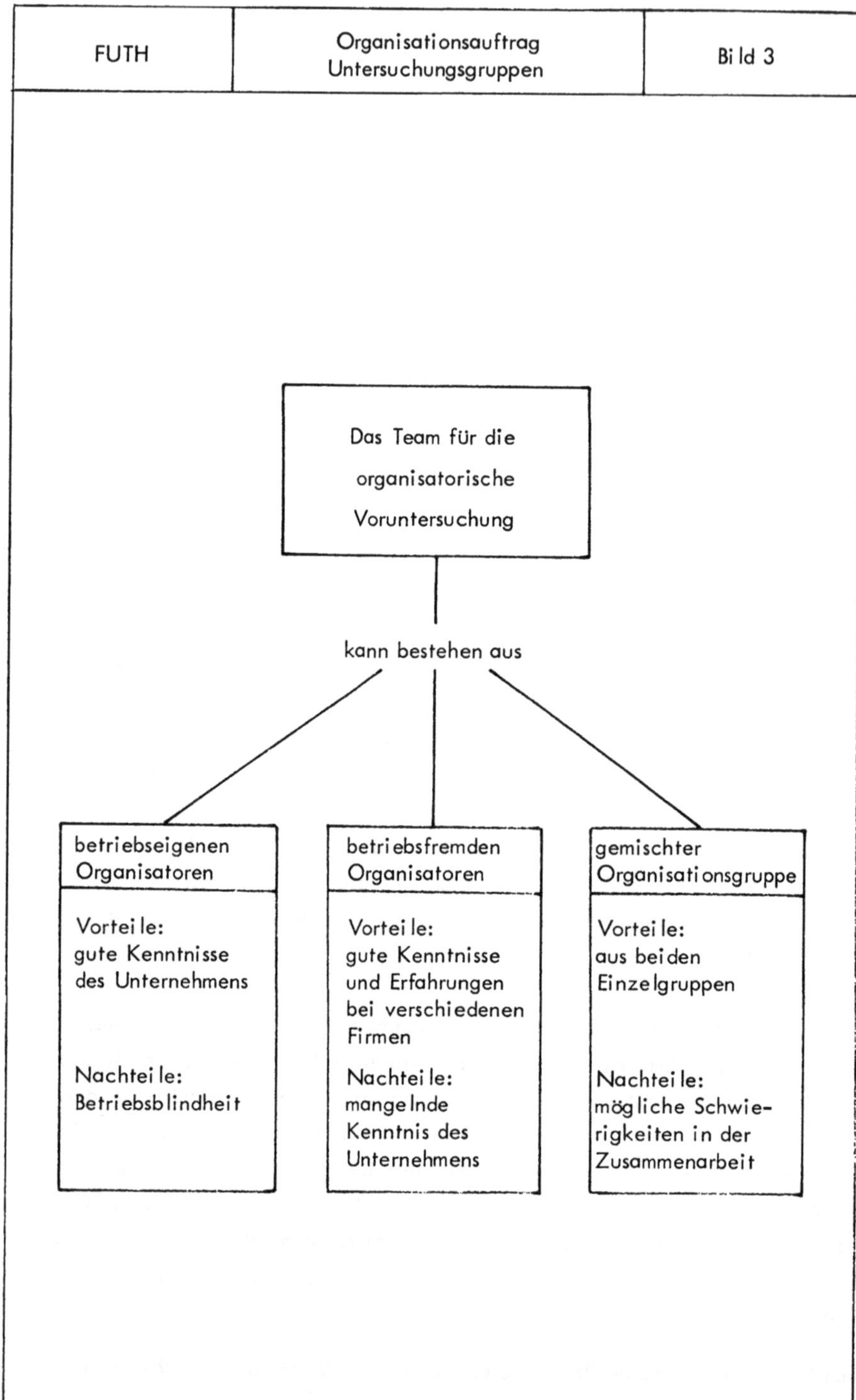
FUTH
Organisationsauftrag Untersuchungsgruppen
Bild 3
Das Team für die organisatorische Voruntersuchung
kann bestehen aus
betriebseigenen Organisatoren
Vorteile: gute Kenntnisse des Unternehmens
Nachteile: Betriebsblindheit
betriebsfremden Organisatoren
Vorteile: gute Kenntnisse und Erfahrungen bei verschiedenen Firmen
Nachteile: mangelnde Kenntnis des Unternehmens
gemischter Organisationsgruppe
Vorteile: aus beiden Einzelgruppen
Nachteile: mögliche Schwierigkeiten in der Zusammenarbeit

2.2 Aufgaben- und Datenanalyse

2.21 Ziel der Analyse

Sobald der Organisationsauftrag erteilt und das Untersuchungsteam gebildet ist, beginnt der erste Schritt der Voruntersuchung: Die Ermittlung des Istzustandes. Sie schließt die Aufnahme und Darstellung ein. Die Ermittlung des Istzustandes soll Klarheit darüber bringen, welche Daten die einzelnen Abteilungen erhalten, wie sie verarbeitet werden und welche Ergebnisse an andere Abteilungen weitergehen. Bei der Analyse kommt es jedoch weniger auf den gegenwärtigen Arbeitsablauf selbst, d.h. auf die Art und Reihenfolge der Arbeitserledigung, als auf den mengenmäßigen Beleg- und Datenanfall je Zeiteinheit sowie auf den Inhalt der Aufgabenerfüllung an. Die Untersuchung sollte allein auf den Zweck gerichtet sein, das Datenmengengerüst einschließlich der geplanten oder erwarteten Änderungen im Unternehmen sowie erste Zielvorstellungen zu erfassen und zu dokumentieren. Im Gegensatz zur Detailanalyse, die für die Umstellung eines Arbeitsgebietes notwendig ist, erstreckt sich die hier angewandte Ermittlung nicht auf Feinheiten. Eine solche Feinuntersuchung ist auch deshalb nicht erforderlich, weil es hier nicht um die Verbesserung eines Teilablaufs selbst, sondern um die Prüfung der Einsatzmöglichkeit der maschinellen Datenverarbeitung geht, eine Arbeit, die schneller und mit weniger Aufwand als eine Feinanalyse durchzuführen ist. Sie gewährt dennoch einen klaren Überblick über den Arbeitsablauf und die organisatorischen Zusammenhänge.

2.22 Untersuchungsmethoden

Bevor die Aufnahme des Istzustandes beginnt, ist zunächst die Untersuchungsmethode festzulegen. Hierbei ist davon auszugehen, daß die Untersuchung des Istzustandes zwangsläufig in enger Zusammenarbeit mit den Mitarbeitern der betreffenden Fachabteilungen erfolgen muß, weil nur sie die Daten und Abläufe ihrer Arbeitsgebiete genau kennen. Von der Art und dem Umfang, in dem die Fachabteilungen an der Untersuchung beteiligt sind, hängt die Wahl der verwendeten Untersuchungsmethode ab.

Bei der Konferenzmethode kommen die Organisatoren und Mitarbeiter der Fachabteilungen zusammen und erörtern gemeinsam die gegenwärtigen Abläufe mit allen interessierenden Einzelheiten. Diese Methode hat den Vorteil, daß die Untersuchenden nicht auf einseitige, persönliche Darstellungen einzelner angewiesen sind und fehlerhafte oder mißverständliche Beschreibungen sofort von anderen Gesprächsteilnehmern berichtigt werden können. Nachteile ergeben sich dann, wenn der Teilnehmerkreis zu groß oder nicht richtig zusammengesetzt ist. Diese letzte Schwierigkeit umgeht der Organisator dadurch, daß er das Gespräch auf ein fest umrissenes Thema begrenzt und nur diejenigen Personen einlädt, die zur Klärung beitragen können.

Eine zweite Methode der persönlichen Befragung ist die Einzelbesprechung, auch Interviewmethode genannt. Bei diesem Verfahren sucht der Organisator die einzelnen nach dem Istzustand arbeitenden Personen an ihrem Arbeitsplatz auf und befragt sie über ihre Aufgaben und Tätigkeiten. Die Interviewmethode kann sehr zeitraubend und unergiebig sein, weil jeder Mitarbeiter die Dinge anders sieht und nicht immer bereit ist, den Untersuchenden in die Einzelheiten "seines Systems" mit zahlreichen Zettelchen, Listen und Karteien einzuweihen.

Sollen die Mitarbeiter der Fachabteilungen stärker und aktiv in die Untersuchungstätigkeit einbezogen werden, so wählt der Organisator die Methode der schriftlichen Befragung. Bei diesem Verfahren verlagert sich ein Teil der Arbeiten von den Organisatoren auf das Personal der zu untersuchenden Abteilung. Der Organisator händigt den Sachbearbeitern Fragebogen oder Tätigkeitsberichtsblätter aus, die sie ausfüllen müssen. Der Nachteil der schriftlichen Befragung - die abgesprochene und gemeinsame Beantwortung der gestellten Fragen - kann durch geschickte Formulierungen oder inhaltsähnliche Gegenfragen abgeschwächt werden. Eine sich anschließende Besprechung wird dann die restlichen Einzelheiten klären. Diese Methode hat den Vorteil, daß die gemachten Angaben meist genau stimmen. Jeder wird sich schriftlich nur festlegen, wenn er die niedergeschriebenen Angaben auch vertreten oder beweisen kann.

Als besonders günstig für die Aufnahme des organisatorischen Istzustandes im Hinblick auf die Einführung der maschinellen Datenverarbeitung hat sich eine Mischung aus Interviewmethode und schriftlicher Befragung ergeben. Die Organisatoren verwenden hierzu vorbereitete Frage- oder Analysebogen, die ihnen als Leitfaden für die Aufnahme der Antworten bei der persönlichen Befragung dienen. Die gemischte Untersuchungsmethode vereint den Vorteil der schriftlich formulierten Fragen mit dem Vorzug des persönlichen Kontaktes zwischen Organisator und Mitarbeiter der betreffenden Fachabteilung.

Welche Methode im Einzelfalle auch immer für richtig gehalten wird, stets sollte der Organisator berücksichtigen, daß ihm für die Untersuchung verhältnismäßig wenig Zeit zur Verfügung steht und es auf verfahrensmäßige Einzelheiten des gegenwärtigen Ablaufs nicht ankommt. Im Bild 4 ist noch einmal eine Übersicht über die Untersuchungsmethoden dargestellt.

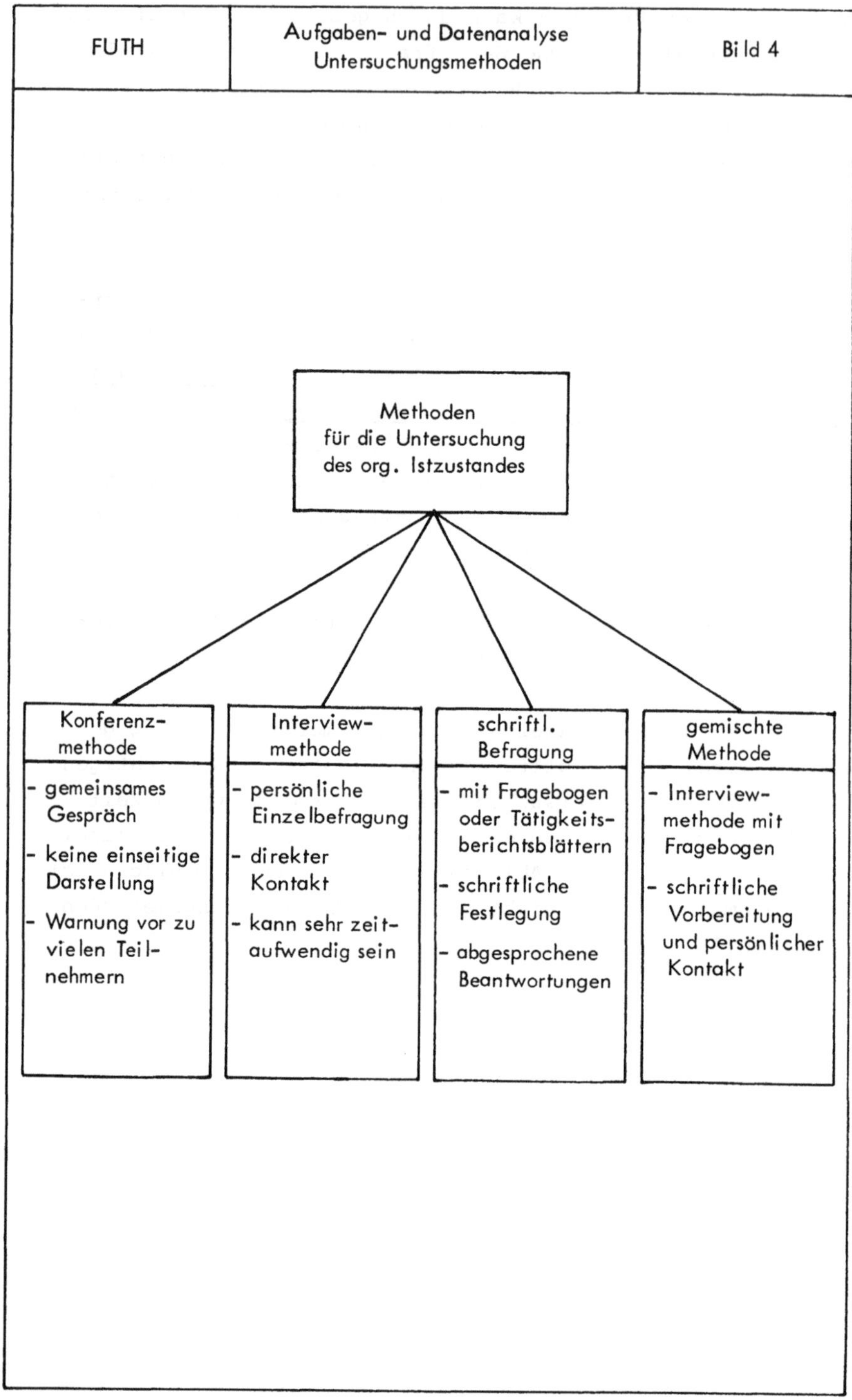
FUTH
Aufgaben- und Datenanalyse
Untersuchungsmethoden
Bild 4
Methoden
für die Untersuchung
des org. Istzustandes
Konferenz-
methode
- gemeinsames Gespräch
- keine einseitige Darstellung
- Warnung vor zu vielen Teil-
nehmern
Interview-
methode
- persönliche Einzelbefragung
- direkter Kontakt
- kann sehr zeit-
aufwendig sein
schriftl.
Befragung
- mit Fragebogen oder Tätigkeits-
berichtsblättern
- schriftliche Festlegung
- abgesprochene Beantwortungen
gemischte
Methode
- Interview-
methode mit Fragebogen
- schriftliche Vorbereitung und persönlicher Kontakt

2.23 Aufnahme und Darstellung des Istzustandes

Die Aufnahme und Darstellung des Istzustandes muß sich (das sei noch einmal klar herausgestellt) auf die Voruntersuchung zur Planung und Einrichtung einer EDV-Abteilung ausrichten. Das bedeutet, daß es hierbei in erster Linie um die Aufnahme und Darstellung gegenwärtiger Zusammenhänge sowie Bearbeitungs- und Datengruppen, nicht dagegen um einzelne Bearbeitungsvorgänge und die Festlegung von Datenfeldern geht. Alle Detailuntersuchungen sind der Problemanalyse innerhalb der Projektrealisierung, also den Umstellungsarbeiten selbst, vorbehalten.

Zur Aufnahme und Darstellung des Istzustandes verwendet der Organisator das Hilfsmittel

> Aufgaben- und Datenübersicht
> (Formular II/02, als Faltplan im Anhang untergebracht).

Das Formular dient zur Darstellung der Tätigkeiten mit verschiedenen Angaben, ergänzt um den Belegeingang und -ausgang sowie die verwendeten Hilfsmittel, insbesondere Karteien. Bei dem im Formular II/02 dargestellten Beispiel handelt es sich um die Verkaufsabrechnung der Abteilung Vertrieb in einem Großhandelsunternehmen. In gleicher Weise wie für die Verkaufsabrechnung ist auch für die anderen Arbeitsgebiete (hier: Debitorenbuchhaltung, Kreditorenbuchhaltung, Lohn- und Gehaltsabrechnung, Sachkontenbuchhaltung und Anlagenbuchhaltung) eine Aufgaben- und Datenanalyse durchzuführen. Ein Datenflußplan für die Darstellung des Istzustandes braucht üblicherweise nicht angefertigt zu werden, es sei denn, daß die beteiligten Organisatoren ihn zur besseren Übersicht als notwendig erachten.

Die Aufnahme und Darstellung schließt mit der kritischen Beurteilung des gegenwärtigen Istzustandes, bei der die Organisatoren die Schwachstellen und Engpässe der untersuchten Arbeitsabläufe besonders durchleuchten. Obwohl die Ermittlung des Istzustandes hier auf die Prüfung der Einsatzmöglichkeiten einer EDV-Anlage ausgerichtet ist, sollte sich der Organisator davon lösen, die Verbesserung der bestehenden Organisation allein unter dem Gesichtspunkt der elektronischen Datenverarbeitung zu sehen. Auch muß er bedenken, daß der mögliche Einsatz einer EDV-Anlage noch mindestens ein bis zwei Jahre entfernt ist, so daß häufig kurzfristige Maßnahmen, die sich aus der Durchleuchtung des Istzustandes ergeben, zur wirksamen Verbesserung eines Ablaufs beitragen können. Darüber hinaus sollte der Organisator berücksichtigen, daß nicht immer die technisch vollkommenste Lösung auch der wirtschaftlichsten Aufgabenerfüllung entspricht. Die elektronische Datenverarbeitung stellt nur <u>einen</u> Weg zur Verbesserung der Büro- und Verwaltungsabläufe dar. Da sie zugleich die Endstufe im Einsatz technischer Hilfsmittel ist, sollte der Organisator prüfen, ob er eine Verbesserung der Abläufe auch mit einfacheren und weniger aufwendigen Mitteln erzielen kann. Dieser Forderung steht die Erfüllung des Organisationsauftrages nicht entgegen.

2.3 Entwurf eines Gesamtsystems

2.31 Formulierung der Ziele und Forderungen

Bevor nun als nächster Schritt das EDV-Gesamtsystem entworfen wird, müssen die Forderungen und Ziele fixiert werden, die die Geschäftsleitung und die Fachabteilungen an das neue EDV-System stellen. Die Forderungen und Ziele sind naturgemäß von Unternehmen zu Unternehmen verschieden. Im allgemeinen können sie in generelle Forderungen und Ziele, die für das gesamte Unternehmen gelten, und in besondere Forderungen und Ziele unterteilt werden.

Als Beispiele für <u>generelle Forderungen und Ziele</u> können genannt werden:

- Gleichförmigkeit und Standardisierung der Arbeitsabläufe
- Vermeidung von Informationslücken
- Anpassungsfähigkeit der Arbeitsabläufe an geänderte Situationen
- Schnelligkeit, Einfachheit, Klarheit und Übersichtlichkeit der Arbeitsabläufe
- Überprüfbarkeit der Tätigkeiten und des Datenflusses
- Vermeidung von Doppelarbeiten und Überschneidungen
- Straffung der Verwaltungsabläufe
- Verkürzung der innerbetrieblichen Durchlaufzeiten und beschleunigte Abwicklung der Geschäftsvorfälle
- Verbesserung des Berichts- und Informationswesens
- bessere Einhaltung der Termine
- bessere Bereitstellung von Unterlagen für wirklichkeitsnahe Entscheidungen.

Beispiele für <u>Forderungen und Ziele im einzelnen</u> sind z.B.

- eine bessere Dispositionsmöglichkeit und optimale Lagerhaltung

- Kostensenkung in der Produktion durch bessere Arbeitsvorbereitung

- Einsparung von Vertriebskosten durch maschinelle Marktanalysen

- Verminderung der Personalabhängigkeit und der Überstunden

- schnellere Rechnungsprüfung, um Skonti in voller Höhe ausnutzen zu können

- Schaffung von Anwendungsmöglichkeiten für neue Verfahren, z.B. auf dem Gebiet der Unternehmensforschung

- Freisetzung von Mitarbeitern durch Verlagerung von Massen- und Routinearbeiten auf die EDV-Anlage.

Da die Einführung eines EDV-Systems in der Regel hohe Investitionen verursacht und das Unternehmen langfristig organisatorisch und verfahrenstechnisch bindet, ist die Mitwirkung der Geschäftsleitung bei der Festlegung der Forderungen und Ziele unerläßlich. Denn nur so ist gewährleistet, daß das neue System zum integrierten Bestandteil der Unternehmenspolitik wird. Eine endgültige Festlegung der einzelnen Forderungen und Ziele sollte in gemeinsamer Arbeit von Geschäftsleitung, Fachabteilungen und Organisatoren erfolgen. Alle Forderungen und Ziele müssen daraufhin untersucht werden, ob sie organisatorisch sinnvoll, technisch realisierbar und wirtschaftlich sind. Erst wenn diese drei Voraussetzungen erfüllt sind, bilden die aufgestellten Forderungen und Ziele die Grundlage für den Entwurf des neuen Gesamtsystems.

2.32 Vorstudie über Größe und Ausrüstung der EDV-Anlage

Zur Entwicklung eines neuen EDV-Systems müssen die Organisatoren nicht nur die Tatbestände des Istzustandes und die gefilterten Ziele und Forderungen der Geschäftsleitung und der Fachabteilungen kennen, sondern auch bereits eine erste Vorstellung über Größe und Ausrüstung der geplanten EDV-Anlage haben. Sind Größenordnung und Ausrüstung nicht ohnehin durch ein von der Geschäftsleitung vorgegebenes Kostenlimit begrenzt, so ist es meist verhältnismäßig leicht herauszufinden, ob eine kleine, mittelgroße oder große EDV-Anlage mit der entsprechenden Ausrüstung zur Lösung der geplanten Aufgaben eingesetzt werden muß.

Die Organisatoren werden sich deshalb in einer Vorstudie, die der eigentlichen Anlagenauswahl vorausgeht, mit der Größe und Ausrüstung der künftigen EDV-Anlage beschäftigen, ohne bereits hier die genaue Maschinenkonfiguration festzulegen. Diese bleibt dann der Anlagenauswahl selbst überlassen.

In der Vorstudie kommt es auf folgende Tatbestände an:

- Welche Größenordnung (Klein-, Mittelgroß- oder Großanlage) muß dem neuen System zugrunde gelegt werden?

- Besteht ein Kostenlimit der Geschäftsleitung, und wie hoch ist die vorgegebene Kostengrenze?

- Welche Größenordnung muß der interne Speicher der EDV-Anlage haben?

- Welche Ein- und Ausgabegeräte sollte die geplante EDV-Anlage besitzen?

- Muß die EDV-Anlage mit Datenstationen für die direkte Ein- und Ausgabe ausgerüstet sein?

- Welche und wie viele Geräte werden für die extern zu speichernden Dateien benötigt?

- Ist eine Datenfernübertragung vorzusehen?

- Welche grundsätzlichen Anforderungen werden an die Systemsoftware gestellt?

Im allgemeinen wird es genügen, wenn die Organisatoren zu diesem Zeitpunkt die obengenannten Fragen beantworten können. Sollte sich dann bei der späteren Anlagenauswahl die eine oder andere Abweichung gegenüber der Vorstudie ergeben, so würde dies auf die Gestaltung des neuen Gesamtsystems in der Regel nur geringe Auswirkungen haben. Denn bei der Entwicklung des neuen Gesamtsystems handelt es sich noch nicht um maschinentechnisch orientierte Abläufe, sondern vielmehr darum, den problemorientierten Gesamtablauf mit seinem Datenfluß zwischen den einzelnen Arbeitsgebieten aufzuzeigen. Ob beispielsweise die Dateien später statt auf Magnetplatten auf Magnetbändern gespeichert werden oder umgekehrt, hat nichts mit der sachlichen Lösung des Problems zu tun, sondern ist allein verfahrenstechnischer Natur.

2.33 Darstellung des Gesamtsystems

Bei Einführung oder wesentlicher Erweiterung der maschinellen Datenverarbeitung sollte immer von einer umfassenden Gesamtkonzeption ausgegangen werden. Dies bedeutet, daß nicht mehr einzelne Arbeitsgebiete als Insellösungen betrachtet auf die EDV umgestellt werden. Statt dessen wird zunächst ein Gesamtsystem entwickelt, das sich über Bereichs- und Abteilungsgrenzen hinweg am gesamten Daten- und Informationsfluß orientiert und die gegenseitigen Abhängigkeiten zwischen den Arbeitsgebieten berücksichtigt. Ein solches integriertes Gesamtsystem wird dann später bei der Umstellung in aufeinander abgestimmte Teilsysteme aufgelöst. Nicht nur die zusammenhängenden Daten- und Informationsströme in allen Ebenen des Unternehmens, sondern auch das Angebot an leistungsfähigen Techniken auf den Gebieten der Datenerfassung, Datenübertragung und Datenverarbeitung erfordern heute eine solche ganzheitliche Betrachtungsweise.

Welche Faktoren müssen nun beim Entwurf eines EDV-Gesamtsystems berücksichtigt werden?
Ausgehend von den Tatbeständen und Plänen des Unternehmens und unter Beachtung der realistischen Forderungen und Ziele ist ein Gesamtsystem zu entwickeln, dessen Rahmen die beiden nachstehenden Leitsätze bilden:

1. Grundlage eines neuen EDV-Systems muß immer die Schaffung einer modernen, rationellen betriebswirtschaftlich-organisatorischen Konzeption und eines entscheidungsorientierten Informationssystems sein.

2. Es sind neue Arbeitsabläufe zu entwickeln, die die moderne Mittel- und Verfahrenstechnik bestmöglich nutzen.

Denn bei einer umfassenden Rationalisierung mit Hilfe der maschinellen Datenverarbeitung kann es niemals Sinn und Zweck sein, an jahrzehntealten überlieferten Traditionen festzuhalten. Abgesehen von der Weiterentwicklung der Betriebswirtschaftslehre besteht ein enger Zusammenhang zwischen Sachinhalt und Mitteltechnik. Dies bedeutet, daß Leistungsfähigkeit und Kapazität moderner EDV-Anlagen die Anwendung neuer Verfahrenstechniken, wie beispielsweise der Unternehmensforschung, gestatten und damit die Voraussetzungen für eine Änderung im Bereich der Betriebswirtschaft schaffen.

Die Formulare II/03 und II/04 (Informationsverknüpfungen Gesamtsystem und Datenflußplan Gesamtsystem, als Faltplan im Anhang untergebracht) zeigen die Mitteltechniken, die dem Organisator zum Entwurf eines Gesamtsystems zur Verfügung stehen. In dem Formular "Informationsverknüpfungen Gesamtsystem" werden die einzelnen, auf der EDV-Anlage abzuwickelnden Arbeitsgebiete diagonal in der Reihenfolge von links oben nach rechts unten dargestellt. Die horizontale Kopfzeile nimmt die Eingaben (unterteilt nach primäre Eingaben = E und sekundäre Dateien = D) für die darunterliegenden Arbeitsgebiete auf. Die linke Außenspalte ist dann den Ausgaben je Arbeitsgebiet (von rechts nach links) vorbehalten. Die rechts neben den Arbeitsgebieten aufgeführten Ausgabedateien (D) gehen als Eingabedateien in die darunterstehenden Arbeitsgebiete ein. Ausgabedateien, die dagegen links von den Arbeitsgebieten stehen, gehen als Eingabedateien in die darüberstehenden Arbeitsgebiete ein. Diese Matrix, mit der Aufführung von Verarbeitung, Eingabe, Ausgabe und Speicherung, bildet die Voraussetzung für die schaubildliche Darstellung des "Datenflußplans Gesamtsystem". In diesem Datenflußplan sind alle vorkommenden und maschinell zu bearbeitenden Arbeitsgebiete (Systeme) mit ihren Hauptarbeitsgängen, Eingaben, Dateien und Ausgaben sowie ihren Zusammenhängen zwischen den einzelnen Arbeitsgebieten ablaufmäßig dargestellt. Ein solcher Grob-Datenflußplan (in der Praxis meist über mehrere große Blätter verteilt) bildet die Voraussetzung für die spätere Umstellungsplanung der einzelnen Arbeitsgebiete.

2.4 Hardware- und Softwareauswahl

2.41 Eigene EDV-Anlage oder Datenverarbeitung außer Haus?

Die Auswahl der geeigneten Hardware und Software gehört ohne Zweifel zu den schwierigsten Aufgaben, die der Organisator innerhalb der Voruntersuchung zu lösen hat. Etwa zwei Dutzend Herstellerfirmen bieten in der Bundesrepublik mehr als 50 verschiedene Datenverarbeitungssysteme an. Nimmt man noch die Möglichkeiten der Ausbaustufen und unterschiedlichen Ausrüstungen hinzu, so hat der Benutzer theoretisch die Wahl zwischen einigen Hundert Maschinenkonfigurationen. Kaum eine Anlage ist mit einer anderen voll vergleichbar. Genauso wenig, wie es nur gute oder nur schlechte EDV-Anlagen gibt, hat wohl jede Anlage Eigenschaften, die besonders gut, und andere, die nicht so vorteilhaft gelöst sind. Im übrigen geht es ja nicht darum, die leistungsfähigste Anlage (ganz allgemein gesehen) herauszufinden, sondern diejenige Maschine auszuwählen, die sich besonders gut und wirtschaftlich für die Lösung der Aufgaben im Unternehmen eignet. Selten wird die technisch vollkommenste zugleich auch die wirtschaftlichste Lösung einer Aufgabe sein. Aber nicht nur die EDV-Anlage selbst, auch ihre Systemsoftware, der Kundendienst des EDV-Herstellers und nicht zuletzt der Preis spielen eine Rolle bei der Hardware- und Softwareauswahl.

Doch bevor die Organisatoren mit der eigentlichen Hardware- und Softwareauswahl beginnen, muß entschieden werden, ob eine eigene EDV-Anlage angeschafft werden soll oder aber eine "Datenverarbeitung außer Haus" zu den maschinellen Lösungsmöglichkeiten gehört. Für eine Datenverarbeitung außer Haus kommen

- Herstellerrechenzentren
- Verbandsrechenzentren
- freie Lohnrechenzentren
- Gemeinschaftsrechenzentren oder
- die Mitbenutzung eines fremden Anwender-Rechenzentrums

in Betracht.
Gründe für eine permanente oder zeitweise Datenverarbeitung außer Haus können sein:

- ein geringer Datenanfall
- eine geringe Wiederholungshäufigkeit der EDV-Aufgaben

- Mangel an qualifiziertem EDV-Personal
- zeitweiser Bedarf an zusätzlicher EDV-Kapazität
- Vorbereitung auf die Installation einer eigenen EDV-Anlage
- Vermeidung hoher Entwicklungskosten und Fixkostenbelastung.

Eine echte Alternative zur permanenten Datenverarbeitung außer Haus ist unterhalb der Grenze von monatlich 50.000 DM EDV-Gesamtkosten (10.000 DM bis 20.000 DM monatliche Maschinenkosten) gegeben. Hier liegt der Vorteil einer Datenverarbeitung außer Haus darin, daß nur geringe Entwicklungskosten anfallen, die Fixkostenbindung außerordentlich niedrig ist und die laufenden Kosten nur mit dem Anstieg der Datenmenge wachsen. Wichtig ist jedoch, daß ein zuverlässiges Rechenzentrum in der Nähe liegt (bzw. die Übertragung der Daten wirtschaftlich gelöst werden kann) und der Vertrag nicht einseitig zu Lasten des Benutzers gestaltet wird. Wegen der Problematik eines solchen Vertragsverhältnisses empfiehlt sich die Einschaltung eines fachkundigen Beraters. Auch sollten die Datenerfassung und die Programmpflege beim Benutzer bleiben, die Programme dagegen von dem Lohnrechenzentrum selbst vorgenommen werden, um Verarbeitungsschwierigkeiten nicht auf fehlerhafte Programme abwälzen zu können.

2.42 Beurteilung der Leistungsfähigkeit von EDV-Anlagen

2.421 Beurteilungsmerkmale

Auch wenn die Auswahl der geeigneten EDV-Anlage nach anwendungsbezogenen Kriterien (Aufgaben, Datenmengen, Termine) und nicht aufgrund der absoluten Leistungsfähigkeit erfolgt, muß zunächst einmal für die Beurteilung von Hardware und Software ein allgemein gültiges Verfahren geschaffen werden.

Die Beurteilung muß sowohl die technische Leistungsfähigkeit (Hardware) als auch die Programm-Leistungsfähigkeit (Software) umfassen.

Die Merkmale für die Beurteilung von EDV-Anlagen sind:

1. Technische Leistungsfähigkeit (Hardware)
   1.1 Allgemeine Merkmale
   1.2 Zentraleinheit
   1.3 Ein-/Ausgabegeräte
   1.4 Externe Speicher

2. Programm-Leistungsfähigkeit (Software)
   2.1 Steuerprogramme
   2.2 Übersetzungsprogramme
   2.3 Arbeitsprogramme
   2.4 Standard-Anwendungssoftware.

Anhand der Einteilung in kleine, mittelgroße und große EDV-Anlagen wollen wir im folgenden analysieren, welche Merkmale diese Anlagen aufweisen und was der Organisator im Hinblick auf die Beurteilung ihrer Hardware und Software besonders zu beachten hat. Um dem Organisator seine Arbeit bzw. seine Gespräche mit den Herstellerfirmen zu erleichtern, sollen jeweils die typischen Merkmale der Anlagengrößen herausgestellt werden. Hierbei müssen wir jedoch voraussetzen, daß dem Leser wesentliche Einzelheiten des Aufbaus und der Arbeitsweise von EDV-Anlagen sowie ihrer Software bekannt sind.

Eine Einteilung in kleine, mittelgroße und große EDV-Anlagen kann naturgemäß nur nach überwiegenden Gesichtspunkten vorgenommen werden, weil eine eindeutige Größenklassifizierung der meisten EDV-Anlagen nur schwer durchzuführen ist. Auch erschwert die Ausbaufähigkeit der Anlagen und ihrer Modelle eine eindeutige Zuordnung.

Die hier durchgeführte Anlagenanalyse ist kein Patentrezept für jeden Anwendungsfall. Denn stets kann der Organisator nur von den in der Vergangenheit gewonnenen Erfahrungen und seinen Kenntnissen ausgehen, die zwar für den Regelfall gelten, nicht aber für den Einzelfall einer Maschinenauswahl zutreffen müssen. In gar keinem Falle enthebt der hier dargestellte Ratgeber für die Anlagenauswahl den Organisator der eigenen, gewissenhaften Untersuchung im Einzelfall. Hierzu wird ihm jedoch das in diesem Buch vermittelte Wissen nützlich sein können.

A. Die Leistungsfähigkeit kleiner EDV-Anlagen

Die Größenordnung von EDV-Anlagen läßt sich am besten aufgrund der Höhe ihrer Kosten bestimmen. So sind beispielsweise für eine kleine EDV-Anlage zwischen 5.000 und 15.000 DM monatlicher Miete aufzuwenden. Etwa 5.000 bis 10.000 DM betragen die monatlichen Mietkosten für eine Anlage, die mit einem Lochkartenlesegerät, einem Lochkartenstanzer, einem Magnetplattenspeicher und einem Schnelldrucker ausgerüstet ist. Kommen 2 bis 4 Magnetbandgeräte und 1 bis 2 wechselbare Magnetplattenspeicher hinzu, so sind meist zwischen 10.000 und 15.000 DM, in einzelnen Fällen auch darüber, zu zahlen. Bild 5 zeigt eine kleine EDV-Anlage, die außer mit Lochkartenlesegerät und Schnelldrucker mit 2 Magnetplattenspeichern ausgerüstet ist und 2 Datenkanäle besitzt. Die Angabe "16 bis 64 K" bedeutet, daß der interne Arbeitsspeicher 16.000 bis 64.000 K (K = Kilo = Tausend) Stellen bzw. Bytes umfaßt.

Von kleinen EDV-Anlagen unterscheiden sich die Computer der Mittleren Datentechnik dadurch, daß ihre monatlichen Mietkosten üblicherweise unterhalb von DM 5.000,-- liegen. Sie sind hauptsächlich tastaturorientierte elektronische Maschinen mit oder ohne Magnetkontenverarbeitung, auch wenn sie heute schon teilweise mit kleinen externen Speichern (Magnetplatten, Kassetten oder ähnlichen) ausgerüstet und zum Teil frei programmierbar sind. Zum Studium der Mittleren Datentechnik sei auf das Buch von

FUTH	Hardware- und Softwareauswahl Kleine EDV-Anlage	Bild 5

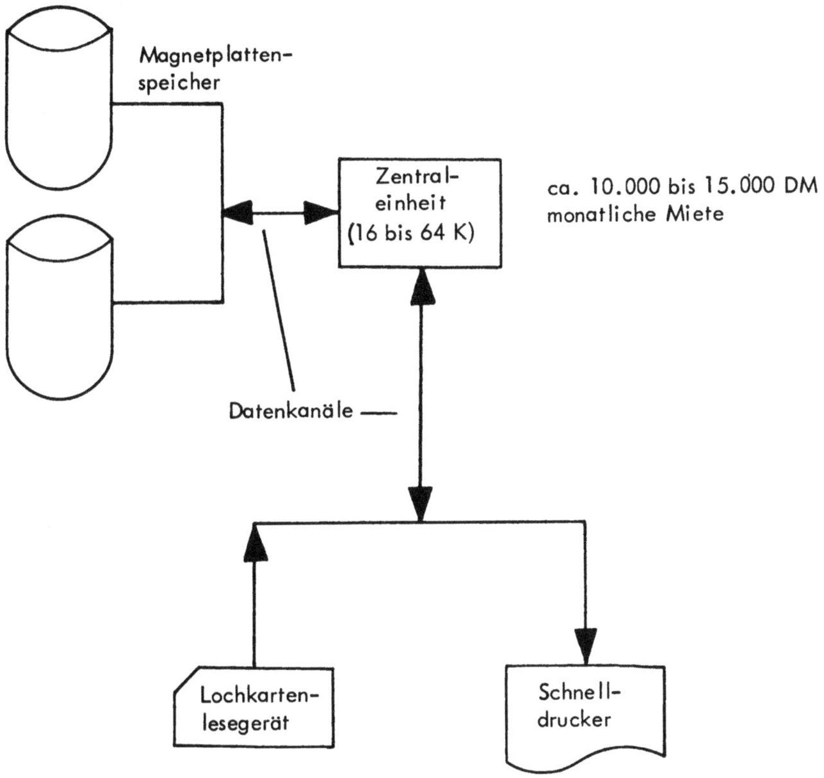

Lutz J. Heinrich, Mittlere Datentechnik
Verlagsgesellschaft Rudolf Müller, Köln

verwiesen.

Obwohl die Planung und Einrichtung einer Mittleren Datentechnik etwas weniger problematisch als die gleiche Aufgabenstellung für die EDV ist, so muß auch hier systematisch und planvoll vorgegangen werden. Deshalb können die meisten Abschnitte dieses, vornehmlich auf die EDV-Technik bezogenen Buches auch für die Planung und Einrichtung einer Mittleren Datentechnik Anregungen und Hinweise bieten.

1. Hardware

1.1 Allgemeine Merkmale

An dieser Stelle soll zunächst der Ausdruck "Datenkanal" (kurz Kanal) erläutert werden. Ein Kanal verbindet die Zentraleinheit mit ihren peripheren Geräten, also den Ein-/Ausgabegeräten und den externen Speichern, und sorgt für die Übertragung der Daten. Wichtig für die Beurteilung des Datenkanals ist es, mit welcher Geschwindigkeit die Daten durch den Kanal fließen und ob die Daten zwischen den verschiedenen Geräten und der Zentraleinheit gleichzeitig fließen können (wenn beispielsweise zwei oder mehrere Datenkanäle vorhanden sind). Eine EDV-Anlage mit nur einem Datenkanal hat den Nachteil, daß die Daten nur zwischen dem Lesegerät, dem Stanzgerät <u>oder</u> dem Schnelldrucker zur Zentraleinheit bzw. umgekehrt fließen können. Ein gleichzeitiger Datentransport von oder zu mehreren Geräten ist nicht möglich. Dem Nachteil einer eingeschränkten Leistungsfähigkeit steht bei dieser Ausrüstung der Vorteil geringerer Kosten gegenüber. Im allgemeinen sind Kleinanlagen standardmäßig mit nur einem Datenkanal ausgerüstet. Werden jedoch externe Zusatzspeicher (Magnetbandgeräte oder Magnetplattenspeicher) angeschlossen, so sollten zwei Kanäle oder ein sog. Multiplex-Kanal gewählt werden. Den Multiplex-Kanal werden wir bei den mittelgroßen Anlagen näher erläutern.

Eine weitere Einrichtung, besonders bei kleinen Anlagen, ist sehr wichtig: Die Ausrüstung mit Pufferspeichern (kurz Puffer genannt). Ein Puffer ist ein Speicher, der zwischen Ein-/Ausgabegerät und Arbeitsspeicher geschaltet ist. Der Druckpuffer nimmt die Daten auf, die von der Zentraleinheit zum Schnelldrucker übertragen werden. Im Gegensatz zum langsamen, mechanisch arbeitenden Drucker übernimmt der Puffer die Daten mit der gleichen Geschwindigkeit, mit der sie vom Kanal angeboten werden. Der Datenkanal wird auf diese Weise wesentlich kürzer in Anspruch genommen und kann schon früher freigegeben werden, um danach Daten vom Lesegerät zur Zentraleinheit usw. zu transportieren.

Bei der EDV-Anlage ohne gepufferte Ein-/Ausgabe kann jeweils nur eine periphere Einheit in Tätigkeit sein. Wie in Bild 6 dargestellt, wird der erste Datensatz (der Inhalt einer Lochkarte) eingegeben und verarbeitet, und die Ergebnisse werden (als Druckzeile) ausgegeben. Anschließend folgt die Eingabe, Verarbeitung und Ausgabe des zweiten Datensatzes und so fort. Die Darstellung zeigt, daß sowohl Eingabe- als auch Verarbeitungs- und Ausgabeeinheit schlecht ausgenutzt sind, weil jedesmal Wartezeiten auftreten.

Die Arbeitsweise einer vollgepufferten EDV-Anlage (Eingabe und Ausgabe sind gepuffert) zeigt Bild 7. Hier überlappen sich Ein- und Ausgabe voll, was bedeutet, daß die Ein- und Ausgabegeräte kontinuierlich arbeiten können. Lediglich die Recheneinheit muß aufgrund ihrer vergleichsweise hohen Geschwindigkeit mit der Verarbeitung warten. Im Gegensatz zur ungepufferten Anlage werden bei einer gepufferten EDV-Anlage etwa die doppelte Anzahl von Datensätzen je Zeiteinheit verarbeitet: Das Eingabegerät überträgt schon den nächsten Datensatz in den Eingabepuffer, während Verarbeitung und Ausgabe des vorhergehenden Satzes noch laufen.

FUTH	Hardware- und Softwareauswahl Ungepufferte EDV-Anlage	Bild 6

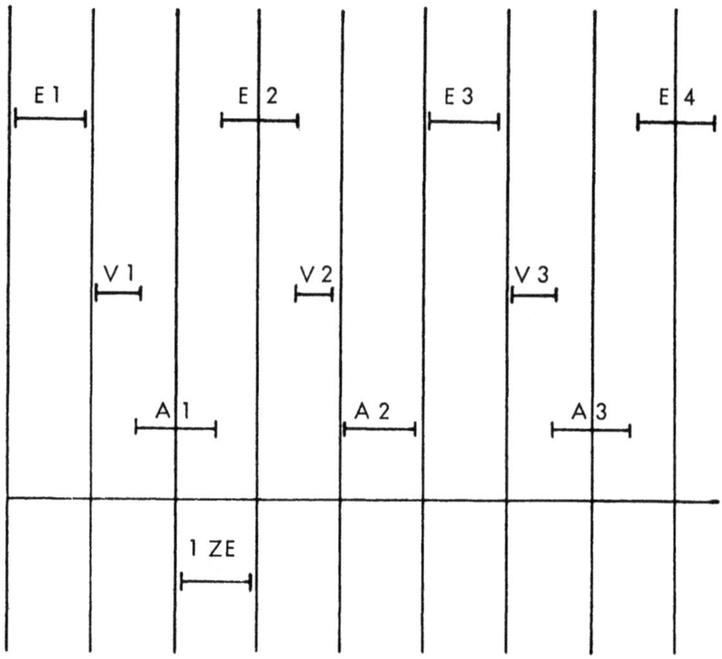

E = Eingabe
V = Verarbeitung
A = Ausgabe
ZE = Zeiteinheit

FUTH	Hardware- und Softwareauswahl Vollgepufferte EDV-Anlage	Bild 7

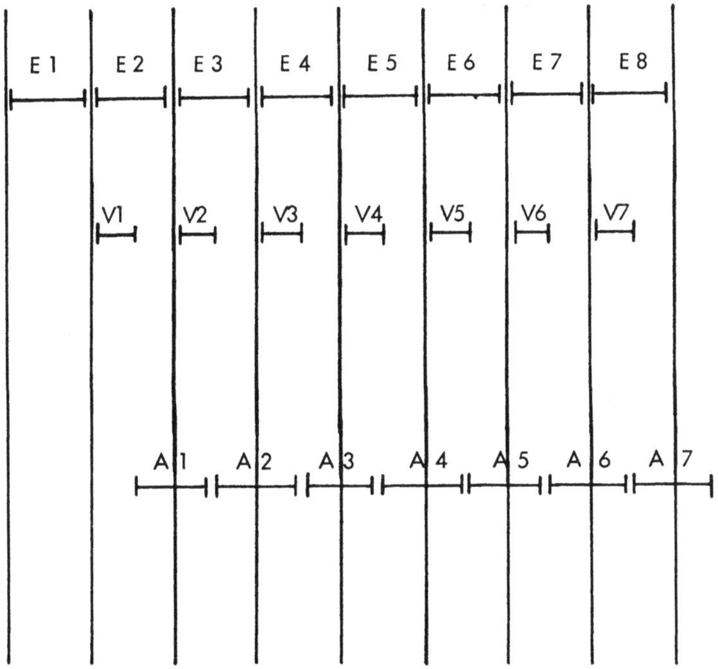

E = Eingabe
V = Verarbeitung
A = Ausgabe

Erst auf Anforderung des Programms werden die im Pufferspeicher gesammelten Datensätze einzeln in den Hauptspeicher der Zentraleinheit übertragen und anschließend verarbeitet. Die Übertragung beansprucht hierbei nur einen Bruchteil der Zeit, die erforderlich wäre, wenn die Eingabeeinheit direkt in den Arbeitsspeicher einlesen würde. Entsprechend verhält es sich auf der Ausgabeseite. Ist die Anlage nur mit Eingabe- oder Ausgabepuffer ausgerüstet, so liegt der Nutzeffekt etwa in der Mitte.

1.2 Zentraleinheit

Die Zentraleinheit (engl. CPU = Central Processing Unit) umfaßt den internen Haupt- oder Arbeitsspeicher, die Verarbeitungs- oder Recheneinheit und das Steuerwerk. Bei der Beurteilung der Zentraleinheit sind folgende Einzelheiten zu beachten:

a) Wie groß ist der interne Speicher, in welchen Stufen ist er ausrüstbar, und kann er ohne Umtausch der ganzen Zentraleinheit beim Kunden erweitert werden?

Hinweise:
Der interne Speicher einer Kleinanlage sollte mit 8, 16, 32 oder 64 K ausrüstbar sein und beim Kunden ("im Feld") erweitert werden können; als reine Kartenanlage genügen meist 8 oder 16 K, während für eine Anlage, die mit Magnetbandgeräten oder Magnetplattenspeichern ausgerüstet ist, in der Regel 32 oder 64 K erforderlich sind.

b) Handelt es sich bei der Struktur des internen Speichers um einen Stellen-, Byte- oder Wortspeicher?

Hinweise:
Bei einem Stellenspeicher kann jede Speicherstelle nur ein alphanumerisches Zeichen (d.h. eine Ziffer, einen Buchstaben oder ein Sonderzeichen) aufnehmen

(= 6 Datenbits). Bei einem Bytespeicher umfaßt jede Speicherstelle dagegen 8 Datenbits und kann ein alphanumerisches Zeichen oder - in gepackter Form - 2 Ziffern speichern. Ein Wortspeicher besteht (je nach Maschinensystem) in der Regel aus 16-36 Datenbits, und ein Speicherwort kann mehrere Ziffern und/oder Buchstaben umfassen. Wortspeicher werden bei Kleinanlagen selten angeboten, wohingegen der Einsatz von Bytespeichern immer mehr zunimmt. Bytespeicher sind vorteilhafter als reine Stellenspeicher, weil innerhalb eines Bytes 2 Ziffern gespeichert werden können.

c) Wie hoch ist die Übertragungsgeschwindigkeit des internen Speichers?

Hinweise:
Die interne Übertragungsgeschwindigkeit ist - absolut gesehen - sehr schlecht zu beurteilen und muß statt dessen im Vergleich zu anderen Anlagen und als Merkmal der gesamten Leistungsfähigkeit einer Anlage betrachtet werden.

d) Steht der Arbeitsspeicher voll für die Kundenprogramme zur Verfügung oder sind bestimmte Bereiche durch den Hersteller reserviert, die nicht genutzt werden können?

Hinweise:
Die Größe des internen Speichers muß allein aus der Sicht des Benutzers gesehen werden. Reservierte Bereiche sind von der nutzbaren Gesamtkapazität abzuziehen.

e) Wie viele unterschiedliche Befehle besitzt die Anlage und welche Zeit benötigen ihre Ausführungen?

Hinweise:
Je mehr Befehle eine Anlage kennt, desto anpassungs-

fähiger und schneller kann sie im allgemeinen arbeiten. Manche Kleinanlagen haben aus Kostengründen keine verdrahtete Multiplikations- und Divisionseinrichtung, und die Multiplikation und Division werden statt dessen über ein Standardprogramm durchgeführt, was zusätzliche Rechenzeit und erhöhten Speicherplatzbedarf für die Aufnahme der Programme erfordert. Die Zeit für die Ausführung einzelner Befehle muß wieder vergleichsweise zu Kleinanlagen anderer Hersteller gesehen werden.

f) Wie viele Indexregister besitzt die Anlage?

Hinweise:
Indexregister zur leichten Änderung von Adressen sind nicht unbedingt notwendig, erleichtern aber die Programmierung und sparen Speicherplatz. Sie sind als vorteilhaft anzusehen.

1.3 Ein-/Ausgabegeräte

Die nächsten Fragen und Hinweise wenden sich nun den Ein- und Ausgabegeräten zu:

a) Sind alle anschließbaren Ein-/Ausgabegeräte standardmäßig gepuffert, ist eine Pufferung gegen Mehrpreis erhältlich oder ist die Anlage ganz oder teilweise ungepuffert?

Hinweise:
Die Bedeutung der Pufferung wurde bereits hervorgehoben. Sollte eine Pufferung nur gegen Mehrpreis erhältlich sein, muß geprüft werden, ob die dadurch erzielbare höhere Leistungsfähigkeit überhaupt benötigt wird.

b) Erfordern die einzelnen Ein- und Ausgabegeräte gesonderte Steuereinheiten und wie teuer sind diese?

Hinweise:
Im allgemeinen sind die Steuereinheiten bei Kleinanlagen in der Zentraleinheit oder in den Geräten selbst eingebaut. Hier handelt es sich nur um die Frage zusätzlicher Kosten.

c) Wird die Umwandlung vom Lochkarten- in den Maschinencode bzw. umgekehrt bereits im Gerät durchgeführt oder bedarf es eines gesonderten Umwandlungsprozesses im Arbeitsspeicher?

Hinweise:
Durch eine gesonderte Umwandlung im Arbeitsspeicher geht wertvolle Maschinenzeit verloren.

d) Die im Prospekt genannten Soll-Leistungen der Ein-/Ausgabegeräte unterscheiden sich häufig von den in der Praxis wirklich erreichten Istzeiten. Das gilt insbesondere bei Kleinanlagen. Deshalb ist genaue Auskunft vom Hersteller zu fordern, unter welchen Voraussetzungen und mit welchen Einschränkungen die angegebenen Leistungen erzielt werden. Ein aufwendiges Verarbeitungsprogramm kann z.B. die zwischen zwei Zeittakten zur Verfügung stehende Verarbeitungszeit überschreiten, so daß die Geschwindigkeit auf der Ein- und Ausgabeseite um 30 bis 50 Prozent absinkt.

e) Werden die Lochkarten zeilen- oder spaltenweise gelesen?

Hinweise:
Bei der Zeilenlesung besteht der Abfühlvorgang immer aus 12 Impulsketten (entsprechend den 12 Lochzeilen) und die Einlesegeschwindigkeit ist gleichbleibend hoch. Im Gegensatz hierzu ist die Anzahl der Impulsketten bei der Spaltenabfühlung verschieden und hängt von der Anzahl der aufeinanderfolgenden gelochten Spalten ab. Entsprechend

der Anzahl der gelochten Spalten erhöht oder verringert sich die Geschwindigkeit.

f) Welche automatischen Kontrollen besitzt das Lesegerät?

Hinweise:
Im allgemeinen findet eine Lochzahlprüfung mit Hilfe zweiter Lesestationen statt. An beiden Stationen werden die Anzahl der Löcher in der Karte gezählt und auf Übereinstimmung geprüft. Auf jeden Fall muß das Lesegerät eine zuverlässige automatische Prüfung auf richtige Abfühlung besitzen.

g) Wie viele Ablagefächer sind vorhanden und wie können die Karten ausgesteuert werden?

Hinweise:
Manche Lesegeräte besitzen 2 oder 3 Kartenablagefächer. Meist kann dann über das Programm die Karte in das eine oder andere Fach gesteuert werden (was meist einen gesonderten Lauf auf der Sortiermaschine erspart), um im Anschluß an die Verarbeitung das Kartenpaket wieder nach Kartenarten zu trennen.

h) Wie hoch ist die Geschwindigkeit des Lesegerätes?

Hinweise:
Annehmbare Geschwindigkeiten liegen zwischen 24.000 und 40.000 Karten je Stunde.

i) Wie hoch ist die Geschwindigkeit des Lochkartenstanzgerätes?

Hinweis:
Durchschnittliche Geschwindigkeiten sind 8.000 bis 15.000 Karten je Stunde.

j) Wird die Stanzkontrolle auf die übliche Weise durchgeführt?

Hinweise:
Hinter der Stanzstation liegt eine Lesestation, die die gerade gestanzten Angaben liest und mit den gespeicherten Angaben vergleicht. Besitzt das Gerät eine andere Stanzprüfung, muß ebenfalls die Sicherung durch automatische Kontrollen gewährleistet sein.

k) Ist die Zusatzeinrichtung "Stanzen in die gleiche Karte" einzubauen und was kostet sie?

Hinweise:
Diese Zusatzeinrichtung kann gerade bei Kleinanlagen sehr wertvoll sein. Vor der Stanzstation liegt noch eine Lesestation. Die abgefühlten Daten werden verarbeitet und die Ergebnisse wieder in die gleiche Karte gestanzt, so daß beispielsweise eine Artikelkarte für die Rechnungsschreibung den im selben Durchlauf errechneten Betrag (Menge mal Preis) aufnimmt. Auch für die Lohn- und Materialabrechnung gibt es ähnliche Anwendungsbeispiele. Auf diese Weise können viele Lochkarten (Zwischen- und Summenkarten) bei Kleinanlagen eingespart werden.

l) Wie beim Lesen, so kann auch die Geschwindigkeit beim Stanzen der Lochkarten von der Art der Stanzung abhängen.

Hinweise:
Der Organisator muß also wissen, ob die Karten zeilenweise, spaltenweise oder en bloc (im ganzen mit einer einzigen Bewegung der Stanzstempel) gestanzt werden und sich die Geschwindigkeit hierdurch ändern kann.

m) Ist an der Anlage eine sogenannte Mehrfunktions-Karteneinheit anschließbar?

Hinweise:
Ein solches Gerät kann außer dem Lesen und Stanzen von Lochkarten verschiedene zusätzliche Aufgaben, wie Mischen, Duplizieren und Beschriften der Lochkarten, durchführen. Die zusätzliche Anschaffung der entsprechenden Lochkartenmaschinen (Mischer, Doppler, Lochschriftübersetzer) entfällt hierdurch und die Gesamtmiete wird verringert. Da das Gerät jedoch in erster Linie zum Lesen und Stanzen von Karten (in Verbindung mit der EDV-Anlage) benutzt wird, ist die Gesamtbelastung zu berücksichtigen. Werden beispielsweise Lochkarten gestanzt, die dann im selben Durchlauf zu beschriften sind, so sinkt die Gesamtgeschwindigkeit auf die Leistung der langsamsten Station (das ist in diesem Falle die Lochschriftübersetzung) in der Mehrfunktioneneinheit. Wird die EDV-Anlage vielleicht nur insgesamt zu 40 oder 50 % ausgelastet, kann die Mehrfunktionseinheit von Interesse für den Benutzer sein. Im anderen Falle kann sie einen besonderen Engpaß bedeuten.

n) Ist ein Lochstreifenlesegerät anschließbar?

Hinweise:
Der Anschluß eines Lochstreifenlesers ist nur interessant für Arbeitsgebiete, deren Datenerfassung sich besonders gut für den Einsatz von Lochstreifen eignet. Wegen der schlechten Sortierfähigkeit der einzugebenden Daten ist der Lochstreifenleser aber meist für eine Kleinanlage schlecht geeignet, es sei denn, daß die Maschine mit Magnetbandgeräten oder -platten ausgerüstet ist. Angaben über den Lochstreifenleser sind dem Abschnitt über mittelgroße EDV-Anlagen zu entnehmen.

o) Sind externe Speicher (Magnetbandgeräte und/oder Magnetplattenspeicher) anschließbar, wie viele und mit welchen Leistungen?

Hinweise:
Die Ausrüstung mit externen Zusatzspeichern läßt die Kleinanlage in die Nähe einer mittelgroßen Anlage rücken. Deshalb ist zunächst zu prüfen, ob eine solche Ausrüstung die Kleinanlage nicht überfordert. Andererseits kann der Anschluß von Magnetbandgeräten oder kleinen Wechsel-Magnetplattenspeichern in organisatorischer Hinsicht von Vorteil sein, weil lochkartenmaschinelle Sortier- und Mischarbeiten, die meist einen Engpaß darstellen, eingeschränkt werden oder ganz wegfallen können. Stamm- und Bestandsdaten werden statt dessen auf Magnetbändern oder Magnetplatten gespeichert bzw. fortgeschrieben. Doch ist immer zu bedenken, daß die interne Leistungsfähigkeit einer Kleinanlage eine bestimmte Grenze hat, die bei Ausrüstung mit externen Speichern sehr schnell erreicht sein kann. Magnetbandgeräte und Magnetplattenspeicher werden in einem späteren Abschnitt näher beschrieben.

p) Auch beim Schnelldrucker interessiert natürlich die Geschwindigkeit (wie viele Zeilen werden je Stunde gedruckt?). Der Organisator muß wissen, ob ein Druckpuffer eingebaut ist oder angeschlossen werden kann und ob die Druckgeschwindigkeit beim Druck von Buchstaben und Sonderzeichen (oder nur bei ganz bestimmten Sonderzeichen) absinkt und um wieviel Prozent.

Hinweise:
Die Druckgeschwindigkeit sollte bei 18.000 bis 36.000 Zeilen in der Stunde oder sogar darüber liegen.

q) Weitere wichtige Angaben beim Schnelldrucker sind: Die Anzahl der Druckzeichen (vor allem im Hinblick auf die Sonderzeichen), die Zeilenbreite (höchstmögliche Anzahl Zeichen je Zeile), die Zeichen- und die Zeilendichte je Zoll.

Hinweise:
Diese Angaben sind dann besonders wichtig, wenn der Organisator einen Wechsel der EDV-Anlage vornimmt, weil eine Abweichung von Zeilenbreite, Zeilen- und Zeichendichte unter Umständen eine Änderung der bisher verwendeten Formulare erforderlich machen kann.

r) Wie viele Kopien kann der Schnelldrucker liefern?

Hinweise:
Hier sind oft große Unterschiede zwischen den Prospektangaben der Hersteller und der wirklichen Nutzleistung festzustellen. Die meisten Drucker liefern zwischen 3 und 5 gut lesbare Exemplare, doch hängt die Anzahl im Einzelfalle auch von der Qualität und Stärke der verwendeten Endlosformulare ab.

s) Besitzt der Schnelldrucker eine automatische Druckkontrolle und wie funktioniert sie?

Hinweise:
Die automatische Druckkontrolle prüft, ob die gedruckten mit den im internen Speicher für den Druck bereitgestellten Daten übereinstimmen. Sie darf auf keinen Fall fehlen. Die meist gebräuchliche Druckkontrolle ist die sogenannte Echoprüfung.

t) Ist für die Anlage eines Klimaanlage erforderlich?

Hinweise:
Für kleinere Anlagen, die ohne Magnetbänder oder

Magnetplatten arbeiten, kann vielfach auf eine besondere Anlagenklimatisierung verzichtet werden. Allerdings sollte der Hersteller dann verbindlich erklären, bei welcher Raumtemperatur die Anlage noch sicher arbeitet. Es besteht sonst die Gefahr, daß die Anlage an besonders heißen Sommertagen ausfallen kann, wenn nicht mindestens eine normale Raumklimatisierung vorhanden ist.

1.4 Externe Speicher

Vergleiche hierzu die Ausführungen bei der Darstellung mittelgroßer EDV-Anlagen.

2. Software

Die von den Herstellerfirmen der EDV-Anlagen zur Verfügung gestellte Software (Standard-Systemsoftware und Standard-Anwendungssoftware) bildet den Beurteilungsmaßstab für die

- Unterstützung der Hardware (Steuerprogramme)
- angebotenen Programmsprachen (Übersetzerprogramme)
- Dienst- und Verwaltungsprogramme (Arbeitsprogramme) und
- Standard-Anwendungen (Standard-Anwendungssoftware).

Bild 8 zeigt eine Übersicht über die Softwarebegriffe.

<table>
<tr><td colspan="3">FUTH</td><td colspan="6">Hardware- und Softwareauswahl
Softwareübersicht</td><td colspan="3">Bild 8</td></tr>
<tr><td colspan="12"></td></tr>
<tr><td colspan="12">Software</td></tr>
<tr><td colspan="6">Systemsoftware</td><td colspan="6">Anwendungssoftware</td></tr>
<tr><td colspan="6">= Programme zur Steuerung der Hardware und der Anwendungssoftware</td><td colspan="6">= Programme für bestimmte EDV-Anwendungen</td></tr>
<tr><td colspan="2">Steuer-programme</td><td colspan="2">Über-setzungs-programme</td><td colspan="2">Arbeits-programme</td><td colspan="6">Benutzerprogramme</td></tr>
<tr><td colspan="3">Standard-Systemsoftware</td><td colspan="3">Betriebsindividuelle Systemsoftware</td><td colspan="3">Standard-Anwendungs-software</td><td colspan="3">Betriebsindividuelle Anwendungs-software</td></tr>
<tr><td colspan="3">= Systemsoftware für generelle Steuerung</td><td colspan="3">= Systemsoftware für individuelle Steuerung</td><td colspan="3">= Anwendungs-software für generelle Anwendungen</td><td colspan="3">= Anwendungs-software für individuelle Anwendungen</td></tr>
<tr><td colspan="3">z.B. Betriebs-system</td><td colspan="3">z.B. eigene Dateiver-waltungs-programme</td><td colspan="3">z.B. Nettolohn-programme (standardi-siert)</td><td colspan="3">z.B. Bruttolohn-abrechnung (betriebs-individuell)</td></tr>
<tr><td colspan="12"></td></tr>
</table>

2.1 Steuerprogramme

Das Steuerprogramm übernimmt eine Reihe von Aufgaben, wie beispielsweise die Überwachung und Kontrolle des Arbeitsablaufes in der EDV-Anlage, die Zusammenarbeit der Zentraleinheit mit den peripheren Ein-/Ausgabe- und Speichergeräten, die Verbindung von Programmabläufen in der Zentraleinheit, die Kanalsteuerung und die Steuerung des Übergangs von einer Arbeit zur anderen. Da Steuerprogramme, wegen des erforderlichen Aufwandes in der Zentraleinheit, bei kleineren EDV-Anlagen meist nur einen geringen Nutzeffekt haben, wollen wir eine nähere Erläuterung bei der Beschreibung mittelgroßer EDV-Anlagen bringen.

2.2 Übersetzungsprogramme

Aufwand und Einfachheit der Programmierung hängen entscheidend von den Programmsprachen ab, die bei EDV-Anlagen verwendet werden können. Im allgemeinen werden kleinere EDV-Anlagen in der Assembler-Sprache (= eine symbolische, maschinenorientierte Programmsprache) programmiert. Das hierzu gehörende Übersetzungsprogramm heißt Assembler. Wegen des verhältnismäßig großen Speicherbedarfs ist die problemorientierte Sprache Cobol, mit dem Compiler als Übersetzungsprogramm, bei kleineren EDV-Anlagen selten zu finden. Da solche Anlagen überwiegend zur Lösung einfacher Abrechnungsaufgaben und Statistiken eingesetzt werden, ist die zusätzliche Bereitstellung besonders einfacher Programmgeneratoren, wie FARGO, RPG, STAR und anderer, zu fordern. Programme in diesen einfachen Generatorsprachen sind einfach und schnell zu programmieren. Sie sind, z.T. unter anderer Bezeichnung, bei allen EDV-Herstellern zu finden.

2.3 Arbeitsprogramme

Arbeitsprogramme, auch als Dienst- und Verwaltungsprogramme bezeichnet, dienen zur Durchführung allgemein verwendbarer und häufig wiederkehrender Arbeiten und werden den Kunden von den Herstellerfirmen zur Verfügung gestellt. Soweit es sich nur um Programmteile handelt, werden sie in die eigenen Programme eingebaut. Beispiele für Arbeitsprogramme sind das Sortieren und Mischen von Datenbeständen auf Magnetbändern und Magnetplatten, die Verwaltung von Datei- und Programmbibliotheken sowie standardmäßige Ein- und Ausgabeprogramme. Testprogramme dienen schließlich dazu, den Programmierern das Austesten ihrer Programme zu erleichtern. Da die von den Herstellern bereitgestellten Programmhilfen hinsichtlich ihrer Nutzeffekte stark voneinander abweichen, ist diesem Punkt besondere Aufmerksamkeit zu schenken.

2.4 Standard-Anwendungssoftware

Da der Benutzer von kleinen EDV-Anlagen in der Regel nicht über mehrere EDV-Organisatoren und Programmierer verfügt und auf der anderen Seite die Anwendungen sich auf relativ einfache Aufgaben beschränken, ist die Bereitstellung von Standard-Anwendungsprogrammen durch die Hersteller kleiner EDV-Anlagen von besonderer Wichtigkeit. Im Hinblick auf die Wirtschaftlichkeit ist deshalb besonderes Gewicht auf die Bereitstellung umfangreicher Standard-Anwendungssoftware zu legen.

B. Die Leistungsfähigkeit mittelgroßer EDV-Anlagen

Für eine mittelgroße EDV-Anlage ist ein monatlicher Mietpreis von etwa 15.000 bis 50.000 DM aufzuwenden. Auch hier sind die Grenzen fließend, und manche Anlage ist in Wirklichkeit den Kleinanlagen, eine andere bereits größeren Anlagen zuzurechnen. Um die Bestimmung der Größenordnung zu erleichtern, wurden in Bild 9 drei mittelgroße Anlagen, und zwar der unteren Grenze, des mittleren Bereiches und der oberen Grenze mit typischen Ausrüstungen dargestellt. An der Größenordnung ändert sich nichts, wenn beispielsweise anstelle eines Lochkartenlesers ein Lochstreifenleser oder ein Markierungsleser angeschlossen ist.

FUTH	Hardware- und Softwareauswahl Mittelgroße EDV-Anlagen	Bild 9

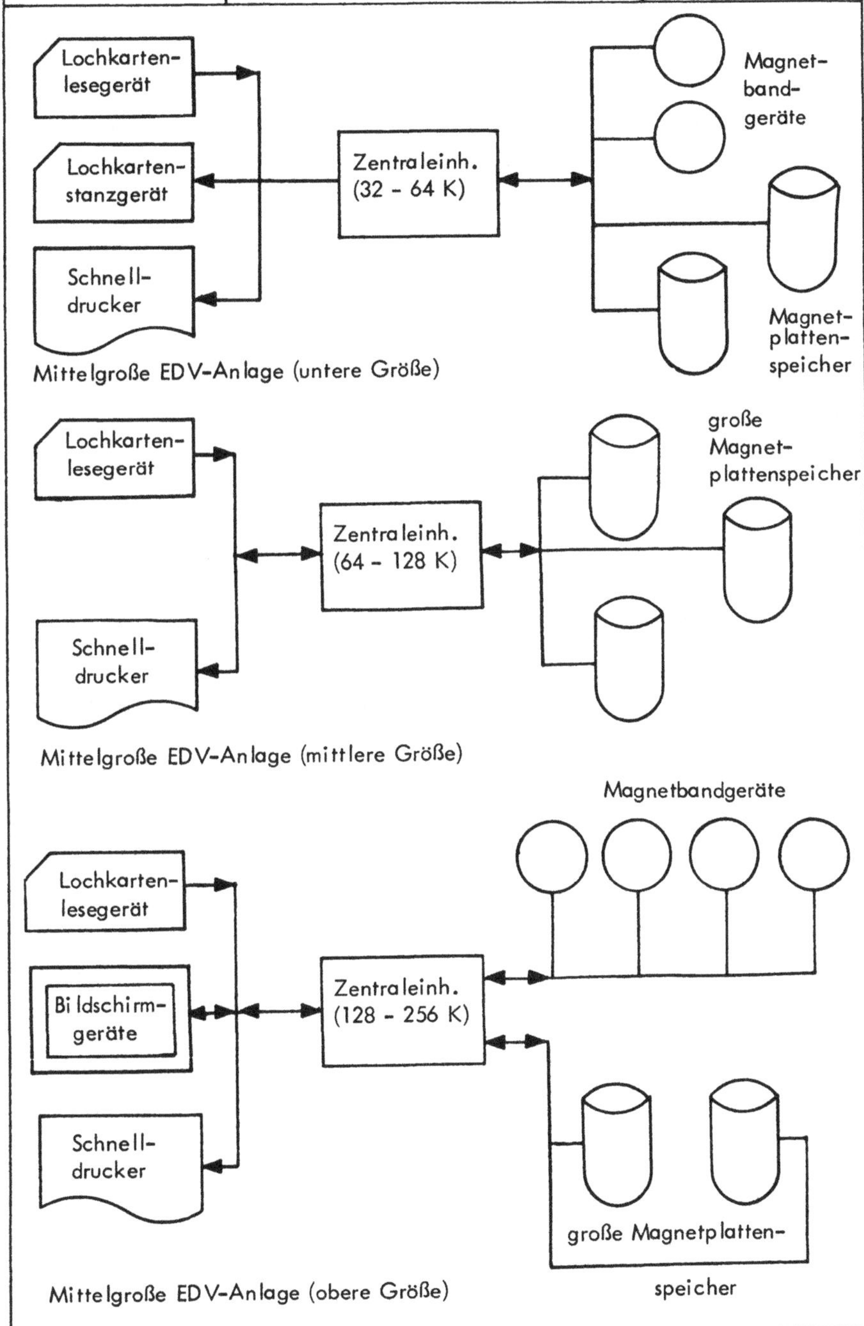

1. Hardware

1.1 Allgemeine Merkmale

Um uns nicht zu wiederholen, werden Einrichtungen, die bei kleinen EDV-Anlagen bereits besprochen wurden und bei EDV-Anlagen der hier genannten Größenordnung mehr oder weniger selbstverständlich sind, nicht noch einmal erläutert. Beispielsweise ist die Pufferung der Ein-/Ausgabegeräte (oder die der Pufferwirkung entsprechenden Einrichtungen) bei mittelgroßen oder größeren Anlagen selbstverständlich. Wichtiger dagegen sind Einrichtungen und Geräte, die bei mittelgroßen Anlagen typisch sind und deren Leistungsfähigkeit besonders ausmachen. Auf sie werden wir hier in erster Linie eingehen.

Eine mittelgroße EDV-Anlage wird im allgemeinen mehrere Datenkanäle haben. Das gilt vor allem im Hinblick auf moderne und leistungsfähige Maschinen, die in der Regel nicht nur mehrere, sondern sogar unterschiedliche Kanalarten besitzen: Der Multiplexkanal verbindet die Zentraleinheit mit den langsameren Ein-/Ausgabegeräten, während die Selektorkanäle dazu dienen, die Daten zwischen den schnellen externen Speichern und der Zentraleinheit zu übertragen. Im allgemeinen ist eine mittelgroße EDV-Anlage mit einem Multiplexkanal (= Vielfachkanal) und einem oder zwei Selektorkanälen (= Auswahlkanälen) ausgestattet.

Der hauptsächliche Unterschied zwischen Multiplex- und Selektorkanal besteht darin, daß der Multiplexkanal gleichzeitig Daten zwischen mehreren Ein-/Ausgabeeinheiten und der Zentraleinheit transportiert, während beim Selektorkanal immer nur Daten zwischen einem externen Speicher und der Zentraleinheit übertragen werden. Der Multiplexkanal ist in seiner Funktion mit einem Paternoster vergleichbar. Genauso wie ein Paternoster Personen von irgendeinem Stockwerk zu einem anderen befördern kann (sofern ein Fahrkorb frei ist), überträgt der Multiplexkanal Daten von und zu jeder Ein-/Ausgabeeinheit.

Vergleichen wir den Multiplexkanal mit einem Paternoster, so ähnelt der Selektorkanal einem Expreßfahrstuhl. Denn der Expreßfahrstuhl befördert eine Gruppe Menschen auf- oder abwärts zu einem bestimmten Stockwerk, und der Selektorkanal überträgt die Daten von oder zu einem bestimmten externen Speicher. Und das zusätzlich mit hoher Geschwindigkeit, wodurch der Selektorkanal schnell wieder für die nächste Anforderung frei wird.

Eine Ein-/Ausgabeeinheit, die in einem Arbeitstakt nur wenige Daten überträgt (das Lochkartenlesegerät liest zum Beispiel in 0.1 Sekunden nur 80 Zeichen), würde den Selektorkanal, der in der Sekunde bis zu 400.000 Zeichen übertragen kann, zu lange blockieren. Hier ist statt dessen die Arbeitsweise des Multiplexkanals angebracht, der gleichzeitig mehrere langsame Einheiten bedienen kann. Die unterschiedlichen Arbeitsweisen der beiden Kanalarten sind in Bild 10 noch einmal zeichnerisch dargestellt.

Natürlich bedarf es einer zusätzlichen Steuerung in der EDV-Anlage, um beim Multiplexkanal die verschiedenen Daten zu trennen und an die vorgesehenen Plätze im Hauptspeicher bzw. umgekehrt vom Hauptspeicher zu den richtigen Ausgabegeräten zu transportieren.

Moderne EDV-Anlagen mittlerer (und höherer) Größenordnung besitzen die Möglichkeit des Multiprogramming (etwa mit Vielfachverarbeitung zu übersetzen). Beim Multiprogramming befinden sich zwei oder mehr Programme zu gleicher Zeit im internen Speicher und laufen gleichzeitig (genauer: überlappt) in der Anlage ab. Dem Multiprogramming liegt folgender Gedanke zugrunde: Selbst bei einer voll gepufferten EDV-Anlage ist die Zentraleinheit nicht ausgenutzt, weil die mechanisch ablaufende Ein-/Ausgabe weit mehr Zeit benötigt als der interne Bearbeitungsprozeß. Wenn aber <u>ein</u> Programm die Zentraleinheit nicht voll beschäftigen kann, so vermögen das zwei oder mehr Programme besser zu tun. Bild 11 zeigt das Beispiel eines Multiprogramming mit zwei

FUTH	Hardware- und Softwareauswahl Multiplex- und Selektorkanal	Bild 10

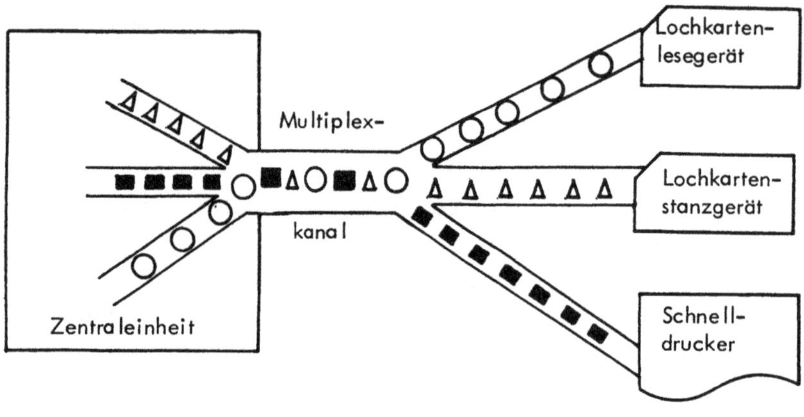

Arbeitsweise eines Multiplexkanals

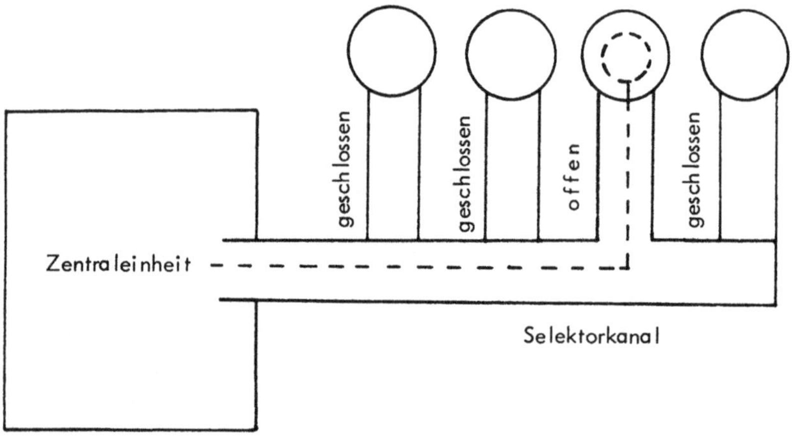

Arbeitsweise eines Selektorkanals

FUTH	Hardware- und Softwareauswahl Multiprogramming	Bild 11

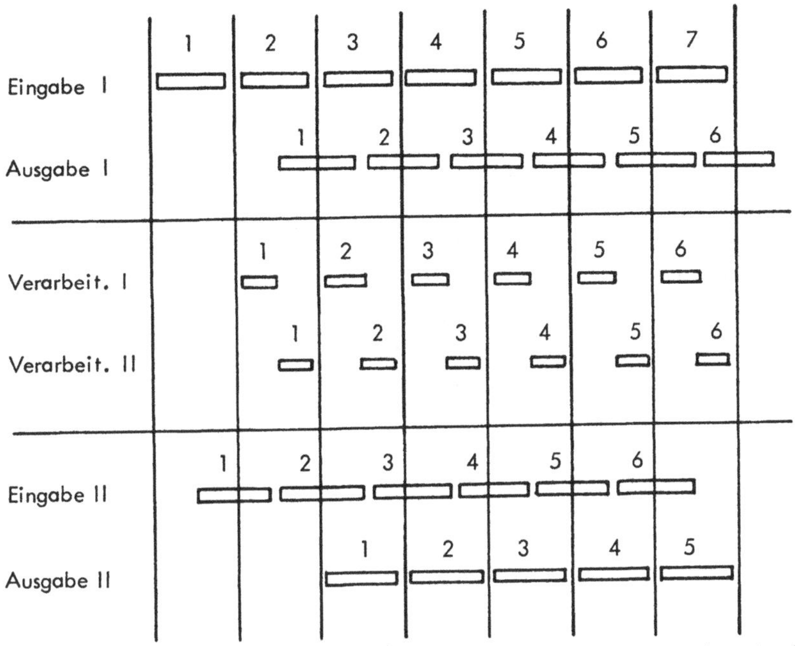

Multiprogramming
(Gesamtablauf bei 2 Programmen)

I = Eingabe, Verarbeitung, Ausgabe Pr. I
II = Eingabe, Verarbeitung, Ausgabe Pr. II
1, 2, 3, ... Informationseinheiten

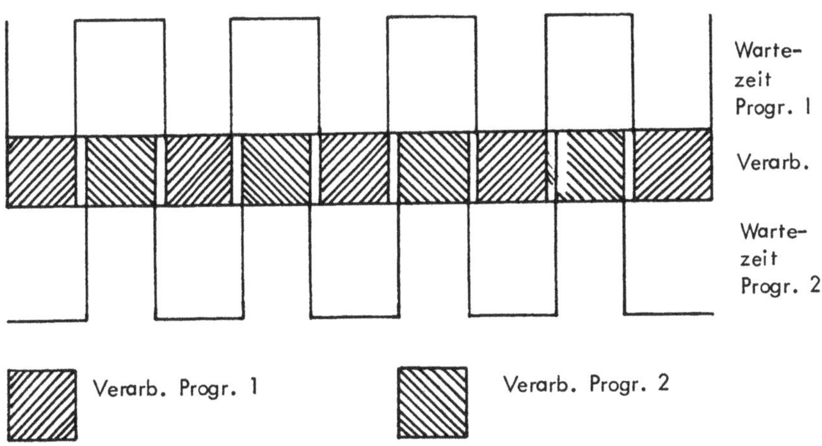

Multiprogramming
(Verzahnung)

Programmen. Der Einfachheit halber wurde angenommen, daß die beiden Programme je etwa 50 % der verfügbaren Verarbeitungszeit benötigen. In technischer Hinsicht wird die Verarbeitung nicht Einheit für Einheit hintereinander vorgenommen (wie im Bild dargestellt), sondern läuft ineinander verzahnt ab, wie es der untere Teil des Bildes 11 zeigt.

Während die Zentraleinheit zum Beispiel auf die Anlieferung der Daten für Programm 1 wartet, führt sie einige Befehle von Programm 2 aus. Danach schaltet sie wieder auf Programm 1 zurück und so fort. Jede nicht vom ersten Programm ausgenutzte Rechenzeit (wegen der langsamen An- und Ablieferung der Daten) wird für ein anderes Programm ausgenutzt. Durch das Multiprogramming ist es möglich, sowohl Zentraleinheit als auch periphere Ein-/Ausgabegeräte und externe Speicher gut zu nutzen. Natürlich entstehen auch hier hin und wieder Wartezeiten, die aber vergleichsweise gering sind. Das Multiprogramming stellt jedoch eine Reihe zusätzlicher Anforderungen an die Hardware und Software einer Anlage. Das ist auch der Grund dafür, daß diese Technik nur bei EDV-Anlagen von einer bestimmten Größenordnung an möglich ist.

1.2 Die Zentraleinheit

Die Zentraleinheit mittelgroßer EDV-Anlagen muß genügend leistungsfähig sein, einen ausreichend großen internen Speicher besitzen und sich für die Arbeit im Multiprogramming eignen. Im einzelnen sind folgende Eigenschaften besonders wichtig:

a) Der interne Speicher sollte mindestens 64 K groß sein und "im Feld" bis auf 256 K, mindestens jedoch auf 128 K, auszubauen sein. Seine internen Übertragungsgeschwindigkeiten sollten in der Größenordnung weniger Mikrosekunden liegen.

b) Im Hinblick auf die Überlappung mehrerer Programme (Multiprogramming) ist zu prüfen,

- ob Multiprogramming allein durch die Hardware möglich ist oder ob hierzu (was die Regel ist) ein zusätzliches Steuerprogramm benötigt wird.

  Hinweis:
  Wenn Multiprogramming über ein Steuerprogramm erfolgt, muß gewährleistet sein, daß es rechtzeitig verfügbar und bereits erprobt ist.

- ob es möglich ist, Vorränge zu bilden, so daß bei Stauungen bestimmte Ein- oder Ausgabegeräte bevorzugt werden können.

  Hinweise:
  Diese Frage ist besonders dann wichtig, wenn eine größere und zeitgebundene Arbeit nicht durch andere Programme behindert werden darf (das Engpaßprogramm besitzt dann Vorrang).

- ob die Abfrage auf Beendigung einer Ein-/Ausgabeoperation bzw. einer Vorrangoperation nach jeder Operation oder erst nach Abschluß des gesamten Maschinentaktes erfolgt.

  Hinweise:
  Da Ein-/Ausgabeoperationen wegen ihrer Dauer immer einen Engpaß bilden, muß die Maschine das betreffende Ein- oder Ausgabegerät jeweils abfragen, ob die Operation beendet ist, damit sofort die Daten des nächsten Programms bzw. des Vorrangprogramms verarbeitet werden können. Das Vorrangprogramm soll immer mit höchstmöglicher Geschwindigkeit ablaufen. Als sog. Background- (engl.: Hintergrund-)Programm wählt man eine zeitlich nicht so gebundene bzw. nicht ein-/ausgabeintensive Arbeit. Das Background-Programm wird sich nur dann dazwischen schieben, wenn das Vorrangprogramm (wegen der Ein- und Ausgabeoperationen) warten muß. Während nun das Background-

Programm läuft, muß die Maschine zwischendurch immer wieder abfragen, ob der Ein- oder Ausgabevorgang für das Vorrangprogramm beendet ist. Ist das der Fall, so verzweigt das Programm sofort wieder zur Vorrangarbeit zurück. Die Abfrage kann nun nach jedem Befehl des Background-Programms erfolgen oder aber erst nach Beendigung eines Maschinentaktes. Es ist verständlich, daß eine Abfragemöglichkeit nach jeder Operation (und nicht erst nach jedem Maschinentakt) weitaus günstiger für die Gesamtleistung ist.

- ob es bestimmte Operationen oder Ein-/Ausgabegeräte gibt, die nicht in ein volles Multiprogramming eingeschlossen sind.

Hinweise:
Es kommt vor, daß einzelne Geräte (ein Beispiel ist der optische Belegleser) aus technischen Gründen nicht in das Multiprogramming eingeschlossen werden können. Deshalb ist zu berücksichtigen, daß zu bestimmten Zeiten nur dieses Gerät mit dem dazugehörigen Programm (Beispiel: Übertragen der Daten vom Klarschriftbeleg auf Magnetband) arbeiten kann. Multiprogramming ist während dieser Zeit ausgeschlossen.

1.3 <u>Ein-/Ausgabegeräte</u>

Bei den Ein-/Ausgabegeräten soll auf die folgenden Besonderheiten hingewiesen werden:

a) Gibt es für die Eingabe einzelner Daten nur eine Steuerpulttastatur oder kann auch eine Schreibmaschine angeschlossen werden?

Hinweise:
Eine Steuerpultschreibmaschine sollte bei einer mittelgroßen EDV-Anlage auf jeden Fall anschließbar sein.

b) Sind alle Ein-/Ausgabegeräte nur am Multiplexkanal anschließbar oder können einzelne Geräte auch mit einem der Selektorkanäle verbunden werden?

Hinweise:
Da bei einem Multiplexkanal schon einmal Stauungen und Wartezeiten auftreten können, kann diese Frage für Maschinen mit besonders schnellen und mehreren Ein-/Ausgabegeräten von Interesse sein.

c) Auch bei den Ein-/Ausgabegeräten sind die Fragen und Hinweise aus dem Abschnitt über kleine EDV-Anlagen wichtig. Eine Ausnahme hiervon bildet die Mehrfunktionseinheit. Der Anschluß eines solchen Gerätes an eine mittelgroße EDV-Anlage wäre unwirtschaftlich, weil die Leistung der Anlage hierdurch zu stark verringert würde. Die Geschwindigkeit der Ein-/Ausgabegeräte liegen im allgemeinen um 50 bis 100 % höher als bei Kleinanlagen, also etwa 36.000 bis 60.000 Karten je Stunde beim Kartenleser und 36.000 bis 90.000 Zeilen je Stunde beim Drucker. Die Zusatzeinrichtung "Stanzen in die gleiche Karte" ist bei mittleren Anlagen uninteressant, weil in der Regel externe Speicher angeschlossen sind, die diese Einrichtung überflüssig machen.

d) Von Bedeutung ist außerdem, ob die Ein-/Ausgabegeräte technisch gewartet werden können, ohne daß die Zentraleinheit stillgelegt werden muß. Das gilt vor allem dann, wenn mehrere Ein-/Ausgabegeräte angeschlossen sind, damit die Anlage auch bei Abschaltung einzelner Geräte arbeitsfähig bleibt.

e) Bietet die Herstellerfirma ein Lochstreifenlesegerät an, das an die Anlage angeschlossen werden kann (einschließlich der Möglichkeit des Multiprogrammings für Lochstreifeneingabe)?

Hinweise:
Die Daten werden vom Lochstreifen auf Magnetband oder Magnetplatte gelesen und danach maschinenintern sortiert. Der Lochstreifenleser sollte bewährt sein und mindestens 500 Zeichen je Sekunde lesen sowie eine automatische Lesekontrolle besitzen.

1.4 Externe Speicher

Als externe (Zusatz- oder Großraum-)Speicher werden Magnetbandgeräte, Magnetplatten-, Magnettrommel-, Magnetkarten- und Magnetstreifenspeicher angeboten, doch hat der Organisator bei den einzelnen Herstellern außer Magnetbandgeräten nicht immer die Wahl zwischen allen aufgeführten Speichern. Auch kommt heute, zusätzlich zu den Magnetbändern, den wechselbaren Magnetplatten die Hauptbedeutung als externer Speicher zu.

Je nach den Aufgaben für eine mittelgroße EDV-Anlage wird man die Maschine mit Magnetbandgeräten und/oder einem der genannten Speicherarten ausrüsten. Die meisten der im Einsatz befindlichen mittelgroßen Anlagen sind mit 4 bis 8 Magnetbandgeräten, mit 2 bis 4 Magnetplattenspeichern (deren Magnetplatten meist auswechselbar sind) oder sowohl mit Magnetbandgeräten als auch mit Magnetplattenspeichern ausgestattet.

Magnetbandgeräte

a) Wie viele Magnetbandgeräte können an der EDV-Anlage höchstens angeschlossen werden?

Hinweise:
Es sollten mindestens 6 bis 8 Bandgeräte anschließbar sein, damit während eines Hauptprogramms auch noch Daten ein- und ausgegeben werden können (z.B. Lochkarte auf Magnetband und Magnetband zum Drukker über Standardprogramme).

b) Benötigen die Bandgeräte gesonderte Steuereinheiten, wie teuer sind diese und wie viele Bandgeräte können an einer Steuereinheit angeschlossen werden?

Hinweise:
Diese Frage bezieht sich nur auf die Kosten, die für etwaige zusätzliche Steuereinheiten zu berücksichtigen sind.

c) Gibt es Magnetbandeinheiten mit mehreren Laufwerken?

Hinweise:
Bei Bandgeräten mit mehreren Laufwerken werden Kosten gespart, wobei jedoch zu berücksichtigen ist, daß bei Ausfall eines Laufwerkes (entspricht einem einfachen Magnetbandgerät) die ganze Einheit von 2 oder 3 Laufwerken ausfällt.

d) Wie hoch sind die Geschwindigkeiten der angebotenen Bandgeräte?

Hinweise:
Durchschnittliche Schreib-/Lesegeschwindigkeiten für mittlere EDV-Anlagen liegen etwa bei 24 und 60 kHz; kHz bedeutet kilo Hertz = 1000 Hertz = 1000 Schwingungen pro Sekunde, also eine Schreib-/Lesegeschwindigkeit von 1000 Zeichen je Sekunde; die Maßeinheit ist nach dem deutschen Physiker Hertz benannt.

e) Wie viele Spuren haben die verwendeten Magnetbandgeräte?

Hinweise:
Die Aufzeichnung der Zeichen auf Magnetband wird heute immer mehr innerhalb 9 Spuren (oder Kanälen) vorgenommen, wobei der 9. Kanal als Prüfkanal dient. 7-Kanal-Bandgeräte sind seltener geworden

und werden in einigen Jahren ganz vom Markt verschwunden sein.

f) Ist das gleichzeitige Schreiben und Lesen (wichtig für überlappte Arbeitsweise) auf mehreren Bandeinheiten möglich?

Hinweise:
Diese Technik ist natürlich nur dann anwendbar, wenn die Bandeinheiten an verschiedenen Selektorkanälen (z.B. je 2 oder 4 Einheiten an einem Kanal) angeschlossen sind. Doch selbst dann ist das gleichzeitige Lesen und Schreiben nicht immer möglich, so daß diese wichtige Frage dem Hersteller unbedingt gestellt werden muß.

g) Ist sowohl Vorwärts- als auch Rückwärtslesen möglich?

Hinweise:
Die Möglichkeit des Rückwärtslesens (die gespeicherten Daten können auch von hinten gelesen werden) ist von zeitlichem Vorteil bei der Bandsortierung, doch nicht unbedingt erforderlich.

h) Ist die Schreib- und Leseprüfung im üblichen Sinne gelöst?

Hinweise:
Üblich bedeutet hier, daß die geschriebenen Daten durch eine hinter dem Schreibkopf befindliche Lesestation gelesen und mit den Daten im internen Speicher auf Übereinstimmung verglichen werden (= Schreibprüfung). Die übliche Leseprüfung erfolgt mit Hilfe der vertikalen und horizontalen Bitzahlprüfung. Bei anderen Verfahren muß ebenfalls eine volle Prüfmöglichkeit gegeben sein.

i) Mit welcher Zeichendichte arbeiten die Bandgeräte?

Hinweise:
Übliche Zeichendichte (= Anzahl der gespeicherten Bytes je Zoll oder cm) sind bei modernen Bandgeräten 800 Bytes je Zoll bzw. 320 Bytes je cm. Doch sind schon Bandgeräte mit 1600 Bytes je Zoll bzw. 640 Bytes je cm auf dem Markt. Je höher die Zeichendichte, desto höher ist die Speicherkapazität je Band.

j) Wie lange dauert das Rückspulen einer vollen Magnetbandrolle?

Hinweise:
Rückspulen bedeutet Wartezeit. Deshalb sollte der Vorgang möglichst schnell ablaufen. Die Zeit von 0,5 bis 2 Minuten ist bei einer vollen Rolle normal.

k) Wie groß sind die Zwischenräume zwischen den Datenblöcken und wie hoch sind die Start- und Stoppzeiten?

Hinweise:
Die Zwischenräume trennen die Bandblöcke voneinander. Sie sollten so klein wie möglich sein, wobei 1,5 bis 2,5 cm als normal gelten. Start- und Stoppzeit bedeutet das Anlaufen bzw. Stoppen des Gerätes bei der Verarbeitung eines Blockes. Auch sie sollte so günstig wie möglich sein, 5 bis 12 msec (Millisekunden = tausendstel Sekunden) sind üblich.

l) Können nur bestimmte Magnetbänder (des Herstellers selbst) und müssen nichthandelsübliche Bandlängen benutzt werden?

Hinweise:
Im allgemeinen können handelsübliche Bänder von 730 m Länge aller Bandhersteller verwendet werden. Bei Abweichungen von dieser Regel ist Vorsicht am

Platze, weil der Benutzer dann an den Hersteller der EDV-Anlage (und an seine Preise!) gebunden ist.

m) Ist die Anzahl der Zeichen je Block begrenzt?

Hinweise:
Diese Begrenzung sollte nur durch die Größe des internen Speichers bedingt sein. Andere Begrenzungen sind unüblich und sollten genau geprüft werden.

n) Sind alle Speicher- und Verarbeitungsmethoden sowie Formate möglich?

Hinweise:
Es sollten sowohl eine geblockte und ungeblockte Speicherung und Verarbeitung als auch eine feste und variable Blocklänge möglich sein. Geblockt bedeutet, daß mehrere Datensätze zu einem physischen Datenblock zusammengefaßt werden können, was Speicherplatz und Maschinenzeit spart. Gleichzeitig sollte die Anzahl der Stellen je Satz (oder Block) sowohl fest als variabel lang (d.h. die Anzahl der Zeichen je Satz oder Block ist unterschiedlich groß) sein können.

o) Welche Sortierverfahren sind anwendbar und wie viele Bandeinheiten werden für jedes Verfahren benötigt?

Hinweise:
Üblicherweise werden Standard-Misch-Sortierprogramme (die der Hersteller innerhalb seines Betriebssystems zur Verfügung stellen muß) verwandt, die je nach Verfahren 4 oder 6 Bandgeräte zum Sortieren benötigen. Wichtig sind die Sortierzeiten und der für das Sortierprogramm benötigte interne Speicherraum. Beide Fragen prüft man am besten anhand eines Beispiels bei verschiedenen Herstellern (Ausrechnen oder besser auf der Anlage testen!).

p) Können die Bandgeräte im gleichen Raum mit der EDV-Anlage untergebracht oder müssen sie (wegen besonders großer Staubempfindlichkeit) in einem getrennten Raum aufgestellt werden?

Hinweise:
Getrennte Unterbringung ist recht selten. Sollte sie jedoch erforderlich sein, ist Vorsicht am Platze; diese Geräte können überempfindlich sein und häufig ausfallen.

Random-Access-Speicher

Die nächsten Fragen beziehen sich auf Speicher mit wahlfreiem Zugriff (engl. Random Access), insbesondere (wegen ihrer großen Verbreitung) auf Magnetplattenspeicher.

a) Welche Random-Access-Speicher und wie viele sind je Typ anschließbar?

Hinweise:
Die Frage bezieht sich auf Magnetplatten- und Magnettrommelspeicher, in einzelnen Fällen auch auf Magnetkarten- und Magnetstreifenspeicher. Es sollten mindestens 3 bis 4 Einheiten anschließbar und die Nachrüstung auch "im Felde" möglich sein.

b) Sind zusätzliche Steuereinheiten (eine Einheit für wie viele Speicher?) erforderlich, und was kosten sie?

Hinweise:
Hierbei handelt es sich nur um eine Kosten- und gegebenenfalls auch um eine Raumfrage.

c) Können die Steuereinheiten bzw. Speichereinheiten (bei Direktanschluß) an verschiedenen Datenkanälen (Selektorkanälen) angeschlossen werden?

Hinweise:
Diese Frage ist für die Anwendung von Multiprogramming wichtig, damit mit 2 oder mehr Speichern (je nach der Anzahl der Datenkanäle) gleichzeitig gearbeitet werden kann.

d) Sind die Speichermittel wechselbar?

Hinweise:
Magnettrommeln sind nie, Magnetkarten- und Magnetstreifenspeicher immer und Magnetplattenspeicher je nach Typ wechselbar. Die Möglichkeit, eine Magnetplatte oder einen Magnetplattenstapel auswechseln zu können, dürfte - besonders bei mittelgroßen Anlagen - von Vorteil sein und Kosten sparen.

e) Wie groß ist die Speicherkapazität und wie hoch die minimale, maximale und durchschnittliche Zugriffszeit zu den gespeicherten Daten?

Hinweise:
Hierbei handelt es sich um die wichtigsten Fragen beim Einsatz von Random Access-Speichern. Speicherkapazität und Zugriffszeit verhalten sich meist umgekehrt proportional zueinander. Während ein externer Speicher mit großer Kapazität (z.B. ein Magnetstreifenspeicher) eine hohe Zugriffszeit besitzt, weist umgekehrt ein Speicher mit verhältnismäßig niedriger Kapazität (z.B. eine Magnettrommel) eine günstigere Zugriffszeit auf. Die folgende Tabelle gibt Anhaltspunkte über die durchschnittlichen Kapazitäten und Zugriffszeiten bei Random-Access-Speichern, die üblicherweise bei den meisten mittelgroßen EDV-Anlagen angeschlossen werden können.

f) Sind mehrere Zugriffseinrichtungen vorhanden?

Hinweise:
Die Zugriffszeit hängt insbesondere von der Anzahl

der Zugriffseinrichtungen ab. Bei Wechsel-Magnetplattenspeichern ist üblicherweise <u>ein</u> Zugriffsarm für jeden Plattenzwischenraum (= Kammzugriff) vorhanden.

g) Sind alle üblichen Verarbeitungs- und Speicherformen möglich?

Hinweise:
Die möglichen Speicher- und Verarbeitungsformen hängen nicht allein von der Hardware, sondern vor allem vom Betriebssystem ab. Der Organisator muß deshalb in dieser Frage sein Augenmerk auf das Software-Paket des Herstellers richten. Übliche Speicherformen sind die starr fortlaufende, die logisch fortlaufende und die gestreute Speicherung und Verarbeitung. Alle Verfahren sollten anwendbar sein.

h) Ist die Blocklänge fest oder kann auch mit variablen Längen gearbeitet werden?

Hinweise:
Die Verwendung variabler Blocklängen macht die Maschine anpassungsfähiger an ihre Aufgaben und spart Speicherplatz und Zeit.

i) Wie viele Zeichen sind mit einer einzigen Einstellung der Zugriffseinrichtung im Zugriff?

Hinweise:
Jede Einstellung der Zugriffseinrichtung kostet Zeit, weil sie rein mechanisch erfolgt. Die Zugriffseinrichtung muß von einer Spur zu einer anderen bewegt werden, wobei es sich um einen mechanischen und verhältnismäßig zeitraubenden Vorgang handelt. Umso wichtiger ist es, mit einer einzigen Einstellung eine größere Anzahl Zeichen gleichzeitig im Zugriff zu haben. Besonders günstig ist hier

die Einrichtung des Zylinderzugriffs, bei dem mit einer einzigen Einstellung des Zugriffskamms alle übereinanderliegenden Spuren des gesamten Plattenstapels gleichzeitig im Zugriff sind.

j) Welche Prüfungen und Datensicherungen sind eingebaut bzw. im Steuerprogramm vorgesehen?

Hinweise:
Bei allen möglichen Methoden muß unbedingt sichergestellt sein, daß jeder Schreib- und Lesevorgang automatisch durch die Hardware und/oder Software überprüft wird. Zusätzliche Frage: Ist die Schreib- und Leseprüfung in der Zugriffszeit enthalten oder muß sie hinzu gerechnet werden?

k) Wie groß ist die Zeit zum Duplizieren eines ganzen Speichers (Platte auf Platte oder Platte auf Magnetband)?

Hinweise:
Da die Speicher aus Gründen der Datensicherung häufig (beispielsweise einmal am Tag oder je Lauf) kopiert werden, ist diese Zeit von Bedeutung. Sie kann aber nicht allgemein gültig angegeben werden, weil sie von Speicher- zu Speichertyp unterschiedlich ist. Ein wechselbarer Plattenspeicher von 7,25 Mio. Bytes Kapazität beansprucht beispielsweise eine Duplizierzeit von etwa 2,5 Minuten.

l) Enthalten die angegebenen Zugriffszeiten die Zeit zur Übertragung der Daten zwischen externen Speicher und internem Hauptspeicher?

Hinweise:
Diese Frage ist deshalb so besonders wichtig, weil nahezu jeder Hersteller unter der Zugriffszeit etwas anderes versteht. Hierbei kommt es auf die Gesamtzeit an, die sich aus Zugriffszeit, Schreib-

bzw. Lesezeit, Übertragungszeit zwischen externem Speicher und Hauptspeicher sowie der Zeit zur Überprüfung des Schreib- bzw. Lesevorgangs zusammensetzt.

m) Wie hoch sind die Miet- oder Kaufpreise für wechselbare Speicher?

Hinweise:
Dieser Punkt ist in die Kostenrechnung einzubeziehen, weil diese Speichermittel sehr unterschiedliche Preise haben, Beispielsweise kostet ein Magnetband zwischen 20 und 60 DM (je nach Abnahmemenge), ein Magnetplattenstapel (mit 6 festverbundenen Platten) zwischen 2.000 und 3.000 DM und ein Magazin mit Magnetstreifen zwischen 10.000 und 20.000 DM (= Kaufpreise).

2. Software

Vieles, was über die Software bei Kleinanlagen gesagt wurde, gilt auch für mittelgroße EDV-Anlagen, mit dem Unterschied, daß hier natürlich weitaus größere Ansprüche an das "Software-Paket" gestellt werden.

2.1 Steuerprogramme

Das Steuerprogramm (auch als Betriebssystem bezeichnet) einer EDV-Anlage umfaßt im einzelnen:

a) Die Kontrolle und Steuerung des Systems.
b) Die Generierung des Systems.
c) Anschlußpunkte für Übersetzungs- und Arbeitsprogramme.

Zu a): Dieser Teil des Steuerprogramms umfaßt:

1. das einleitende Programmladen (englisch: IPL = Initial Program Load). Das Steuerprogramm ist bei

einer mittelgroßen Anlage meist auf Magnetplatten oder auf Magnetband gespeichert. Bevor aber ein Programm ablaufen kann, muß es von diesem externen Speicher in den internen Speicher der Anlage übertragen (geladen) werden. Diese Funktion (gesteuert durch eine Mitteilung des Operators an die Maschine) übernimmt das IPL.

2. den sogenannten Supervisor. Der Supervisor bildet das eigentliche Steuer- und Kontrollprogramm und befindet sich ständig im internen Speicher. Er übt folgende Funktionen aus:

- Er bearbeitet Unterbrechungen (der Anlage oder einzelner Programme).

- Er steuert die Ein-/Ausgabeoperationen und überlappt sie mit den Verarbeitungsoperationen.

- Er steuert und kontrolliert die Übertragung der Daten in den Kanälen.

- Er steuert und kontrolliert die Ein-/Ausgabe von Einzeldaten über das Steuerpult und bildet die Verbindung zwischen Operator und Anlage.

- Er steuert den Ablauf der sog. Jobs. Ein Job ist die Zusammenfassung mehrerer Programme (Steps), die zu einem gemeinsamen Problem (z.B.: der Rechnungsschreibung) gehören und als Einheit ablaufen.

- Er verwaltet die Systembibliothek. Die benötigten Programme werden auf Magnetband oder Magnetplatte aufgesucht und - mit Hilfe des Ladeprogramms - in den Hauptspeicher geladen.

- Sonderfunktionen, wie das Auffinden von Schreib- und Lesefehlern und ihre Beseitigung (wenn möglich),

Wiederaufnahme der Arbeit an einem Prüfpunkt nach einer Unterbrechung und andere.

3. die sogenannte Job Control (Job-Kontrolle), die

- den Übergang von einem Job zum nächsten steuert.

- die Ein-/Ausgabeeinheiten auf ihre Bereitschaft prüft und sie dem Job zuordnet (beispielsweise teilt die Anlage dem Operator mit, welche Bandeinheiten er für welche Bänder benutzen soll).

- zusätzliche Informationen berücksichtigt, wie die Begrenzung der Dateien, die Daten für Kennsatzprüfungen, die Speicherung des Tagesdatums, die Verwendung von Programmschaltern usw.

Zu b): Unter der Generierung (generieren = lat. erzeugen) versteht man die Abwandlung des standardmäßigen Betriebssystems für die besonderen Belange des Benutzers. Hierbei geht man davon aus, daß die Steuer- und Arbeitsprogramme des Herstellers auf jede mögliche Ausrüstung und auf jeden Benutzer mit unterschiedlichen Verwendungen zugeschnitten sein müssen. Zum Beispiel enthält ein Betriebssystem sowohl die Steuerung und Kontrolle von Band- als auch Magnetplatteneinheiten. Hat ein bestimmter Benutzer aber seine Anlage ausschließlich mit Magnetbandgeräten installiert, so benötigt er nur diejenigen Steuerprogrammteile, die sich auf die Magnetbandgeräte beziehen. Für technische Anwendungen wird heute vielfach das Übersetzungsprogramm (FORTRAN = englisch: FORmula TRANslator) benutzt. Ein anderer Benutzer, der z.B. nur kaufmännische Programmsprachen verwendet, benötigt diesen Compiler nicht und kann ihn bei der Systemgenerierung herauslassen. Beim Generieren werden also sowohl die Steuerprogramme abgewandelt als auch die

Arbeitsprogramme des Benutzers in die Programmbibliothek aufgenommen.

2.2 Übersetzungsprogramme

Sie dienen dazu, die vom Programmierer geschriebenen symbolischen Programme in Programme der Maschinensprache zu übersetzen. Wir unterscheiden zwischen maschinenorientierten und problemorientierten Programmsprachen. Die ersten sind Assembler-Sprachen, problemorientierte Sprachen dagegen FORTRAN, ALGOL, COBOL und PL/1. Entsprechend heißen die Übersetzungsprogramme für die erste Gruppe Assembler und für die zweite Gruppe Compiler.

2.3 Arbeitsprogramme

Zu den Arbeitsprogrammen gehören:

a) Verwaltungsprogramme. Sie verwalten die Programmbibliothek, entfernen nicht mehr benötigte Programme, nehmen neue Programme auf und katalogisieren sie. Durch sie erfährt der Supervisor, wo die einzelnen Programme zu finden sind. Mit "Programmbibliothek" sind die auf Magnetbändern oder Magnetplatten gespeicherten Standardprogramme und Benutzerprogramme gemeint.

b) Dienstprogramme. Zu ihnen gehören die standardmäßigen Ein-/Ausgabeprogramme Karte-Band (Übertragen aus Lochkarten auf Magnetband) oder Band-Drucker (Übertragen von Magnetband zur Druckausgabe) und andere.

2.4 Standard-Anwendungsprogramme

Das sind standardmäßige Programme für bestimmte Anwendungen, die in gleicher oder ähnlicher Form von verschiedenen Benutzern verwendet werden können, wie zum Beispiel die Errechnung der Lohn- und Kirchensteuer oder die Stücklistenauflösung für Fertigungsunternehmen.

C. Die Leistungsfähigkeit großer EDV-Anlagen

1. Hardware

Die Bilder 12 und 13 zeigen zwei Beispiele typischer Großanlagen zu monatlichen Mietkosten ab 50.000 DM, meist jedoch in einer Größenordnung von 100.000 bis 250.000 DM. Großanlagen sind teils mit und teils ohne Ein-/Ausgabegeräte ausgerüstet, wobei im letzteren Falle die Ein- und Ausgabe der Daten mit Hilfe kleinerer EDV-Anlagen erfolgt. Diese EDV-Anlagen, die keine Besonderheiten gegenüber normalen EDV-Anlagen aufweisen, werden als Satellitensysteme bezeichnet. Satellitensystem bedeutet hier soviel wie Zulieferer und Abnehmer für Ein- und Ausgabedaten. Da die eigentliche Ein- und Ausgabe ein verhältnismäßig zeitaufwendiger Vorgang ist, übernehmen Kleinanlagen diese Aufgabe, während die teuere Großanlage vorwiegend rechenintensive Verarbeitungsaufgaben durchführt. Die Verbindung zwischen den Systemen erfolgt über Magnetbänder, wobei die Magnetbandgeräte meist von der einen zur anderen Anlage umgeschaltet werden können, so daß der körperliche Austausch der Bänder nicht erforderlich ist. Wie in Bild 13 dargestellt, kann eine Großanlage auch zwei oder mehr Zentraleinheiten besitzen, die miteinander gekoppelt sind. Ein solches System ist in der Lage, eine Mehrfachverarbeitung (englisch: Multiprocessing) durchzuführen. Im Gegensatz zum Multiprogramming laufen beim Multiprocessing mehrere Rechenoperationen wirklich parallel ab, weil die Anlage über mehrere Zentraleinheiten (das bedeutet mehrere Steuerwerke, Recheneinheiten und Hauptspeicher) verfügt. Natürlich schließt das Multiprocessing ein Multiprogramming ein, so daß wiederum je Zentraleinheit und zusätzlich zum Multiprocessing mehrere Programme verzahnt im Multiprogramming ablaufen können.

Abgesehen davon, daß Großanlagen naturgemäß nicht so zahlreich wie Klein- und Mittelanlagen vertreten sind (nur

FUTH	Hardware- und Softwareauswahl große EDV-Anlage (mit einer ZE)	Bild 12

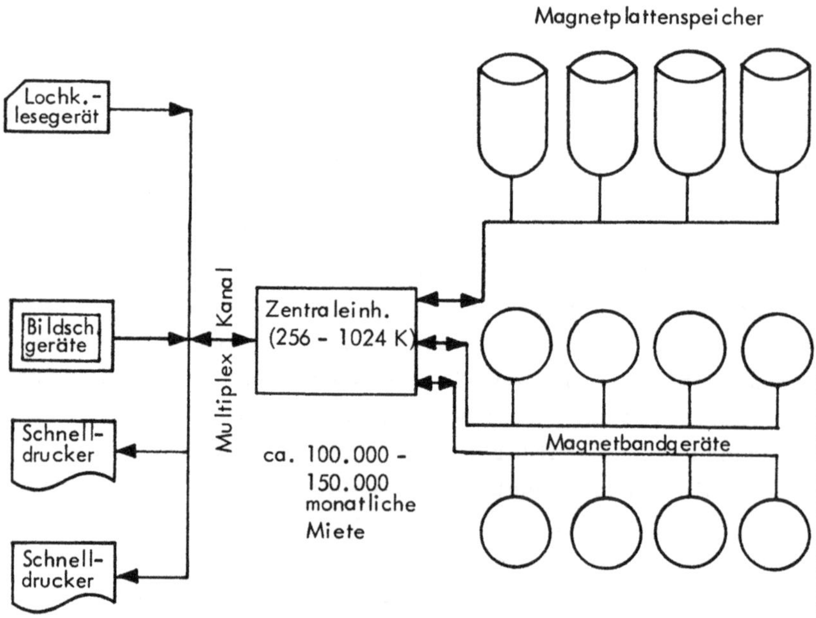

FUTH	Hardware- und Softwareauswahl Duplex EDV-Anlage (mit zwei ZE)	Bild 13

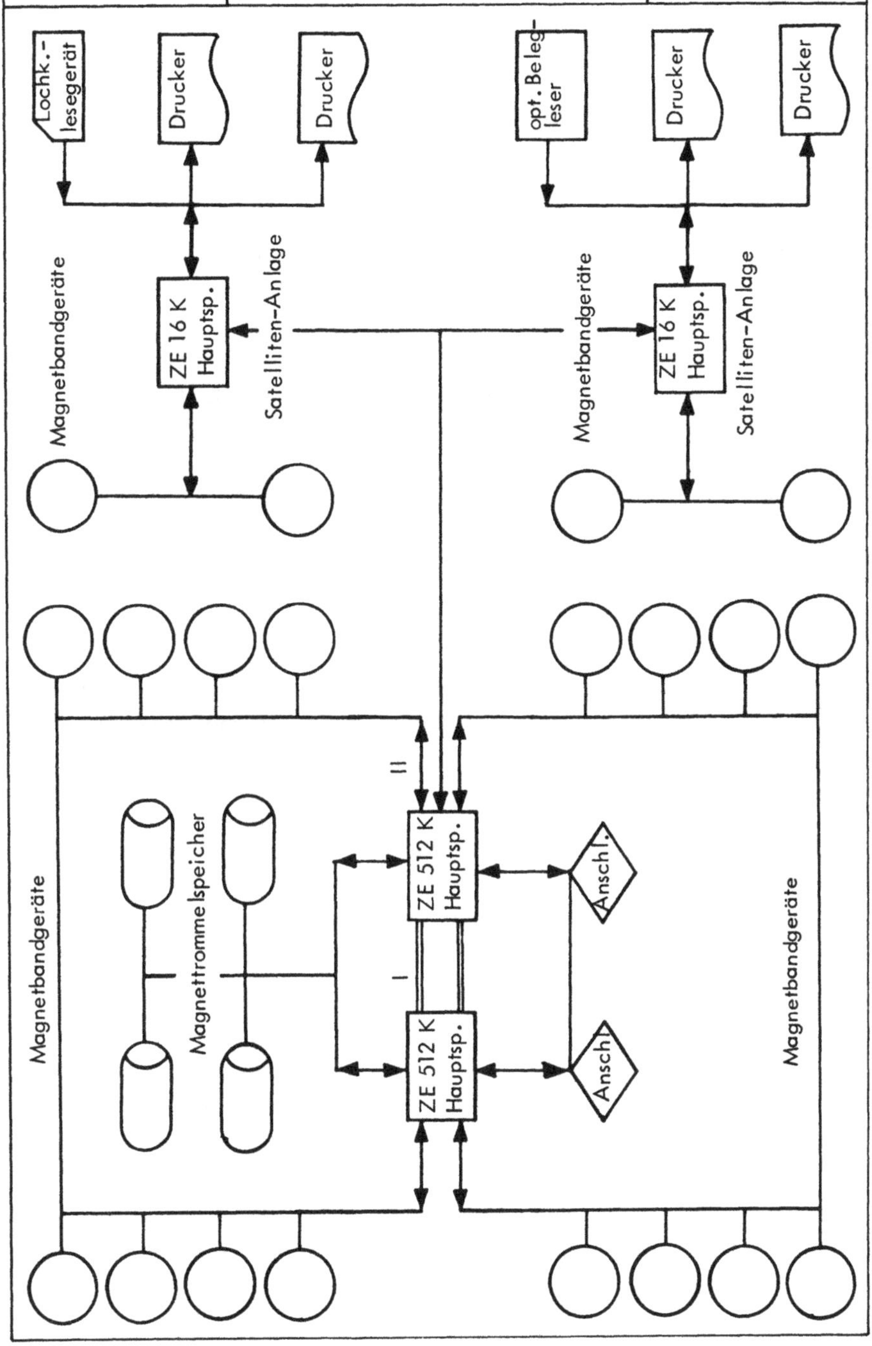

Großrechenzentren der Hersteller und größere Konzerne oder Unternehmen, wie Versandhäuser, haben solche Anlagen eingesetzt), kann das volle Wissen um die Beurteilung großer EDV-Anlagen nicht innerhalb eines Buches über EDV-Organisation und nicht in der Grundausbildung zum EDV-Organisator vermittelt werden. Nur langjährige Erfahrungen auf dem Gebiet der Datenverarbeitung bilden die Voraussetzung für eine sichere Beurteilung. Aus diesem Grunde kann die Behandlung von Großanlagen nur am Rande und nicht mit allen Einzelheiten geschehen. Statt dessen sollen nur einige Besonderheiten gegenüber den mittelgroßen EDV-Systemen hervorgehoben werden. Hinzu kommt, daß sowohl bei mittelgroßen Anlagen eine Reihe von Beurteilungsfaktoren gleich sind oder sich nur dadurch unterscheiden, daß bei Großanlagen noch höhere Anforderungen an Hardware und Software gestellt werden. So sind Großanlagen beispielsweise, verglichen mit mittelgroßen EDV-Anlagen, mit einer größeren Anzahl von noch leistungsfähigeren peripheren Ein-/Ausgabegeräten und Speichereinheiten ausgerüstet, und es stehen noch mehr und schnellere Datenkanäle zur Verfügung. Großanlagen werden meist als Mehrzweckanlagen, das heißt sowohl für kaufmännische als auch für technisch-wissenschaftliche Zwecke, eingesetzt, wozu sie aufgrund ihrer Ausrüstung und Leistungsfähigkeit gut geeignet sind.

Vielfach verwendet man Großanlagen für die Datenfernverarbeitung, wie beispielsweise für Flugplatzbuchungen: Die durch Fernschreib- oder Fernsprechleitungen übertragenen Daten werden sofort und direkt in die Zentraleinheit eingegeben, die die Daten verarbeitet und die Ergebnisse wiederum sofort und auf demselben Weg der Buchungsstation zuleitet. Mehrere EDV-Anlagen können auch auf diese Weise über Fernleitungen (sogenannte Rechner-Verbundsysteme) zusammengeschlossen sein und ihre Daten miteinander austauschen. Wegen der hohen Leistungen ist es wichtig, daß bei solchen Anlagen Großraumspeicher (Magnetplatten-, Magnettrommel- oder Magnetstreifenspeicher) mit hoher Kapazität (mehrere Hundert Millionen oder einige Milliarden Zeichen) und günstigem Zugriff zu den gespeicherten Daten angeschlossen sind. Die Ein- und Ausgabe der Daten sowie ihre Archivierung (= Aufbewahrung für spätere Wiederverwendung und zur Datensicherung) wird in der Regel über schnelle Magnetbandgeräte oder große Magnetplattenspeicher abgewickelt.

2. Software

Mit den Ansprüchen an die Hardware steigen zwangsläufig die Anforderungen, die bei solchen Systemen an die Software gestellt werden. Das Betriebssystem muß weitaus mehr Möglichkeiten bieten und weniger Einschränkungen aufweisen als das Betriebssystem für mittlere Anlagen.

2.422 Beurteilungsverfahren

Zur Bewertung der Beurteilungsmerkmale von Hardware und Software wurden verschiedene Verfahren entwickelt, die wir in systembezogene und anwendungsbezogene Beurteilungsverfahren unterteilen wollen. Bei den systembezogenen Verfahren wird die Leistungsfähigkeit der Hardware gemessen, während bei den anwendungsbezogenen Verfahren geprüft und beurteilt wird, in welcher Zeit und mit welchem Leistungsaufwand ausgewählte Anwenderprogramme auf der betreffenden EDV-Anlage ablaufen.

Die beiden Verfahren werden weiter wie folgt unterteilt:

A. Systembezogene Beurteilungsverfahren

a) Mixed-Kennzahlen

Bei diesem Verfahren werden die Zeiten gemessen, die eine EDV-Anlage für eine bestimmte Summe bezogen auf bestimmte Arten von Befehlen benötigt. Anzahl und Arten der Befehle müssen sich an typischen Benutzerprogrammen orientieren, so daß zunächst entschieden werden muß, ob das Schwergewicht mehr bei kommerziellen oder technisch-wissenschaftlichen Anwendungsprogrammen liegt. Der Mixed als Summe von Befehlsausführungszeiten einer Anlage wird dann mit den Mixed-Kennzahlen anderer EDV-Anlagen verglichen.

b) Leistungssimulation

Hier wird die Leistungsmessung mit Hilfe besonderer Simulationsprogramme durchgeführt. Ein solches Simulationsprogramm ist beispielsweise der CSS (Computer Systems Simulator) der IBM.

c) Messung durch Monitore

Mit Hilfe von Hardwaremonitoren kann die Auslastung der einzelnen Aggregate der EDV-Anlage gemessen werden. Softwaremonitore benutzen Unterprogramme, um den Auslastungsgrad von EDV-Anlagen zu messen; diese Unterprogramme sind häufig Bestandteil eines Job-Accountingprogramms.

B. Anwendungsbezogene Beurteilungsverfahren

a) Testprogramme

Testprogramme sind besonders ausgewählte Benutzerprogramme, die für die Beurteilung der Leistungsfähigkeit von großer Bedeutung sind. Hierbei empfiehlt es sich, solche Programme auszuwählen, die teils besonders kernspeicher- und rechnerintensiv, teils ein- und ausgabeintensiv sind. Nur auf diese Weise gelingt es, die Leistungsfähigkeit anhand repräsentativer Benutzerprogramme zu testen und zu beurteilen.

b) Benchmark-Verfahren

Bei diesen Verfahren handelt es sich um eine Verbesserung gegenüber dem Beurteilungsverfahren mit

Hilfe von Testprogrammen. Benchmark-Verfahren können jedoch nur für die Beurteilung bei Anlagenwechsel angewendet werden, weil sie vorhandene Programme voraussetzen. Bei Benchmark-Verfahren wählt man eine repräsentative Teilmenge der vorhandenen Programme aus, unterteilt sie in verschiedene Programmklassen mit unterschiedlichen Hardwaremerkmalen (rechnerintensiv, ein-/ausgabeintensiv) und mißt die Benchmark-Ausführungszeiten je Programmklasse, aus denen man dann die Laufzeiten für den ganzen vorhandenen Programmbestand ableitet.

Bild 14 zeigt noch einmal eine Übersicht über die Beurteilungsmerkmale und Beurteilungsverfahren bei der Hardware- und Softwareauswahl.

FUTH	Hardware- und Softwareauswahl Beurteilungsmerkmale und -verfahren	Bild 14

Beurteilungsmerkmale

1. Hardware	2. Software
1.1 Allgemeine Merkmale 1.2 Zentraleinheit 1.3 Ein-/Ausgabegeräte 1.4 Externe Speicher	2.1 Steuerprogramme 2.2 Übersetzungsprogramme 2.3 Arbeitsprogramme

Beurteilungsverfahren

A. Systembezogene Verfahren	B. Anwendungsbezogene Verf.
a) Mixkennzahlen b) Leistungssimulation c) Messung durch Monitore	a) Testprogramme b) Benchmark-Verfahren

2.43 Vorgehensweise bei der Auswahl

2.431 Vorbereitung der Auswahl

1. Vorüberlegungen

Die Auswahl einer EDV-Anlage wird durch drei Merkmale bestimmt, nämlich

- durch die Leistungsanforderungen (welche Hardware- und Softwareleistungen sind zur Erfüllung der EDV-Aufgaben unbedingt erforderlich?)

- durch die Leistungsfähigkeit (welche Hardware- und Softwareleistungen sind zur Erfüllung der EDV-Aufgaben vorhanden oder werden angeboten?) und

- die Kostenlimitierung (welche Kosten dürfen oder können für die Anschaffung der EDV-Anlage aufgewendet werden?).

Im folgenden wollen wir uns innerhalb der Vorbereitungsarbeiten zur Anlagenauswahl mehr mit den drei genannten Komponenten beschäftigen.

Festlegung der Leistungsanforderungen

Die Anforderungen an die Leistungsfähigkeit einer EDV-Anlage werden durch die Art der Aufgaben und die Datenmengen bestimmt, die je Zeiteinheit von der Anlage zu bewältigen sind. Konkret bedeutet dies, daß die auszuwählende EDV-Anlage in der Lage sein muß, die geplanten Aufgaben mit ihren Datenmengen innerhalb der verfügbaren bzw. geforderten Zeit zu erfüllen.

Zur Dokumentation dieser Anforderung benutzt der Organisator das Formular Leistungsanforderungen (Formular II/05), das je Programmkomplex, nach Programmen unterteilt, die benötigten Daten für die Eingabe, Verarbeitung, Speicherung und Ausgabe ausweist. Die Leistungsanforderungen werden aus dem Datenflußplan des Gesamtsystems abgeleitet, wobei es eine untergeordnete Rolle spielt, daß die Angaben zu diesem Zeitpunkt nur mehr oder minder grob geschätzt werden können (da die Anlage ohnehin mit entsprechender Reservekapazität ausgestattet sein muß).

Ermittlung der Leistungsfähigkeit

Die Leistungsanforderungen an die EDV-Anlage auf der einen Seite und das Kostenlimit der Geschäftsleitung auf der anderen Seite bilden den Rahmen für die Ermittlung der Leistungsfähigkeit, d.h. für die Auswahl der Größe und Ausrüstung der EDV-Anlage.

Bei der Ermittlung der Leistungsfähigkeit gehen die Organisatoren nun so vor, daß sie zunächst - ausgehend von den Eingabe-, Ausgabe-, Speicherungs- und Verarbeitungsangaben für alle Arbeitsgebiete, dargestellt im Formular Leistungsanforderungen (II/05) - eine "fiktive EDV-Anlage" annehmen.

Eine solche angenommene EDV-Anlage muß den ersten Vorstellungen der Organisatoren hinsichtlich Anforderung an Größe und Ausstattung entsprechen.

In einem zweiten Schritt werden je Programm, Programmkomplex und Arbeitsgebiet - wiederum bezogen auf die angenommene EDV-Anlage - die Laufzeit in Minuten, die benötigte Peripherie und der Kernspeicherbedarf ermittelt. Naturgemäß handelt es sich auch hier um geschätzte Grobangaben. Zur Aufnahme dieser Angaben dient das Formular Anforderungsdiagramm (Formular II/06).

FUTH	LEISTUNGSANFORDERUNGEN	erstellt am: 12.12.75 erstellt durch: Meyer
System	Teilsystem	Untersystem
Verkaufsabrechnung	Auftragsbearbeitung	
Auftrags-Nr.	Auftragsbezeichnung	Projektstufe
075.1.03	Voruntersuchung	Hardware- u. Softwareauswahl

Programmkomplex/Programm	Periode	Eingabe			Ausgabe			Dateien				Verarb.	
		Bezeichnung	DTr.	Sätze Mt.	Bezeichnung	DTr.	Sätze Mt.	Bezeichnung	DTr.	VF	Anzahl Sätze	Grad	Anzahl Befehle
A Verkaufsabrechnung													
AA Auftragsbearbeitung													
AA1 Eingabe- u. Prüfprogramm	t	Aufträge Retouren Änderungen	Lk Lk Lk	5.000 300 200	Fehlerprotokoll Bewegungen	Dr. MB	500 5.000	Kundenstamm	MP	D	2.500	1	2.000
AA2 Hauptprogramm	t	Bewegungen	MB	5.500	Lieferungen/ Retouren	MB	3.500	Kundenstamm Artikelstamm	MP MP	D D	2500 6.000	2	3000
AA3 Sortieren	t	Lieferungen/ Retouren	MB	3500	Lieferungen/ Retouren (sortiert)	MB	3.500	Sortierplatten	–	–	–	3	Stand.
AA4 Drucken	t	Lieferungen/ Retouren (sortiert)	MB	3.500	Lieferscheine Auftragsbestätigungen	Dr. Dr.	3.500 5.000	Kundenstamm Artikelstamm	MP MP	D D	2.500 6.000	3	Stand.

Formular II/05

FUTH	ANFORDERUNGSDIAGRAMM	erstellt am: 12.12.75 / erstellt durch: Meyer
System	Teilsystem	Untersystem
Verkaufsabrechnung		
Auftrags-Nr.	Auftragsbezeichnung	Projektstufe
075.1.03	Voruntersuchung	Hardware- u. Softwareauswahl

Programmkomplex/Programm	Laufzeit in Minuten							Benötigte Peripherie						Kern-speich. Bedarf K	Bemerkungen
	tägl.	wöch.	dekad.	mtl.	viertel-jährl.	halb-jährl.	jährl.	LKE	MBE	MPE	DR	LKA			
AA Auftragsbearbeitung															
AA1 Eingabe- u. Prüfprogramm	80							1	1	2	1			30	incl. Programmplatte
AA2 Hauptprogramm	115								2	3	1			45	
AA3 Sortieren	15								2	3				20	
AA4 Drucken	30								1	3	1			10	
AF Fakturierung															
AF1 Sortieren			5						2	3				20	
AF2 Hauptprogramm			15						2	3				40	
AF3 Drucken			15						2	3	1			20	
AS Verkaufsstatistiken															
AS1 Eingabe- u. Prüfprogramm				5				1	2	3	1			20	
AS2 Hauptprogramm				120					2	3				35	
AS3 Sortieren				30					2	3	1			20	
AS4 Drucken				50					2	2	1			10	
Summen/Bedarf	240		35	205				1	2	3	1			45	

Formular II/06

Der dritte Schritt besteht schließlich darin, die ermittelten Laufzeiten auf die monatliche Maschinenbelegung, unterteilt nach Arbeitstagen, zu verteilen. Anschließend wird die Maschinenbelegung in Form eines Auslastungsdiagramms dargestellt. Als Hilfsmittel hierzu benutzen die Organisatoren die beiden Formulare

Monatliche Maschinenbelegung
Formular II/07 und

Maschinen-Auslastungsdiagramm
Formular II/08.

Bei den beschriebenen Ermittlungen gehen wir davon aus, daß es für die Festlegung von Maschinengröße und -ausrüstung von großer Bedeutung ist, in welcher Zeit die EDV-Anlage die täglichen Arbeiten durchführen kann, wie sie die wöchentlichen und monatlichen Spitzenbelastungen bewältigt und welche Reservekapazitäten noch verfügbar sind. Im Gegensatz zu früher gehen heute immer mehr Rechenzentren dazu über, von vornherein einen Zwei-Schichtbetrieb zu planen, d.h. die Anlage täglich bis zu 16 Stunden zu nutzen. Die Planung eines Drei-Schichtbetriebes ist nicht zu empfehlen, weil man sich so jeglicher Reservekapazität für erhöhten Testbedarf oder Maschinenausfälle begibt. Dagegen ist ein geplanter Zwei-Schichtbetrieb für gemischte Praxis- und Testarbeiten durchaus empfehlenswert, weil eine geringe Mehrschichtmiete (oder keine zusätzlichen Kosten für die Zweitschicht) einen Mehrschichtbetrieb wirtschaftlich und damit erstrebenswert macht. In Einzelfällen wird die Zweitschicht oder ein Teil davon auch Fremdfirmen zur Mitbenutzung angeboten.

Unabhängig von der Anzahl der geplanten Schichten sollte die zu diesem Zeitpunkt geschätzte Maschinenbelegung zwei Drittel der geplanten Schichten nicht überschreiten. Das bedeutet beispielsweise, daß bei einem Einschichtbetrieb dann eine günstige Auslastung zu erwarten ist, wenn die geschätzte Maschinenbelegung bei durchschnittlich 6 Stun-

FUTH	MONATLICHE MASCHINENBELEGUNG	erstellt am: 17.12.75 erstellt durch: Meyer
System	Teilsystem	Untersystem
Gesamtsystem		
Auftrags-Nr.	Auftragsbezeichnung	Projektstufe
075.1.03	Voruntersuchung	Hardware- u. Softwareauswahl

Arbeitstag	Arbeitsgebiete (Kurzbezeichnung)	Periode	Minuten	Stunden	Bemerkungen
1.	AA1,2,3,4 AF1,2,3 KB1,2,3,4; DB1 SK1; LG1; K11,2	t d w m	240 35 70 80	4.00' 0.35' 1.10' 1.20'	
	Gesamtstunden 1. Tag			7.05'	
2.	AA1,2,3,4 DB2,3,4 LG2,3,4; AS1,2,3,4	t w m	240 90 285	4.00' 1.50' 4.45'	
	Gesamtstunden 2. Tag			10.35'	
3.	AA1,2,3,4 DI1,2,3	t m	240 240	4.00' 4.00'	
	Gesamtstunden 3. Tag			8.00'	
4.	AA1,2,3,4 SK2,3,4,5	t m	240 220	4.00' 3.40'	
	Gesamtstunden 4. Tag			7.40'	
5.	AA1,2,3,4	t	240	4.00'	
	Gesamtstunden 5. Tag			4.00'	
6.	AA1,2,3,4 KB1,2,3,4; DB1	t w	240 70	4.00' 1.10'	
	Gesamtstunden 6. Tag			5.10'	
7.	AA1,2,3,4 DB2,3,4	t w	240 90	4.00' 1.50'	
	Gesamtstunden 7. Tag			5.50'	
8.	AA1,2,3,4 AF1,2,3	t d	240 35	4.00' 0.35'	
	Gesamtstunden 8. Tag			4.35'	
9.	AA1,2,3,4	t	240	4.00'	
	Gesamtstunden 9. Tag			4.00'	
10.	AA1,2,3,4	t	240	4.00'	
	Gesamtstunden 10. Tag			4.00'	
11. 12. 13. 14. 15. 16. 17. 18. 19. 20.	wie 6. Tag wie 7. Tag wie 9. Tag wie 9. Tag wie 8. Tag wie 6. Tag wie 7. Tag wie 9. Tag wie 9. Tag wie 9. Tag			5.10' 5.50' 4.00' 4.00' 4.35' 5.10' 5.50' 4.00' 4.00' 4.00' 4.00'	
21. 22.	wie 1. Tag wie 2. Tag			7.05' 10.35'	

Formular II/07

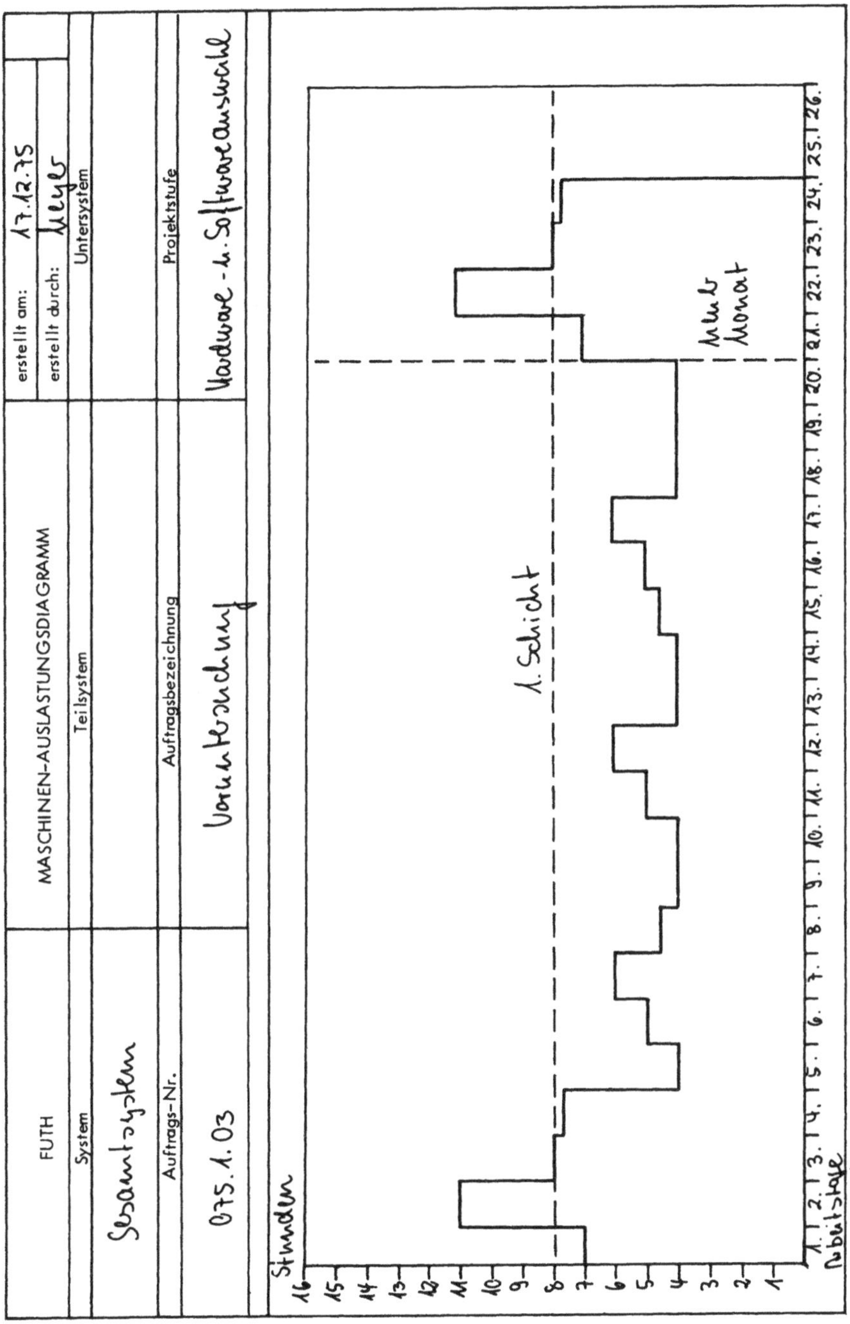
FUTH
MASCHINEN-AUSLASTUNGSDIAGRAMM
erstellt am: 17.12.75
erstellt durch: Meyer
System
Gesamtsystem
Teilsystem
Untersystem
Auftrags-Nr.
075.1.03
Auftragsbezeichnung
Voruntersuchung
Projektstufe
Hardware- u. Softwareauswahl
Stunden
1. Schicht
neuer Monat
Arbeitstage
Formular II/08

den je Tag liegt. Außer der durchschnittlichen Auslastung ist die Spitzenverteilung, insbesondere für die monatlichen Arbeiten, zu berücksichtigen. Es sei darauf hingewiesen, daß für die Maschinenbelegung und -auslastung nicht nur die Praxisarbeiten zu planen sind, sondern auch die Testarbeiten in die Planung einbezogen werden müssen. Erfahrungswerte zeigen, daß zwei bis drei Umwandlungs- und Testläufe je Tag und Programmierer anzusetzen sind, was einen Zeitaufwand von etwa 20 - 30 Minuten je Programmierer und Arbeitstag bedeutet.

Kostenlimitierung

Neben den EDV-Aufgaben nach Art, Menge und zeitlicher Erledigung bildet häufig auch eine Kostenlimitierung den Rahmen für die Festlegung der Größe und Ausrüstung der geplanten EDV-Anlage. Denn die Aufgaben müssen nicht nur technisch realisierbar sein, sondern auch wirtschaftlich gelöst werden. Obwohl die Kosten für die EDV-Anlage für sich gesehen verhältnismäßig wenig aussagen (weil sie immer im Verhältnis zu den Einsparungen und sonstigen Vorzügen gesehen werden müssen), besteht in den meisten Unternehmen eine klare Vorstellung darüber, wie hoch die EDV-Kosten (und damit auch die Kosten für die EDV-Anlage) maximal sein sollten oder dürfen. Aus diesem Grunde werden die Kosten für die EDV-Anlage vielfach durch eine Entscheidung der Geschäftsleitung bzw. durch eine Maßzahl (z.B. in Relation zu den EDV-Gesamtkosten) nach oben begrenzt.

2. Vorauswahl und Ausschreibung

Mit der Auswahl der EDV-Anlage wird das Ziel verfolgt, diejenige EDV-Anlage herauszufinden, die sich am besten und wirtschaftlichsten zur Lösung der geplanten EDV-Aufgaben eignet.

Wie geht der Organisator nun im einzelnen bei der Anlagenauswahl vor? Er schafft sich eine Art Filtersystem, das die auf dem Markt angebotenen EDV-Anlagen passieren müssen, bis zuletzt eine einzige EDV-Anlage bestimmter Größe und Ausstattung übrig bleibt (Bild 15). Als Vorfilter dienen Allgemeine Einschränkungen, die von vornherein verhindern sollen, daß bestimmte Anlagen überhaupt in die weiteren Betrachtungen einbezogen werden. Es schließt sich eine Grob-Filterung an, bei der die eventuell infrage kommenden Anlagen gewissen Mindestbedingungen unterworfen werden. Nur diejenigen Anlagen, die diesen Mindestbedingungen genügen (und das sind in der Regel zwischen drei bis sechs EDV-Systeme), kommen dann in die engere Auswahl (Feinfilterung), bis sich schließlich die am besten geeignete Anlage herauskristallisiert. So einfach diese Methode auf den ersten Blick erscheinen mag, so schwierig ist sie zu handhaben und so problematisch kann in Einzelfällen das Ergebnis sein. Da es jedoch kein sicheres und allgemein anwendbares Verfahren der Anlagenauswahl gibt, muß auf Näherungsmethoden der hier beschriebenen Art zurückgegriffen werden. Voraussetzung für eine erfolgreiche Anlagenauswahl sind entsprechende Kenntnisse und Erfahrungen der beteiligten Organisatoren. Die hier beschriebenen Methoden können nur als Hilfsmittel angesehen werden.

Allgemeine Einschränkungen, Mindestbedingungen und die endgültige Auswahl anhand gewünschter Eigenschaften sind nicht genereller Natur, sondern unterscheiden sind von Unternehmen zu Unternehmen. Die hier aufgeführten Einschränkungen, Mindestbedingungen und Eigenschaften können deshalb nur als Beispiele angesehen werden.

Beispiele der genannten allgemeinen Einschränkungen sind:

- Die EDV-Anlagen müssen in Serie hergestellt und auf dem deutschen Markt durch ein engmaschiges Vertriebsnetz und Servicenetz angeboten werden.

- Bestimmte Herstellerfirmen sollen aus geschäftspolitischen Gründen ausgeschlossen werden.

FUTH	Hardware- und Softwareauswahl Auswahlverfahren	Bild 15

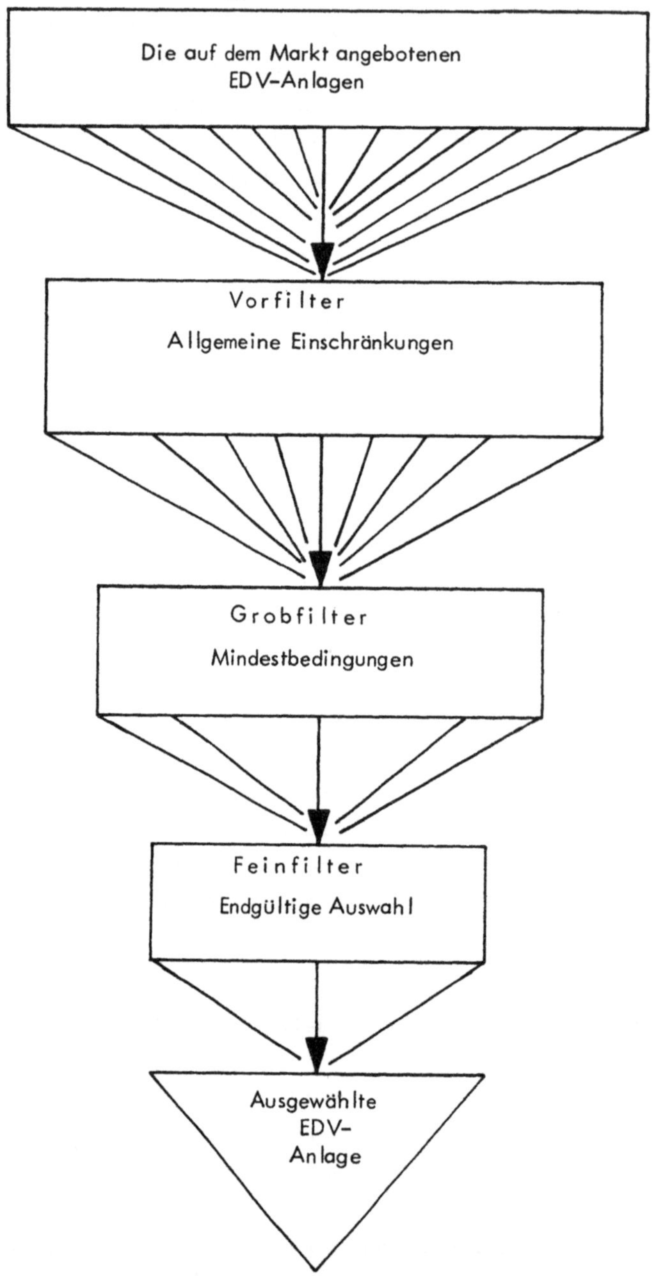

- Nur eine bestimmte Anlagengröße soll in die weiteren Betrachtungen einbezogen werden.

- Es kommen nur Anlagen bis zu einer bestimmten Kostenhöhe in Frage.

- Es werden nur Hersteller berücksichtigt, die auch Datenerfassungs- und Datenübertragungsgeräte anbieten.

Beispiele geforderter Mindestbedingungen:

- Können die in Frage kommenden Anlagen die geplanten Aufgaben erfüllen und besitzen sie außerdem noch eine Leistungsreserve?

- Bieten diese Anlagen die Möglichkeit einer späteren Erweiterung nach dem Baukastensystem?

- Sind die Herstellerfirmen in der Lage, die Anlagen in der gewünschten Zeit zu liefern?

- Kann als sicher angenommen werden, daß die betreffenden Herstellerfirmen auch in Zukunft ihren organisatorischen und technischen Kundendienst aufrechterhalten?

- Haben sich die betreffenden Anlagen oder Modelle bereits im praktischen Einsatz bewährt oder befinden sie sich noch in der Entwicklung oder im Versuchsstadium?

- Entsprechen die in die engere Auswahl gezogenen Anlagen dem neuesten technischen Stand oder muß in Kürze mit der Bekanntgabe wesentlich verbesserter Modelle gerechnet werden?

- Können die einzelnen Herstellerfirmen bereits Erfolge aufweisen oder handelt es sich um Außenseiter bzw. neue Anbieter?

Für die nach der Grobfilterung anhand geforderter Mindestbedingungen in der Regel 3 - 6 übriggebliebenen EDV-Anlagen erfolgt als letzter Schritt der Vorauswahl die Ausschreibung. Eine solche Ausschreibung ist aber nur dann sinnvoll, wenn sie gut vorbereitet ist und zu vergleichbaren Angeboten führt. Die Ausschreibungsunterlagen, die an alle in Frage kommenden Hersteller gehen, sollten folgende Formulare enthalten:

- Datenflußplan Gesamtsystem (Formular II/04)

- Leistungsanforderungen für alle Arbeitsgebiete (Formular II/05) und

- Fragebogen Anlagenauswahl (Formular II/09).

Von den betreffenden Herstellern selbst werden folgende Unterlagen erwartet:

- Organisationsvorschlag (Gegenvorschlag zum eigenen Datenflußplan Gesamtsystem)

- Beantwortung des Fragebogens Anlagenauswahl und

- ein verbindliches Angebot

EUTH	FRAGEBOGEN ANLAGENAUSWAHL	erstellt am:
		erstellt durch:
System	Teilsystem	Untersystem
Auftrags-Nr.	Auftragsbezeichnung	Projektstufe

Lfd. Nr.	Frage	rele- vant	Antwort
1.	Hersteller, Anlage, Modell - Hersteller (mit Anschrift, Geschäftsstelle, Kontaktmann) - Lieferant (mit Anschrift, Geschäftsstelle, Kontaktmann) - Anlage (genaue Bezeichnung) - Modell (genaue Bezeichnung) - Erste Auslieferung (USA, Europa, BRD) - Lieferzeit		
2.	Leistungsfähigkeit		
2.1	Hardware		
2.11	Allgemeine Merkmale - Umfang der Pufferung - Anzahl Mehrfachkanäle - Anzahl Auswahlkanäle - Möglichkeit Timesharing - Weitere Fragen zu den Allgemeinen Merkmalen:		
2.12	Zentraleinheit - Art des Hauptspeichers - Größe und Stufen des Hauptspeichers - Benötigter Bedarf für Steuerprogramm, Übersetzungsprogramme und Hauptarbeitsprogramme - Definition und Größe der Grundzeiten (Taktzeit, Zykluszeit, Zugriffszeit) - Hauptspeicherbedarf für Ein- und Ausgabepuffer - Hardware-Datensicherungen (z.B. Speicherschutz) - Indexregister - Anzahl Befehlszähler - Verarbeitungsform (binär, dezimal, gepackt) - Arbeitsweise von Rechen- und Steuerwerk - Anzahl und Arten der Einzelbefehle - Anzahl und Arten der Makrobefehle - Kennzahl für Befehlszeitenmix - Art der Simultanarbeit (hardware-, softwaremäßig, gemischt)		

Formular II/09 (1)

Lfd. Nr.	Frage	rele- vant	Antwort
	- Arten der internen Zeichendarstellung - Anzahl der Zeichen (Sonderzeichen einzeln angeben) - Anzahl Zeichen der kleinsten adressierbaren Einheit - Höchstmögliche Operandenanzahl - Weitere Fragen zur Zentraleinheit:		
2.13 2.131	Ein-/Ausgabegeräte Lochkartenlesegerät - Abfühlleistung je Stunde - Zeilen- oder spaltenweise Lesung - Automatische Kontrollen - Anzahl und Arten der Ablagefächer - Umfang der Pufferung - Einrichtung "Stanzen in die gleiche Karte" - Zusätzliche Steuereinheit erforderlich - Kanalanschluß - Weitere Fragen zum Lochkartenlesegerät:		
2.132	Lochkartenstanzgerät - Stanzleistung je Stunde - Spalten- oder en bloc-Stanzung - Automatische Kontrollen - Anzahl und Arten der Ablagefächer - Umfang der Pufferung - Zusätzliche Steuereinheit erforderlich - Kanalanschluß - Weitere Fragen zum Lochkartenstanzgerät:		
2.133	Drucker - Art des Druckwerkes - Anzahl der anschließbaren Drucker - Druckgeschwindigkeit in Zeilen/Stunde (Spezifizierung unterschiedlicher Druckgeschwindigkeiten) - Art des Typenträgers (Walze, Kette, Stab, auswechselbar) - Anzahl der Druckzeichen - Anzahl der Druckstellen (Zeichen je Zeile) - Zeilen- und Zeichendichte		

FUTH	FRAGEBOGEN ANLAGENAUSWAHL	erstellt am: erstellt durch:
System	Teilsystem	Untersystem
Auftrags-Nr.	Auftragsbezeichnung	Projektstufe

Lfd. Nr.	Frage	rele-vant	Antwort
	- Verstellbare Zeilendichte - Maximale Vordruckhöhe - Doppelter Formularvorschub - Art der Drucksteuerung - Anzahl der einwandfreien Durchschläge - Druck von Offset-Matrizen - Groß- und Kleinschreibung - Drucken optisch und magnetisch lesbarer Belege - Zusätzliche Steuereinheit erforderlich - Kanalanschluß - Geräuschpegel - Arbeitet der Drucker im Offline-Betrieb - Weitere Fragen zum Drucker:		
2.134	Datenfernverarbeitung - Anzahl Datenstationen - Arten der anschließbaren und angebotenen Datenstationen - Anzahl und Arten zusätzlicher Steuereinheiten - Kanalanschluß - Übertragungsgeschwindigkeiten - Hardwaresicherungen in der Zentraleinheit und in den Datenstationen - Angebotene Codier- und Decodierverfahren - Angebotene Chiffrier- und Dechiffrierverfahren - Eignung auch für Offline-Betrieb - Weitere Fragen zur Datenfernverarbeitung:		
2.135	Konsolsteuerung - Arten der Steuerungseinrichtungen - Geschwindigkeit der Konsolschreibmaschine in Zeichen/Minute - Zeichen-, Zeilen- oder Satzeingabe		

Formular II/09 (2)

Lfd. Nr.	Frage	relevant	Antwort
	- Hardwaresicherungen - Verwendung von Endlospapier - Zusätzliche Steuereinheit erforderlich - Kanalanschluß - Weitere Fragen zur Konsolsteuerung:		
2.136	Weitere Geräte (z.B. Lochstreifenleser/-stanzer, Belegleser, Markierungsleser u.a.)		
2.14 2.141	Externe Speicher Magnetbandgeräte - Anzahl der maximal anschließbaren Magnetbandgeräte - Arten der anschließbaren Magnetbandgeräte - Schreib-/Lesegeschwindigkeiten der angebotenen Magnetbandgeräte - Anzahl Spuren - Ist gleichzeitiges Schreiben und Lesen auf mehreren Bandeinheiten möglich - Ist sowohl Vorwärts- als auch Rückwärtslesen möglich - Welche Art Vorrichtungen gibt es für die Schreib- und Leseprüfung - Mit welcher Zeichendichte arbeiten die Bandgeräte - Wie lange dauert das Rückspulen einer vollen Magnetbandrolle - Nach welchem Verfahren werden die Datensätze sortiert - Wie groß ist die höchstmögliche Kapazität - Ist die Blockung der Datensätze begrenzt - Ist die Satzlänge fest oder variabel - Welche maximale Satz- und Blocklänge kann verwendet werden - Wie hoch ist die Übertragungsgeschwindigkeit - Wie groß sind die Zwischenräume zwischen den Datenblöcken - Wie hoch sind die Start- und Stoppzeiten - Welche hardwaremäßige Sicherung ist vorhanden - Sind zusätzliche Steuereinheiten erforderlich - Kanalanschluß - Nach welchem Code erfolgt die Magnetbandaufzeichnung		

FUTH	FRAGEBOGEN ANLAGENAUSWAHL	erstellt am: erstellt durch:
System	Teilsystem	Untersystem
Auftrags-Nr.	Auftragsbezeichnung	Projektstufe

Lfd. Nr.	Frage	relevant	Antwort
	- Wieviele Prüfspuren sind vorhanden - Weitere Fragen zu den Magnetbandgeräten:		
2.142	Speicher mit wahlfreiem Zugriff - Anzahl der maximal anschließbaren Speicher mit wahlfreiem Zugriff - Arten der anschließbaren Speicher mit wahlfreiem Zugriff - Welche Speichermittel der Einheiten sind auswechselbar - Sind zusätzliche Steuereinheiten erforderlich - Kanalanschluß - Wie hoch ist die Kapazität der einzelnen Speichermittel - Sind alle üblichen Speicherformen möglich - Wie ist der Speicher eingeteilt - Ist die Blocklänge fest oder variabel - Welche minimalen und maximalen Blocklängen können verwendet werden - Wie hoch ist die minimale, maximale und durchschnittliche Zugriffszeit - Wieviele Zeichen sind mit einer einzigen Einstellung der Zugriffseinrichtung im Zugriff - Welche Datensicherungen sind fest eingebaut - Wie hoch ist die Übertragungsgeschwindigkeit - Ist Simultanarbeit (gleichzeitiges Lesen und Schreiben, überlapptes Suchen) möglich - Wie groß ist die Zeit zum Duplizieren (Platte auf Platte oder Platte auf Band) - Enthalten die genannten Zugriffszeiten die Übertragungszeiten zwischen externen Speichern und Hauptspeicher - Nach welchen Verfahren wird sortiert - Weitere Fragen zu Speichern mit wahlfreiem Zugriff:		

Formular II/09 (3)

Lfd. Nr.	Frage	rele- vant	Antwort
2.15	<u>Erweiterungsfähigkeit</u> - In welchen Stufen und bis zu welcher Höchstkapazität kann der Hauptspeicher erweitert werden - Welche Ein-/Ausgabegeräte können nachgerüstet werden - Welche externen S eicher können nachgerüstet werden - Können alle Geräte "an der Front" nachgerüstet werden - Wie lange dauert die Nachrüstzeit je Gerät höchstens - Welche Arbeiten für das Nachrüsten können ohne Beeinträchtigung der Maschinenarbeit durchgeführt werden - Wird das Nachrüsten auch an Wochenenden und Feiertagen vorgenommen - Weitere Fragen zur Erweiterungsfähigkeit:		
2.2 2.21	<u>Software</u> <u>Steuerprogramme</u> - Welche Steuerprogramme können bei der angebotenen Anlage eingesetzt werden - Welche Hauptteile umfassen diese Steuerprogramme, und was ist im einzelnen in diesen Hauptteilen enthalten - Welche Funktionen übernehmen die einzelnen Hauptteile - Welche weiteren Ausbaustufen der einzelnen Steuerprogramme sind möglich - Ist ein Übergang von einem zum anderen Steuerprogramm möglich - Welche Programmänderungen müssen für den Übergang durchgeführt werden - In welchem Umfang unterstützen die Steuerprogramme Multiprogrammingaufgaben - Welche Anschlußpunkte haben die angebotenen Steuerprogramme für Übersetzungs- und Arbeitsprogramme - Welche Übersetzungs- und Arbeitsprogramme sind Bestandteil der Steuerprogramme - Weitere Fragen zu den Steuerprogrammen:		

FUTH	FRAGEBOGEN ANLAGENAUSWAHL	erstellt am: erstellt durch:
System	Teilsystem	Untersystem
Auftrags-Nr.	Auftragsbezeichnung	Projektstufe

Lfd. Nr.	Frage	rele-vant	Antwort
2.22	<u>Übersetzungsprogramme</u> - Welche Übersetzungsprogramme werden für die angebotene Anlage zur Verfügung gestellt - Gibt es für die angebotenen Übersetzungsprogramme mehrere Ausbaustufen - Welche Hauptspeicherkapazität und Ein-/Ausgabegeräte werden für die angebotenen Übersetzungsprogramme benötigt - Welche Makrobefehle sind in den Übersetzungsprogrammen enthalten - In welchen Stufen läuft die Übersetzung ab - Wieviel Prozent mehr Laufzeit und Hauptspeicherkapazität muß im Verhältnis zu den Maschinenprogrammen angesetzt werden - Weitere Fragen zu den Übersetzungsprogrammen:		
2.23	<u>Arbeitsprogramme</u> - Welche Verwaltungs-, Dienst- und Standard-Anwendungsprogramme werden zur Verfügung gestellt - Was enthalten die einzelnen Arbeitsprogramme - Welchen Bedarf an Hauptspeicherkapazität und einzelnen peripheren Geräten benötigen die einzelnen Arbeitsprogramme - Welche Arbeitsprogramme werden kostenlos und welche gegen Berechnung zur Verfügung gestellt - Welche weiteren Arbeitsprogramme für die angebotene Anlage sind in Vorbereitung - Weitere Fragen zu den Arbeitsprogrammen:		

Formular II/09 (4)

Lfd. Nr.	Frage	rele- vant	Antwort
3. 3.1	Kosten Einmalkosten - Einmalkosten für Transport, Aufstellung und Installation - Einmalkosten für Transport- und Aufstellversicherung - Kaufpreis, getrennt für Hardware und Software - Einmalkosten für die Lieferung von Systemsoftware - Besondere Einmalkosten für zusätzliche Klimatisierung und Energieversorgung - Einmalkosten für Softwareanpassung - Einmalkosten für die Bereitstellung von Testzeiten vor der Installation - Weitere Fragen zu den Einmalkosten:		
3.2	Laufende Kosten - Höhe der laufenden Mietkosten - Mietkosten für die 2. und 3. Schicht - Mietrabatt bei Mehrjahresverträgen (Staffel angeben) - Höhe der Wartungskosten für die 2. und 3. Schicht - Kosten der Wartung bei Anlagenkauf - Laufende Software-Mietkosten, getrennt für Steuerprogramme, Übersetzungsprogramme und Arbeitsprogramme - Konditionen für den Rückkauf von Maschinenzeit - Ausbildungskosten (Seminargebühren) - Kosten für Softwareberatung und Systemunterstützung - Weitere Fragen zu den laufenden Kosten:		
4. 4.1	Service Wartung und Reparatur - Welche einzelnen Punkte umfaßt der Wartungsvertrag (ggfs. getrennt für Anlagenkauf und -miete) - Wo ist der nächste Techniker stationiert - Welche maximale Wartezeit nach Meldung einer Störung wird für das Eintreffen des Wartungstechnikers zugesichert - Wo befindet sich das nächste Ersatzteillager - Welche Zeit wird höchstens benötigt, um Verschleißteile heranzuschaffen		

FUTH	FRAGEBOGEN ANLAGENAUSWAHL	erstellt am: erstellt durch:
System	Teilsystem	Untersystem
Auftrags-Nr.	Auftragsbezeichnung	Projektstufe

Lfd. Nr.	Frage	relevant	Antwort
	- Wer trägt die Kosten für technische Änderungen - Wie oft, unterteilt nach Geräten, wird eine vorbeugende Wartung durchgeführt - Während welcher Zeit muß der Kunde die Anlage, getrennt für die gesamte Anlage und nach einzelnen Geräten, für die vorbeugende Wartung freigeben - Wie sind Wartung und Reparatur für die 2. und 3. Schicht gelöst - Wie ist sichergestellt, daß der CPU-Zähler während Wartung und Reparatur abgestellt wird - In welcher Form werden Wartung und Reparatur dokumentiert und Auswertungen hierüber dem Kunden zur Verfügung gestellt - Weitere Fragen zur Wartung und Reparatur:		
4.2	Ausbildung - Welche Kurse, getrennt für die einzelnen Berufsgruppen, werden angeboten - Wo finden die Kurse im allgemeinen statt - Ist der Hersteller bereit, bei entsprechender Größenordnung, auch Kurse in den Räumen des Kunden durchzuführen - Welche Anmeldungszeit ist für die einzelnen Kurse höchstens erforderlich - Welche Kurse werden gesondert berechnet und welche Kosten fallen hierfür an - Welche Unterlagen werden den Mitarbeitern des Kunden während und außerhalb der Schulung zur Verfügung gestellt? - Welche Schulungskurse finden bei Systemänderung und -anpassung statt - Weitere Fragen zur Ausbildung:		

Formular II/09 (5) V

Lfd. Nr.	Frage	relevant	Antwort
4.3	Systemunterstützung - Welche kostenlose Unterstützung wird für die Umstellungsarbeiten vor Installation der Anlage gewährt - Für welche Zeit wird kostenlos und für welche Zeit gegen Berechnung in welcher Höhe Personal des Herstellers zur Verfügung gestellt - Welche Unterstützung durch Systemspezialisten wird vor der Installation und welche nach der Installation laufend gewährt - Wo ist der nächste Systemspezialist stationiert - Welche maximale Wartezeit wird für das Eintreffen des Systemspezialisten zugesichert - Welche Rechte besitzt der Kunde beim Auftreten von Fehlern in der Systemsoftware - Welche Planungen bestehen beim Hersteller für die Weiterentwicklung der Systemsoftware - Welche Systemsoftware, unterteilt nach Steuerprogrammen, Übersetzungsprogrammen und Arbeitsprogrammen, empfiehlt der Hersteller für die vorgeschlagene Anlage - Welcher Aufwand muß für den Übergang von einer zur anderen Version innerhalb eines Steuerprogramms und von einem Steuerprogramm auf das nächsthöhere Steuerprogramm vorgesehen werden - Weitere Fragen zur Systemunterstützung:		
4.4	Testbedingungen - Welche Testzeit wird kostenlos und gegen Berechnung vor Installation der eigenen Anlage zur Verfügung gestellt - Wo wird diese Testzeit zur Verfügung gestellt - Wie sieht die Größe und Konfiguration der Testmaschine aus - Ab wann, in welcher Zeit und mit welcher Häufigkeit werden Testzeiten zur Verfügung gestellt - Welche Systemunterstützung wird bei diesen Testarbeiten gewährt - Was erfolgt bei Überziehung der Testzeiten - Welche Anpassungen sind vorzunehmen, wenn keine Testmaschine, in entsprechender Größe und Konfiguration verglichen mit der eigenen Anlage, zur Verfügung gestellt wird - Welche Testhilfsprogramme sind verfügbar - Weitere Fragen zu den Testbedingungen:		

FUTH	FRAGEBOGEN ANLAGENAUSWAHL	erstellt am: erstellt durch:
System	Teilsystem	Untersystem
Auftrags-Nr.	Auftragsbezeichnung	Projektstufe

Lfd. Nr.	Frage	rele-vant	Antwort
5.	<u>Vertragsbedingungen</u> Diese Punkte sind spezifiziert und verbindlich im Angebot aufzuführen: - Genaue Spezifizierung der Anlage mit Konfigurationsdiagramm und allen technischen Details - Genaue Spezifikation der angebotenen Systemsoftware mit Umfang, Eigenschaften und Speicheraufwand - Verbindliche Zusage, daß die angebotene Systemsoftware auch auf der angebotenen Anlage verwendet werden kann - Vertragsdauer und Kündigungsfrist - Kaufoption - Leasingmöglichkeit - Rabattstaffel bei Mehrjahresmietverträgen - Höhe und Berechnung der Überstundenmiete - Höhe der Einmalkosten, aufgeschlüsselt - Zahlungskonditionen und Beginn der Mietberechnung - Rückkauf von Maschinenzeit - Berechnung und Berücksichtigung der Ausfallzeiten durch Reparatur und Wartung - Berücksichtigung von Wiederholungsarbeiten aufgrund sonstiger Störungen in Hardware und Software, die der Hersteller zu vertreten hat - Mitwirkung des Herstellers bei der Installation der Anlage einschließlich Klimatisierung und Stromversorgung - Recht des Kunden, nicht genutzte Zeit an andere Benutzer zu verkaufen - Verschiebung der Liefertermine - Haftung und Schadensersatz - Recht des Kunden auf Austausch bei Ausfall der Anlage oder einzelner Geräte von einer bestimmten Größenordnung an - Einverständnis des Herstellers zur Verwendung von Mixed Hardware - Schriftliche und verbindliche Festlegung der Einzelheiten aus den Punkten 3.1 Wartung und Reparatur, 3.2 Ausbildung, 3.3 Systemunter-		

Formular II/09 (6) V

Lfd. Nr.	Frage	rele-vant	Antwort
	stützung und 3.4 Testbedingungen - Zeitplan für die Änderung der Konfiguration vor der Installation - Bedingungen des Rücktrittsrechts		

2.432 Durchführung der Auswahl

1. Bewertungssystem

Für die weitere Beurteilung der in die engere Wahl gezogenen Anlagen wird nun ein Katalog gewünschter Eigenschaften aufgestellt. Diese Eigenschaften bilden zwar die Grundlage für die endgültige Beurteilung, sind aber zunächst noch nicht auf bestimmte EDV-Anlagen bezogen. Sie erstrecken sich vielmehr ganz allgemein auf die Leistungsfähigkeit, unterteilt nach Hardware und Software, auf die Einmal- und die laufenden Kosten, auf die Serviceleistungen des Herstellers sowie auf die allgemeinen Vertragsbedingungen. Es handelt sich also um Eigenschaften, die für den Benutzer von besonderer Wichtigkeit sind.

Im nächsten Schritt werden die gewünschten Eigenschaften gewichtet. Dies bedeutet, daß den einzelnen Eigenschaften, ausgehend von insgesamt 100 Punkten, ein bestimmter Wert beigemessen wird. Beispielsweise ist in einem Unternehmen die Leistungsfähigkeit der Anlage besonders bedeutsam, weil streng zeitgebundene und umfangreiche Arbeiten ablaufen müssen. Ein anderes Unternehmen kann vielleicht eine kleinere EDV-Anlage ohnehin nur zu 40 - 50 % nutzen, weswegen hier die Kosten an erster Stelle der gewünschten Eigenschaften stehen werden. Um also den Wert bestimmter Eigenschaften hervorzuheben, teilt der Organisator allen Eigenschaften eine in Zahlen ausgedrückte und auf insgesamt 100 Punkte bezogene Gewichtung zu. Die Gewichtung wird für jede einzelne Eigenschaft bestimmt und zu Eigenschaftsgruppen akkumuliert. Beispielsweise sagt eine Gewichtung von 20 Punkten für die Leistungsfähigkeit und von 40 Punkten für die Kosten aus, daß den niedrigen Kosten ein doppelt so hoher Wert beigemessen wird wie der Leistungsfühigkeit.

Naturgemäß ist die Gewichtung von Anwender zu Anwender verschieden und kann sich auch für die Anschaffung einer Folgeanlage verschieben. Um zu einem möglichst objektiven Ergebnis zu kommen und Fehlschlüsse eines einzelnen auszuschliessen, geht man am besten so vor, daß die Gewichtung der gewünschten Eigenschaften getrennt von mehreren Organisatoren durchgeführt wird. Im Anschluß daran werden die Gewichtungen verglichen und von den einzelnen Organisatoren begründet. Das Endergebnis wird aber nicht durch den mathematischen Mittelwert gebildet, sondern entspricht der Gesamtmeinung, auf die man sich nach einer gründlichen Diskussion einigt. Das Formular II/10 zeigt die Gewichtung der Eigenschaften anhand eines Beispiels durch drei Organisatoren.

Erläuterungen zum Bewertungssystem

Leistungsfähigkeit

Wie bereits an anderer Stelle behandelt, wird die Leistungsfähigkeit einer EDV-Anlage durch die Gesamtleistung ihrer Hardware und Software bestimmt. Aus diesem Grunde muß die Hardware selbst hinsichtlich der allgemeinen Merkmale, der Zentraleinheit, der Ein-/Ausgabegeräte und der externen Speicher beurteilt werden. Zu diesen bekannten Punkten kommt die Erweiterungsfähigkeit hinzu. Mit diesem Ausdruck ist die Möglichkeit gemeint, den internen Hauptspeicher, die Ein-/Ausgabegeräte und die externen Speicher "im Feld", d.h. ohne Austausch und im Rechenzentrum des Benutzers, erweitern zu können. Um einen genügenden Spielraum für eine solche Erweiterungsfähigkeit zu haben, ist es von großem Nutzen, wenn eine Anlage oder ein Modell im mittleren Konfigurationsbereich gewählt wird und genügend Raum für eine Erweiterung besitzt. Nur so ist es möglich, daß die Anlage mit den zunehmenden Aufgaben und Datenmengen wächst und damit wirtschaftlich ausgebaut und angepaßt werden kann.

Kosten

Von gleich großer Bedeutung wie die Leistungsfähigkeit einer EDV-Anlage sind ihre Kosten. Beide Merkmale lassen sich niemals getrennt, sondern immer nur gemeinsam als Kosten-/Leistungsverhältnis bewerten. Zu den Einmalkosten gehören die

FUTH	GEWICHTUNG DER EIGENSCHAFTEN	erstellt am: 19.12.75 erstellt durch: Meyer
System	Teilsystem	Untersystem
Gesamtsystem		
Auftrags-Nr.	Auftragsbezeichnung	Projektstufe
075.1.03	Voruntersuchung	Hardware- und Softwareauswahl

Nr.	Eigenschaften	Gewichtung 1	Gewichtung 2	Gewichtung 3	Gewichtung Gesamt
1.	Leistungsfähigkeit				
1.1	Hardware				
1.11	Allgemeine Merkmale	3	5	10	7
1.12	Zentraleinheit	10	12	15	12
1.13	Ein-/Ausgabegeräte	5	5	8	8
1.14	Externe Speicher	2	2	2	2
1.15	Erweiterungsfähigkeit	–	1	–	1
	Hardware insgesamt	20	25	35	30
1.2	Software				
1.21	Steuerprogramme	5	2	3	3
1.22	Übersetzungsprogramme	5	3	4	3
1.23	Arbeitsprogramme	5	5	4	4
	Software insgesamt	15	10	11	10
	Leistungsfähigkeit insgesamt	35	35	46	40
2.	Kosten				
2.1	Einmalkosten	10	5	5	5
2.2	Laufende Kosten	20	30	40	25
	Kosten insgesamt	30	35	45	30
3.	Service				
3.1	Wartung und Reparatur	10	5	–	5
3.2	Ausbildung	5	5	–	5
3.3	Systemunterstützung	5	5	5	8
3.4	Testbedingungen	5	5	–	2
	Service insgesamt	25	20	5	20
4.	Vertragsbedingungen insgesamt	10	10	4	10
	Summe	100	100	100	100

Formular II/10

vom Hersteller festgesetzten Kosten für die Aufstellung und das Anlaufen der EDV-Anlage sowie die geschätzten Kosten für das Testen der Programme vor der Installation, soweit diese Testarbeiten beim Hersteller durchgeführt und von diesem berechnet werden. Auch die Kosten für die Klimatisierung und Energieversorgung sind hier anzusetzen, jedoch nur soweit, als sie in unterschiedlicher Höhe für die einzelnen Anlagen anfallen. Zu den laufenden Kosten gehören die Mietkosten bzw. die Abschreibungen. Von besonderer Bedeutung für die kostenmäßige Vergleichbarkeit von EDV-Anlagen ist die Frage, ob und inwieweit die Kosten für die Systemsoftware (Steuerungs-, Übersetzungs- und Arbeitsprogramme) in den Hardwarekosten enthalten sind oder vom Hersteller gesondert berechnet werden. Ähnliches gilt für die Serviceleistungen, wo für jeden Fall gesondert geprüft werden muß, ob und in welcher Größenordnung die Serviceleistungen in den normalen laufenden Kosten enthalten sind oder besonders berechnet werden (Bündelung oder Entbündelung).

Service

Unter dem Punkt Service wird hier die Leistung des EDV-Herstellers im Hinblick auf Wartung und Reparatur, Ausbildungsunterstützung, Systemunterstützung und Bereitstellung von Testzeit vor Installation der eigenen EDV-Anlage verstanden. Von der Größe der eigenen EDV-Abteilung, der Art der Anwendungen (z.B. Realtime-Betrieb) und der örtlichen Lage hängt es im allgemeinen ab, welcher Wert diesen Eigenschaften beigemessen wird.

Vertragsbedingungen

Schließlich sind auch noch die sonstigen Vertragsbedingungen in die Gewichtung und Beurteilung einzubeziehen, soweit sie nicht schon die Hardware und Software, die Kosten und den Kundendienst betreffen und im einzelnen voneinander abweichen. Einzelne Vertragsbedingungen von besonderem Wert können sein:

- Die verbindliche Angabe der Leistungsfähigkeit von Hardware und Software einschließlich der Verfügbarkeitstermine.

- Die feste Zusicherung des Kundendienstes mit genauen Einzelheiten, z.B. Schichtwartung.

- Die vertragliche Garantie genau fixierter kostenloser Testzeiten.

- Die Mitwirkung bei der Festlegung von Klimaanlage, Energieversorgung und Gebäudeeinrichtung.

- Der Zahlungsbeginn, d.h. der Zeitpunkt, von dem an die Mietzahlung einsetzen muß.

2. Bewertung der untersuchten EDV-Anlagen

In der nun folgenden Endauswahl werden alle EDV-Anlagen, die den Filter der Allgemeinen Einschränkungen und geforderten Mindestbedingungen passiert haben und für die die Ausschreibungsangebote der Hersteller vorliegen, im Hinblick auf die gewünschten Eigenschaften beurteilt. Zu diesem Zweck bildet man sogenannte Wirksamkeitsfaktoren, und zwar je einen Faktor für jede gewünschte Eigenschaft und Anlage. Der Faktor kennzeichnet jeweils die besonders gute bzw. die weniger gute Eignung einer EDV-Anlage, bezogen auf eine bestimmte Eigenschaft. Ein hoher Faktor ist immer als günstig, ein niedriger Faktor als ungünstig anzusehen. Beispielsweise sagt ein hoher Faktor bei der Bewertung der laufenden Kosten aus, daß die Mietkosten bei dieser Anlage besonders niedrig liegen. Jede Bewertung kann sich natürlich immer nur auf den Vergleich mit den anderen in die engere Wahl gezogenen Anlagen beziehen. Durch Multiplikation des Faktors mit der dazugehörigen Gewichtung gelangt man zu Einzelergebnissen, deren Höchstsumme (unter gewissen Vorbehalten) die sich am besten eignende EDV-Anlage ausweist. Wie bei der Gewichtung der gewünschten Eigenschaften sollte auch die endgültige Anlagenbewertung durch verschiedene Organisatoren mit einem abschließenden Gemeinschaftsergebnis vorgenommen werden. Formular II/11 zeigt die Vorgehensweise der Anlagenbewertung anhand eines Beispiels, bezogen auf einen Organisator.

Es sei besonders darauf hingewiesen, daß die Schwierigkeiten eines solchen zahlenmäßigen Anlagenvergleichs nicht verkannt werden dürfen. Die Gewichtung der Eigenschaften ist noch vergleichsweise einfach. Im allgemeinen wissen die Organisatoren, ob es zur Lösung der anstehenden Aufgaben mehr auf eine hohe Leistungsfähigkeit ankommt oder das Schwergewicht mehr bei möglichst geringen Kosten liegt. Sehr viel schwieriger ist dagegen eine der Wirklichkeit entsprechende Zuordnung der Bewertungsfaktoren. Zwar sind die monatlichen Mietkosten oder die Kaufpreise der Anlagen genau bekannt, wie aber soll beispielsweise die Wirksamkeit unterschiedlicher Betriebssysteme oder der Kundendienst der einzelnen Hersteller vergleichsweise beurteilt werden? Auf der anderen Seite können die Organisatoren aber nicht auf einen zahlenmäßigen Anlagenvergleich verzichten. Eine Näherungsmethode, wie sie hier beschrieben wird, ist immer noch besser, als es auf gut Glück zu versuchen, sich den Empfehlungen eines Herstellers zu beugen oder sich kritiklos der Entscheidung eines Nachbarunternehmens anzuschließen. Für Organisatoren mit entsprechenden EDV-Erfahrungen wird das vorliegende Verfahren eine gute Hilfe sein, sie aber auf der anderen Seite nicht davon entbinden, mit großer Gewissenhaftigkeit und ggfs. mit Hilfe eines erfahrenen externen Beraters vorzugehen.

Erläuterungen zur Anlagenbewertung

Bewertung der Leistungsfähigkeit

Da die Beurteilung der Leistungsfähigkeit einer EDV-Anlage, gemessen an ihrer Hardware und Software, bereits bekannt ist, können wir uns darauf beschränken, diese Gesichtspunkte im Hinblick auf die Verwendung für ganz bestimmte Auf-

FUTH	ANLAGENBEWERTUNG	erstellt am: 22.12.75 erstellt durch: Franz
System	Teilsystem	Untersystem
Gesamtsystem		
Auftrags-Nr.	Auftragsbezeichnung	Projektstufe
075.1.03	Voruntersuchung	Hardware- und Softwareauswahl

Nr.	Eigenschaften	Gewichtung	Anlage 1 X	Anlage 1 =	Anlage 2 X	Anlage 2 =	Anlage 3 X	Anlage 3 =
1.	Leistungsfähigkeit							
1.1	Hardware							
1.11	Allgemeine Merkmale	7	1,0	7,0	2,0	14,0	1,0	7,0
1.12	Zentraleinheit	12	1,0	12,0	1,5	18,0	0,8	9,6
1.13	Ein-/Ausgabegeräte	8	0,6	4,8	1,0	8,0	0,6	4,8
1.14	Externe Speicher	2	1,0	2,0	1,7	3,4	0,5	1,0
1.15	Erweiterungsfähigkeit	1	0,8	0,8	1,8	1,8	0,5	0,5
	Hardware insgesamt	30		26,6		45,2		22,9
1.2	Software							
1.21	Steuerprogramme	3	0,8	2,4	1,5	4,5	1,0	3,0
1.22	Übersetzungsprogramme	3	0,9	2,7	1,2	3,6	0,9	2,7
1.23	Arbeitsprogramme	4	1,0	4,0	0,8	3,2	0,6	2,4
	Software insgesamt	+10		+9,1		+11,3		+8,1
	Leistungsfähigkeit insgesamt	= 40		= 35,7		= 56,5		= 31,0
2.	Kosten							
2.1	Einmalkosten	5	2,0	10,0	1,0	5,0	1,1	5,5
2.2	laufende Kosten	25	1,2	30,0	0,8	20,0	0,7	17,5
	Kosten insgesamt	30		40,0		25,0		23,0
3.	Service							
3.1	Wartung und Reparatur	5	1,0	5,0	1,5	7,5	0,8	4,0
3.2	Ausbildung	5	0,5	2,5	1,0	5,0	1,2	6,0
3.3	Systemunterstützung	8	1,2	9,6	1,5	12,0	1,0	8,0
3.4	Testbedingungen	2	0,6	1,2	1,0	2,0	1,5	3,0
	Service insgesamt	20		18,3		26,5		21,0
4.	Vertragsbedingungen insges.	10	1,0	10,0	0,8	8,0	1,5	15,0
	Summe	100		104,0		116,0		90,0
	Rangfolge			2		1		3

Formular II/11 (1)

FUTH	ANLAGENBEWERTUNG	erstellt am: 22.12.75 erstellt durch: Meyer
System	Teilsystem	Untersystem
Gesamtsystem		
Auftrags-Nr.	Auftragsbezeichnung	Projektstufe
075.1.03	Voruntersuchung	Hardware- und Softwareauswahl

Nr.	Eigenschaften	Gewichtung	Anlage 1 X	Anlage 1 =	Anlage 2 X	Anlage 2 =	Anlage 3 X	Anlage 3 =
1.	Leistungsfähigkeit							
1.1	Hardware							
1.11	Allgemeine Merkmale	7	0,9	6,3	1	7,0	1,1	7,7
1.12	Zentraleinheit	12	0,9	10,8	1	12,0	0,8	9,6
1.13	Ein-/Ausgabegeräte	8	0,6	4,8	0,9	7,2	0,7	5,6
1.14	Externe Speicher	2	1,1	2,2	1,5	3,0	0,9	1,8
1.15	Erweiterungsfähigkeit	1	0,9	0,9	1,8	1,8	1,0	1,0
	Hardware insgesamt	30		25,0		31,0		25,7
1.2	Software							
1.21	Steuerprogramme	3	1,0	3,0	0,9	2,7	1,0	3,0
1.22	Übersetzungsprogramme	3	1,0	3,0	0,8	2,4	0,7	2,1
1.23	Arbeitsprogramme	4	1,0	4,0	0,6	2,4	0,6	2,4
	Software insgesamt	+10		+10,0		+7,5		+7,5
	Leistungsfähigkeit insgesamt	=40		=35,0		=38,5		=33,2
2.	Kosten							
2.1	Einmalkosten	5	2,3	11,5	1,5	7,5	2,0	10,0
2.2	laufende Kosten	25	1,6	40,0	1,0	25,0	0,8	20,0
	Kosten insgesamt	30		51,5		32,5		30,0
3.	Service							
3.1	Wartung und Reparatur	5	1,1	5,5	1,2	6,0	1,2	6,0
3.2	Ausbildung	5	1,0	5,0	1,0	5,0	0,8	4,0
3.3	Systemunterstützung	8	1,3	10,4	1,3	10,4	0,8	6,4
3.4	Testbedingungen	2	0,5	1,0	1,0	2,0	1,0	2,0
	Service insgesamt	20		21,9		23,4		18,4
4.	Vertragsbedingungen inges.	10	1,5	10,5	0,8	8,0	1,3	13,0
	Summe	100		118,9		102,4		94,6
	Rangfolge			1		2		3

Formular II/11 (2)

FUTH	ANLAGENBEWERTUNG	erstellt am: 22.12.75 erstellt durch: Lehmann
System	Teilsystem	Untersystem
Gesamtsystem		
Auftrags-Nr.	Auftragsbezeichnung	Projektstufe
075.1.03	Voruntersuchung	Hardware- und Softwareauswahl

Nr.	Eigenschaften	Gewichtung	Anlage 1 X	Anlage 1 =	Anlage 2 X	Anlage 2 =	Anlage 3 X	Anlage 3 =
1.	Leistungsfähigkeit							
1.1	Hardware							
1.11	Allgemeine Merkmale	7	1,5	10,5	2,0	14,0	1,1	7,7
1.12	Zentraleinheit	12	1,0	12,0	1,3	15,6	0,9	10,8
1.13	Ein-/Ausgabegeräte	8	0,8	6,4	1,2	9,6	0,7	5,6
1.14	Externe Speicher	2	0,9	1,8	1,9	3,8	0,5	1,0
1.15	Erweiterungsfähigkeit	1	1,0	1,0	2,0	2,0	0,6	0,6
	Hardware insgesamt	30		31,7		45,0		25,7
1.2	Software							
1.21	Steuerprogramme	3	0,9	2,7	1,2	3,6	0,9	2,7
1.22	Übersetzungsprogramme	3	0,8	2,4	1,5	4,5	1,0	3,0
1.23	Arbeitsprogramme	4	1,1	4,4	1,0	4,0	0,8	3,2
	Software insgesamt	+10		+9,5		+12,1		+8,9
	Leistungsfähigkeit insgesamt	= 40		= 41,2		= 57,1		= 34,6
2.	Kosten							
2.1	Einmalkosten	5	1,5	7,5	1,4	7,0	1,2	6,0
2.2	laufende Kosten	25	1,3	32,5	1,5	37,5	0,8	20,0
	Kosten insgesamt	30		40,0		44,5		26,0
3.	Service							
3.1	Wartung und Reparatur	5	0,5	2,5	1,0	5,0	1,2	6,0
3.2	Ausbildung	5	1,0	5,0	1,5	7,5	0,8	4,0
3.3	Systemunterstützung	8	1,0	8,0	1,7	13,6	0,9	7,2
3.4	Testbedingungen	2	0,8	1,6	1,0	2,0	1,3	2,6
	Service insgesamt	20		17,1		28,1		19,8
4.	Vertragsbedingungen insges.	10	0,9	9,0	0,9	9,0	1,0	10,0
	Summe	100		107,3		138,7		94,4
	rangfolge			2		1		3

Formular II/11 (3)

FUTH	ANLAGENBEWERTUNG – gesamt –	erstellt am: 22.12.75 erstellt durch: Franz
System	Teilsystem	Untersystem
Gesamtsystem		
Auftrags-Nr.	Auftragsbezeichnung	Projektstufe
075.1.03	Voruntersuchung	Hardware- und Softwareauswahl

Nr.	Eigenschaften	Gewichtung	Anlage 1		Anlage 2		Anlage 3	
			X	=	X	=	X	=
1.	Leistungsfähigkeit							
1.1	Hardware							
1.11	Allgemeine Merkmale	7	1,0	7,0	1,9	13,3	1,2	8,4
1.12	Zentraleinheit	12	1,1	13,2	1,7	20,4	1,0	12,0
1.13	Ein-/Ausgabegeräte	8	0,8	6,4	1,0	8,0	0,8	6,4
1.14	Externe Speicher	2	0,8	1,6	1,8	3,6	0,7	1,4
1.15	Erweiterungsfähigkeit	1	0,8	0,8	1,6	1,6	0,7	0,7
	Hardware insgesamt	30		29,0		46,9		28,9
1.2	Software							
1.21	Steuerprogramme	3	1,0	3,0	1,4	4,2	1,2	3,6
1.22	Übersetzungsprogramme	3	0,9	2,7	1,5	4,5	1,0	3,0
1.23	Arbeitsprogramme	4	1,1	4,4	0,8	3,2	0,7	2,8
	Software insgesamt	+10		+10,1		+11,9		+9,4
	Leistungsfähigkeit insgesamt	=40		=39,1		=58,8		=38,3
2.	Kosten							
2.1	Einmalkosten	5	1,0	5,0	1,8	9,0	1,3	6,5
2.2	laufende Kosten	25	1,5	37,5	1,2	30,0	1,0	25,0
	Kosten insgesamt	30		42,5		39,0		31,5
3.	Service							
3.1	Wartung und Reparatur	5	1,1	5,5	1,4	7,0	0,9	4,5
3.2	Ausbildung	5	0,8	4,0	1,1	5,5	1,1	5,5
3.3	Systemunterstützung	8	1,2	9,6	1,5	12,0	1,0	8,0
3.4	Testbedingungen	2	0,7	1,4	1,1	2,2	1,5	3,0
	Service insgesamt	20		20,5		26,7		21,0
4.	Vertragsbedingungen insges.	10	0,9	9,0	0,9	9,0	1,3	13,0
	Summe	100		111,1		133,5		103,8
	Rangfolge			2		1		3

Formular II/11 (4)

gaben zu erläutern. Hierbei gehen wir davon aus, daß die Leistungsfähigkeit nicht viel aussagt, wenn sie losgelöst von den zu erfüllenden Aufgaben betrachtet wird. Eine durchaus gute Leistung einer EDV-Anlage muß schlecht bewertet werden, wenn diese Leistung ganz knapp ausreicht und keine Reserve beläßt. Andererseits bringt eine Leistung über die Erfüllung der Aufgaben hinaus nicht allzu viele Vorteile für den Benutzer, es sei denn, er kann diese Leistung an andere Unternehmen (Übernahme von Lohnarbeiten für Fremdfirmen) verkaufen.

Beginnen wir mit dem Abschnitt Hardware und dem Punkt Allgemeine Merkmale. Wie bekannt, verbergen sich hinter den Allgemeinen Merkmalen der Hardware besondere Eigenschaften, wie die Anzahl und Arten der Datenkanäle, die Pufferung, die Möglichkeit des Multiprogramming und andere. Je nach Anlagengröße und Aufgaben im Unternehmen kommt es auf die eine oder andere Eigenschaft besonders an. In unserem Beispiel soll diese Eigenschaft bei der Anlage 2 besonders gut (= Faktor 2,0), bei allen anderen Anlagen dagegen durchschnittlich günstig gelöst sein.

Die Beurteilung der Zentraleinheit bezieht sich auf die Größe und Geschwindigkeit des internen Hauptspeichers, auf die Möglichkeiten der Steuereinheit (beispielsweise auf den Umfang des Multiprogramming) und auf das Rechenwerk (sind Multiplikation und Division fest verdrahtet, werden die Rechenoperationen im Speicher durchgeführt oder sind besondere Rechenregister erforderlich?). Außerdem ist von Bedeutung, ob es sich um eine Wort-, Stellen- oder Bytemaschine handelt. Bei allen drei Anlagen des Beispiels sind die Merkmale der Zentraleinheit durchschnittlich ungünstig (Faktor 0,8) bis durchschnittlich günstig (Faktor 1,5) beurteilt. Natürlich ist der Faktor 0,8 noch immer annehmbar.

Ähnlich geht der Organisator bei der Beurteilung der Ein- und Ausgabegeräte vor. Hier werden die Geschwindigkeiten, die Ausrüstung der EDV-Anlage mit verschiedenen Ein-/Ausgabegeräten, die Prüfungen und andere bekannte Merkmale in die Beurteilung einbezogen. Wiederum bezieht sich die Bewertung nur im Hinblick auf die Aufgabenerfüllung. Ein Lochkartenlesegerät mit hoher Geschwindigkeit kann besonders nützlich sein, wenn eine große Anzahl Lochkarten in verhältnismäßig kurzer Zeit verarbeitet werden muß. Gleiches gilt für die Druckerleistung. Das Einlesen von Lochkarten oder das Drucken kann zum Monatswechsel zu einem großen Engpaß werden, wenn die vorhandenen Ein-/Ausgabekapazitäten nicht groß genug sind. Im übrigen erfolgt die Vergabe der Faktoren nach der bekannten Methode.

Bei den externen Speichern kommt es darauf an, in welchem Umfang man diese Speicher benötigt. Beispielsweise wird man die Ausrüstungsmöglichkeit mit Magnetplattenspeicher nicht besonders bewerten, wenn für bestimmte Aufgaben Magnetbandgeräte die geeigneteren Speicher sind. Auch interessiert die Anschlußmöglichkeit von 32 Bandgeräten nicht, wenn nur 6 Einheiten benötigt werden. Deshalb wäre die Anschlußmöglichkeit von 8 oder 32 Bandgeräten gleichwertig zu beurteilen. Immer ist der Faktor im Hinblick auf die Anforderungen des Unternehmens zu ermitteln.

Auch die Erweiterungsfähigkeit ist nur insoweit in die Beurteilung einzubeziehen, als sie überhaupt für das Unternehmen von Bedeutung ist oder sein könnte. Die Möglichkeit, einen optischen Belegleser anzuschließen, kann völlig wertlos sein, wenn keine Verwendung für ein solches Gerät besteht. Sind als Kernspeichergrößen 32 K vorgesehen, so wird die Erweiterungsfähigkeit auf 64 K, vielleicht noch auf 128 K, sicher aber nicht die Möglichkeit von 256 K interessieren. Allerdings darf die Erweiterungsfähigkeit nicht nur aus der Sicht der gegenwärtigen Planung betrachtet werden. Viele Dinge ändern sich im Laufe der Zeit, so daß die eine oder andere Möglichkeit später durchaus interessant sein oder notwendig werden könnte.

Da die drei Beurteilungsmerkmale der Software für jeden Benutzer unterschiedliche Bedeutung haben, sollte der EDV-

Organisator sie getrennt behandeln. Auch hier muß wieder geprüft werden, ob die Erfüllung der Aufgaben im Unternehmen von der Bereitstellung einzelner Softwareteile überhaupt betroffen ist. So bedeutet die Verfügbarkeit eines höheren Betriebssystems nicht unbedingt einen Vorteil, wenn ein Multiprogramming nicht erforderlich ist, weil auch ohne Multiprogramming eine genügende Leistungsfähigkeit zur Verfügung steht. Das Vorhandensein der technisch orientierten Programmsprache FORTRAN ist kein bemerkenswerter Vorteil, wenn nur rein kaufmännische Probleme gelöst werden sollen. Auch Arbeitsprogramme zur Stücklistenauflösung in Fertigungsunternehmen sind ohne Wert für die Installation in einer Bank oder einem Handelsunternehmen. Von den Aufgaben ausgehend wird die Zuordnung der Faktoren entsprechend vorgenommen. Ein leistungsfähiges und erprobtes Steuerprogramm der gewünschten Größenordnung erhält den höchsten, ein gerade noch annehmbares Steuerprogramm den niedrigsten Faktor.

Da nicht einzelne Teile von Hardware und Software, sondern nur ihre Gesamtheit die Leistungsfühigkeit einer EDV-Anlage bestimmen, ist es ratsam, die ermittelten Einzelbewertungen zu überprüfen und sie ggfs., unter Berücksichtigung der Gesamtleistung, zu berichtigen. Denn die Leistungsfähigkeit einer EDV-Anlage entspricht nicht in jedem Falle der Summe von Einzelergebnissen. So kann es vorkommen, daß gute Softwarelösungen wirkungslos bleiben, weil die Hardware nicht entsprechend leistungsfähig ist. Umgekehrt wird eine leistungsfähige Hardware nicht voll ausgenutzt, wenn die dazugehörige Software zu aufwendig oder nicht wirksam genug ist. Der Organisator muß also unbedingt von der wirklichen Gesamtleistung aus Hardware <u>und</u> Software ausgehen. Die durchgeführte Einzelbewertung wird hierdurch nicht überflüssig, sondern soll nur überprüft (werden die Einzelleistungen auch wirklich erreicht?) und unter Umständen berichtigt werden.

Die wirkliche Gesamtleistung einer EDV-Anlage ist rein rechnerisch nur schwer zu erfassen. Deshalb sollte gefordert werden, daß auch die betreffenden Herstellerfirmen eine Leistungsmessung durchführen und die ermittelten Ergebnisse verbindlich bestätigen. Doch auch den Mitarbeitern der Hersteller sind bei dieser schwierigen Aufgabe Grenzen gesetzt. Der für beide Teile sicherste Weg einer Beurteilung ist deshalb die Durchführung von Leistungstests auf einer gleichen Anlage im Rechenzentrum des Herstellers bzw. eines anderen Benutzers, bei dem diese Anlage bereits läuft. Für die Tests sind Aufgaben auszuwählen, bei deren Durchführung es auf eine hohe Leistungsfähigkeit der EDV-Anlage ankommt. In der Regel wird es sich um Arbeiten handeln, die täglich durchzuführen und aufwendig sind oder aus zeitlichen Gründen einen besonderen Engpaß darstellen. Beispiele sind die tägliche Auftragsbearbeitung, Rechnungsschreibung oder Disposition. Werden dagegen bei einer kleineren, vielleicht nur einmal am Monatsende, durchgeführten Arbeit die errechneten oder geschätzten Leistungen der Anlage nicht erreicht, so ist das nicht von ausschlaggebender Bedeutung. Ganz anders verhält es sich bei den genannten Engpaßarbeiten. Auf die richtige Leistungsermittlung für diese Arbeiten kommt es deshalb besonders an, weil eine Fehlschätzung außerordentlich schwerwiegende Folgen haben kann. Dies kann in Einzelfällen dazu führen, daß Leistungsfähigkeit und Kapazität der bestellten Anlage nicht ausreichen, um alle Aufgaben auf der Anlage durchführen zu können. Der Organisator wird die Testaufgaben organisatorisch vorbereiten, sie dem Hersteller für die Programmierung zur Verfügung stellen und mit den Mitarbeitern des Herstellers zusammen den Test anhand einer größeren Anzahl von Testbeispielen durchführen. Die Testbeispiele müssen den Vorgängern der Wirklichkeit entsprechen und vom Organisator aufbereitet und bereitgestellt werden. Bei der Programmierung ist darauf zu achten, daß die Programme den späteren Aufgaben gleichen. Die gemessenen Zeiten werden eine gute Sicherheit sein, um die Gesamtleistung genau beurteilen zu können.

Bewertung der Kosten

Die Kosten einer EDV-Anlage werden in einmalige und laufende Kosten unterteilt. Zu den einmaligen Kosten rechnen alle Kosten, die vor und zum Zeitpunkt der Installation aufzuwenden sind und nicht zu den laufenden Kosten gehören. Im wesentlichen umfassen die einmaligen Kosten drei Gruppen. Es sind dies:

- Der Kaufpreis (bei Kauf der EDV-Anlage)

- Die einmaligen Kosten für Transport, Zoll, Versicherung und Aufstellung, die an den Hersteller zu leisten sind und

- die besonderen Kosten für bestimmte Zusatzeinrichtungen, wie Klimatisierung und Energieversorgung, wenn sie für bestimmte Anlagen zusätzlich anfallen und keine typischen und allgemeinen Umstellungskosten für jede EDV-Anlage sind.

Nur die unterschiedlichen Einmalkosten müssen in die Beurteilung einbezogen werden, weil sie die Auswahl und damit die Entscheidung für bestimmte Anlagen beeinflussen. Die Einmalkosten sind um entsprechende Beträge zu kürzen, wenn für einige Monate der Anlaufzeit Mietfreiheit oder ein Nachlaß auf bereits installierte Maschinen gewährt wird. Ein solcher Nachlaß soll verhindern, daß der Benutzer während der Übergangszeit (in der sowohl die alte wie die neue Anlage genutzt werden) doppelt Miete zahlt. Auch die Anzahl der vor der Installation kostenlos zur Verfügung gestellten Teststunden (im Rechenzentrum des Herstellers oder bei anderen Benutzern, um die ersten Programme auszutesten) und die vom Hersteller beim Benutzer eingesetzten Fachkräfte (soweit sie nicht nur beratend tätig sind) mindern die Höhe der Einmalkosten. Auch hier sind aber wieder nur diejenigen Kosten abzusetzen, die außerhalb des üblichen Umfangs von einzelnen Herstellern als Sondervorteile gewährt werden.

Zu den monatlich <u>laufenden Kosten</u> gehören im einzelnen:

- Die Mietkosten (bei Abschluß eines Mietvertrages),

- die zusätzlichen Wartungskosten (nur beim Kaufvertrag; beim Mietvertrag sind sie in den Mietkosten enthalten) und

- die zusätzlichen Mieten für die 2. und 3. Arbeitsschicht, soweit diese geplant sind und in die Rechnung einbezogen werden sollen.

Die Schichtmiete beträgt im allgemeinen pro Zusatzschicht 10 bis 20 % der ersten Schicht. Während für die erste Schicht (= ca. 180 Std./Monat) auf jeden Fall die volle Miete entrichtet werden muß, ganz gleich, ob die Anlage voll genutzt wird oder nicht, sind für die 2. und 3. Schicht nur die wirklich zusätzlich genutzten Stunden zu zahlen. Bei einigen Herstellern fallen keine höheren Kosten für die 2. und 3. Schicht an.

Außer für die EDV-Anlage selbst sind alle laufenden Kosten (das gleiche gilt für die Einmalkosten) für Zusatzgeräte und Sondereinrichtungen in die Beurteilung einzubeziehen. Wird die Miete nicht nach dem Listenpreis, sondern aufgrund einer besonderen Vereinbarung gezahlt, so sind natürlich die wirklich zu zahlenden Mietkosten zu berechnen.

Das Beispiel zeigt, daß die Anlage 1 die günstigsten Einmalkosten aufweist. Bei den laufenden Kosten findet man Unterschiede zwischen Faktor 0,7 und 1,2, wobei der fehlende Faktor 2,0 darauf hinweist, daß alle Anlagen nicht voll den Kostenvorstellungen entsprechen. Die Gesamtbeurteilung der Kosten erbringt, daß die Anlage 1 an der Spitze steht, das heißt das günstigste Kostenbild aufweist..

Bewertung der Serviceleistungen

Der Kundendienst des Herstellers umfaßt den organisatorischen Kundendienst und den technischen Service. Im einzelnen sind hier folgende Fragen von Wichtigkeit:

Organisatorischer Kundendienst

- Für wie viele Mannmonate (Anzahl Kräfte mal Einsatzmonate) stellt der Hersteller eigene Fachkräfte, getrennt nach Organisatoren und Programmierern, zur Verfügung (Systemunterstützung)?

- In welchem Umfang, wo und zu welchen Bedingungen werden die eigenen Kräfte durch den Hersteller ausgebildet und geschult (Ausbildung)?

- In welchem Umfang, wo und zu welchen Zeiten stellt der Hersteller vor Installation der eigenen Anlage freie Testzeit zur Verfügung, und was kostet die Teststunde bei Mehrbedarf (Testbedingungen)?

Technischer Service

- Steht für die Anlage ein eigener Wartungstechniker zur Verfügung und, wenn nicht, wo ist der nächste Techniker stationiert?

- Wie viele Anlagen betreut der zuständige Techniker und in welchem Umkreis sind diese Anlagen installiert?

- Welchen Umfang hat das Ersatzteillager des Benutzers und wo befindet sich das nächstgrößere Lager? Enthält dieses Lager alle benötigten Ersatzteile?

- Wo sind die Hauptprüfgeräte zum Aufspüren von Störungen gelagert? In welcher Höchstzeit können diese Geräte herangeschafft werden?

- Wie viele Stunden umfaßt die vorbeugende Wartung je Woche und zu welchen Zeiten wird sie durchgeführt (innerhalb oder außerhalb der normalen Arbeitszeit)?

- Besteht bei Schichtarbeit auch die Möglichkeit eines zusätzlichen Wartungs- und Reparaturdienstes und zu welchen Kosten und Bedingungen?

Die Beurteilung des Kundendienstes kann nur am Vergleich zwischen den einzelnen Herstellern erfolgen, wobei jedoch Mindesterwartungen zu berücksichtigen sind. Bei der Beurteilung ist aber nicht nur von den (verbindlich und schriftlich festgelegten) Zusagen der Hersteller auszugehen, sondern es sind Urteile von befreundeten oder bekannten Firmen einzuholen, die diese Anlagen eingesetzt haben. Denn nur so ist es möglich, sich ein volles Urteil über die Qualität des Kundendienstes der einzelnen Hersteller zu bilden.

Bewertung der Vertragsbedingungen

Die Vertragsbedingungen werden in die allgemeinen Vertragsbedingungen, in die Lieferung und Aufstellung und in den Zahlungsbeginn unterteilt und getrennt bewertet. Jede andere Unterteilung ist ebenfalls möglich, wobei bei Bedarf auch jeder Einzelpunkt, auf den es im Vertrag besonders ankommt, extra bewertet und beurteilt werden kann.

Allgemeine Vertragsbedingungen

Grundlage des späteren Vertrages ist ein von der Herstellerfirma eingeholtes schriftliches Angebot, in dem alle Einzelheiten verbindlich festgelegt sein müssen. Beim Angebot ist darauf zu achten, daß der Hersteller Zeiten für die Programmläufe der Hauptarbeitsgebiete nennt. Auf diese Weise werden Fehlschätzungen für die Zeit- und Kapazitätsplanung vermieden. Auch der organisatorische Kundendienst und der technische Service des Herstellers müssen im Angebot genau fixiert sein. Der organisatorische Kundendienst umfaßt sowohl die Ausbildung und Schulung der Organisatoren, Programmierer und Bediener als auch die Mitwirkung von Fachkräften des Herstellers (in Mannmonaten angegeben) bei der Umstellung selbst. Im Interesse des eigenen Unternehmens sollte jedoch auf eine vollständige Übernahme und Ausführung der Umstellungsarbeiten durch den Hersteller verzichtet und nur eine Beratung und Unterstützung der eigenen Mannschaft sichergestellt werden, denn kein Benutzer kann letztlich auf die Bildung eines eigenen Teams verzichten. An dieser Stelle müssen auch die Testzeiten vor der Installation und der technische Service, wie bereits beschrieben, mit allen Einzelheiten festgelegt werden.

Lieferung und Aufstellung

Natürlich müssen auch die einmaligen und die laufenden Kosten sowie der Liefertermin im Angebot enthalten sein. Zu empfehlen ist es auch, in den späteren Vertrag ein Rücktrittsrecht aufzunehmen, das dem Kunden innerhalb einer bestimmten Zeit den Rücktritt vom Vertrag aus zwingenden Gründen gestattet, weil die lange Vorbereitungs- und Lieferzeit manchmal zu einer wesentlichen Änderung der ursprünglichen Entscheidungsgründe führen kann. Zu den Lieferbedingungen gehören der Aufstellungs- und Installationsplan sowie die Angabe der Klimawerte für die Bestellung der Klimaanlage.

Zahlungsbeginn

Schließlich sind auch die Zahlungsbedingungen in das Angebot aufzunehmen, insbesondere die Frage, wann die Mietzahlung zu beginnen hat. Die in den Standardverträgen der Hersteller festgelegte Praxis, die Mietzahlung nach der technischen Abnahme (das ist meist 2 bis 4 Wochen nach Lieferung) aufzunehmen, ist nicht mehr zeitgemäß, weil es heute nicht allein auf ein einwandfreien Arbeiten der Hardware ankommt, sondern die Verfügbarkeit und das reibungslose Funktionieren der Software eingeschlossen werden müssen. Die zunehmende Bedeutung der Software sollte unbedingt zu einer Änderung der Verträge führen, da die Leistung einer EDV-Anlage heute in fast gleichstarkem Maße von ihrer Hardware und Software abhängt. Wie beim Kundendienst, so können die Vertragsbedingungen ebenfalls nur vergleichend beurteilt werden. Hierbei geht der Organisator wiederum von den Erwartungen und vom jeweils besten Angebot aus. Bester Faktor ist wiederum der Faktor 2,0. Alle anderen Faktoren entsprechen der vergleichenden Wertung der anderen Hersteller.

3. Abschließende Beurteilung

Die Addition aller Einzelergebnisse (= Produkte von Gewichtung mal Faktor) ergibt dann den Endwert je Anlage. Und die höchste Summe (in unserem Beispiel die Summe der Anlage 2) bezeichnet dann diejenige Anlage, die sich am besten zur wirtschaftlichen Lösung der gestellten Aufgaben im Unternehmen eignet. Diese Aussage gilt jedoch nur, und hierauf sei noch einmal hingewiesen, wenn Bewertung und Beurteilung mit größter Gewissenhaftigkeit vorgenommen wurden. Liegen zwei oder mehr Anlagen in ihrer Gesamtwertung dicht beeinander, so sollte die Bewertung bei diesen Anlagen (unter Umständen durch Hinzuziehung eines weiteren Fachmanns) überprüft und ggfs. wiederholt werden.

2.44 Auswahl der Datenerfassungsgeräte und Datenübertragungseinrichtungen

Der Auswahl der EDV-Anlage muß sich die Auswahl der Datenerfassungsgeräte und Datenübertragungseinrichtungen anschließen, bei der die Organisatoren in gleicher Weise wie bei der Auswahl der EDV-Anlage vorgehen. Jedoch ist zuvor zu prüfen, welchen Verfahren und Geräten der Datenerfassung und Datenübertragung der Vorzug gegeben werden soll.

Wie aus Bild 16 hervorgeht, werden auf dem Markt eine Reihe von Verfahren, Geräten und Einrichtungen für die Daten-

FUTH	Hardware- und Softwareauswahl Datenerfassung und -übertragung	Bild 16

Auswahlkriterien \ DE-/DÜ-Verfahren		Lochkartenverfahren		Lochstreifenverfahren		Magnetbandverfahren	Kassettenverfahren		Sammelsysteme (MB/MP)	Beleglesung			Direkteingabe	
		Normal lochk.	Verbund lochk.	Einzel-verfahr.	Koppel-verfahr.	Einzelerfassung	Einzel-erfassg.	Sammel-erfassg.	Sammel-erfassung	Mark Beleg	Opt. Bel.	Streifen-Bel.	manuelle Eingabe	gekoppelte Eing.
Wiederholungsgrad	fix		X								X			
	fix/var.		X						X	X	X			
	variabel	X		X	X	X	X	X	X			X	X	X
Datenmengen	klein		X										X	X
	mittel	X	X	X	X	X	X			X		X	X	X
	groß	X		X		X	X	X	X		X		X	X
Ort des Anfalls	innerh.	X	X	X	X	X	X	X	X	X	X	X	X	X
	außerh.			X	X					X	X	X	X	X
Art des Anfalls	kontin.	X		X		X	X	X	X	X	X	X		X
	diskont.		X		X								X	
Verarb.-Art	Batch	X	X	X	X	X	X	X	X	X	X	X		
	Dialog												X	X
Organisation	zentral	X	X			X	X	X	X					
	dezentral			X	X	X	X			X	X	X	X	X
Eingabeart	off line	X	X	X	X	X	X	X	X	X	X	X		
	on line				X								X	X

erfassung und Datenübertragung angeboten. Sie machen dem Organisator die Auswahl nicht gerade leicht, da eine Reihe von Kriterien auf die Auswahl einwirken, die nicht nur für sich beurteilt, sondern auch in Verbindung zu den anderen Kriterien gesehen werden müssen.

Unabhängig von der Wertung im Einzelfall lassen sich in der Datenerfassung und Datenübertragung folgende Tendenzen erkennen:

1. Datenerfassungsbeleg-Datenträger-Verfahren

Dieses Verfahren bedeutet, daß die Daten auf Datenerfassungsbeleg erfaßt und im Anschluß daran (meist zentral) auf Datenträger (Lochkarten, Magnetband, Kassetten, Magnetplatten) übertragen werden. Schätzungsweise wird in den nächsten 5 - 10 Jahren nur noch ein Drittel der Daten (gegenüber heute 70 - 80 %) auf diese Weise erfaßt, übertragen und eingegeben. Einer Abnahme bei den Lochkarten-Verfahren wird eine Zunahme bei der Magnetband-Einzelerfassung, insbesondere aber bei den Sammelsystemen gegenüberstehen.

Tendenz:	Lochkarten-Verfahren	= stark abnehmend
	Magnetband-Verfahren (Einzelerfassung)	= wirtschaftlich bei weniger als 10 Erfassungsplätzen
	Sammelsysteme	= wirtschaftlich bei mehr als 10 Erfassungsplätzen

2. Urbeleg-Verfahren (direkte Beleglesung)

Soweit sich der Urbeleg selbst als Datenträger eignet und eine ausreichende Belegmenge vorhanden ist, sollte man diesem Verfahren gegenüber der Transformation "Datenerfassungsbeleg-Datenträger" den Vorzug geben. Fachkräfte schätzen, daß künftig ebenfalls etwa ein Drittel aller Daten auf diese Weise erfaßt und eingegeben wird, wobei allen drei Urbeleg-Verfahren die gleiche Bedeutung zukommt.

Tendenz: Markierungsbeleg	= Direkterfassung für wenige variable Daten (nur für Spezialgebiete geeignet)
Optisch lesbarer Beleg	= Direkterfassung für große Datenmengen (am wirtschaftlichsten bei maschineller Vorgabe der Eingabedaten, z.B. bei Teilzahlungszahlkarten)
Streifenbeleg	= Direkterfassung durch Kopplung an Büromaschinen (abnehmende Tendenz, da Verdrängung durch gekoppelte Direkteingabe).

3. Direkteingabe

Dieses Verfahren, bei dem die Daten direkt am Arbeitsplatz über Fernschreib- oder Fernsprechleitungen in die EDV-Anlage eingegeben werden, wird stark zunehmen und in einigen Jahren ebenfalls ein Drittel aller Daten umfassen. Von Bedeutung ist die Frage, ob mit der Direkterfassung und -übertragung der Daten auch eine Direktverarbeitung (Dialogbetrieb) verbunden sein oder ob die EDV-Anlage nur als Sammelsystem mit Batch-Verarbeitung dienen soll.

Tendenz: Manuelle Direkteingabe	= starke Zunahme (mit sofortiger Prüfung, aber meist späterer Sammelverarbeitung)
Gekoppelte Direkteingabe	= starke Zunahme (mit Kopplung an Büromaschinen, z.B. Kassen, Schalterterminals und andere).

2.5 Wirtschaftlichkeitsanalyse

2.51 Der wirtschaftliche Einsatz von EDV-Anlagen

Nicht immer war in der Vergangenheit die Anschaffung einer EDV-Anlage von wirtschaftlichen Gründen geleitet. Technischer Fortschritt, der EDV-Einsatz bei Konkurrenzunternehmen und andere, psychologisch erklärbare Motive hatten oftmals den Vorrang vor wirtschaftlichen Erwägungen. Die gesamtwirtschaftliche Entwicklung der letzten Jahre und der zunehmende Kostendruck in den Unternehmen auf der einen Seite und der Anstieg der EDV-Gesamtkosten auf der anderen Seite haben seitdem das Wirtschaftlichkeitsdenken in der EDV-gefördert. Immer mehr verdrängt heute eine wirtschaftliche EDV den Computer als Statussymbol.

Obwohl die Kosten und noch mehr der Nutzen sehr schwer und selten genau zu ermitteln sind, sollte jeder Einrichtung oder Erweiterung der EDV (das gleiche gilt für einzelne Projektumstellungen) eine sorgfältige Wirtschaftlichkeitsanalyse vorausgehen. Eine solche Wirtschaftlichkeitsuntersuchung ist schon deshalb unbedingt erforderlich, weil

- die Kosten der EDV insgesamt meist sehr hoch sind
- das Unternehmen langfristig an das gewählte Verfahren (und damit an die Kosten) gebunden ist und
- erhebliche Kosten vorgeleistet werden müssen, bevor ihnen Einsparungen bzw. ein entsprechender Nutzen gegenübersteht.

2.52 Die Problematik der EDV-Wirtschaftlichkeit

Der Begriff der Wirtschaftlichkeit bedeutet allgemein, mit geringstmöglichen Mitteln einen bestimmten Erfolg oder (was in der Wirkung das gleiche ist) mit bestimmten Mitteln einen größtmöglichen Erfolg zu erzielen. Mathematisch gesehen drückt sich die Wirtschaftlichkeit als Quotient von Aufwand und Ertrag bzw. Kosten und Leistungen aus. Alle Faktoren müssen bei der Wirtschaftlichkeitsanalyse meßbar, d.h. in Geldeinheiten bewertbar sein.

Beim Einsatz von EDV-Anlagen sind jedoch einzelne Kosten nur schwer, die Leistungen sogar nur teilweise in Geldeinheiten zu ermitteln und zu bewerten. Soweit eine EDV-Anlage nur zur Bewältigung von Massen- und Routineaufgaben eingesetzt wird, genügt es im allgemeinen, den Kosten des alten oder gegenwärtigen Verfahrens die Kosten des geplanten EDV-Verfahrens (Kostenvergleich) gegenüberzustellen und hierbei die Einsparungen oder Mehrkosten zu ermitteln. Ein solcher reiner Kostenvergleich besitzt jedoch nur dort einen Wert, wo der Einsatz einer EDV-Anlage mit keinerlei oder nur geringer Leistungsänderung verbunden ist. In allen anderen Fällen (und das ist heute bei Anschaffung oder Erweiterung einer EDV-Anlage eher die Regel) muß der reine Kostenvergleich durch eine Kosten-/Nutzenanalyse ersetzt werden, die nicht nur die Kosten und Einsparungen berücksichtigt, sondern auch den zusätzlichen, nicht in Geldeinheiten bewertbaren Nutzen in die Vergleichsrechnung einbezieht. Eine bessere Transparenz der Unternehmensprozesse, ein besserer Kundenservice, die Verbesserung der Informationsbereitstellung und die Unterstützung von Entscheidungsprozessen mit Hilfe des Computers sind Beispiele eines solchen zusätzlichen Nutzens. Aus den Ausführungen über die Problematik der EDV-Wirtschaftlichkeit geht klar hervor, daß am Anfang der Wirtschaftlichkeitsbetrachtungen eine klare Zielformulierung für den Einsatz oder die Erweiterung der EDV stehen muß. Denn von der Alternative Kosteneinsparung/Leistungssteigerung hängt es ab, ob ein reiner Kostenvergleich genügt oder aber der Kostenvergleich durch eine Kosten-/Nutzenanalyse erweitert werden muß.

2.53 Kosten-/Nutzenanalyse

1. Einleitung

Bei der Kosten-/Nutzenanalyse werden nicht nur die Kosten beider Verfahren (als Kosten des neuen Verfahrens bzw- Einsparungen des alten Verfahrens) einander gegenübergestellt, sondern auch die Leistungsänderungen (als zusätzliche Vor- und Nachteile) in den Vergleich einbezogen. Für den Vergleich eignen sich am besten 5 Jahre - ein Zeitraum, der verhältnismäßig leicht überschaubar ist, in dem sich normalerweise die Entwicklungskosten amortisieren und der zugleich der Abschreibungsdauer beim Anlagenkauf entspricht.

Um sowohl die Stufenkosten als auch die stufenweisen Einsparungen, vor allem in den Fachabteilungen, ermitteln zu können, muß zunächst ein Umstellungsplan angefertigt werden. Dieser Umstellungsplan (Formular II/12), gegliedert nach umzustellenden Arbeitsgebieten (Systemen), umfaßt den gesamten Zeitraum für die Vergleichsrechnung vor und nach der Installation. Unter Berücksichtigung der Umlage der Entwicklungskosten werden den laufenden Kosten nach der Installation die laufenden Einsparungen einschließlich der zusätzlichen Vor- und Nachteile gegenübergestellt und daraus der Gesamtnutzen der Installation bzw. Erweiterung abgeleitet.

2. Kosten

Für die Zusammenstellung der Kosten benutzt der Organisator die Formulare

- Kostenaufstellung Einmalkosten (Formular II/13)
- Einmalkosten Übersicht (Formular II/14)
- Kostenaufstellung Laufende Kosten (Formular II/15)
- Laufende Kosten Übersicht (Formular II/16).

Die Formulare Kostenaufstellung Einmalkosten (Formular II/13) und Kostenaufstellung Laufende Kosten (Formular II/15) die-

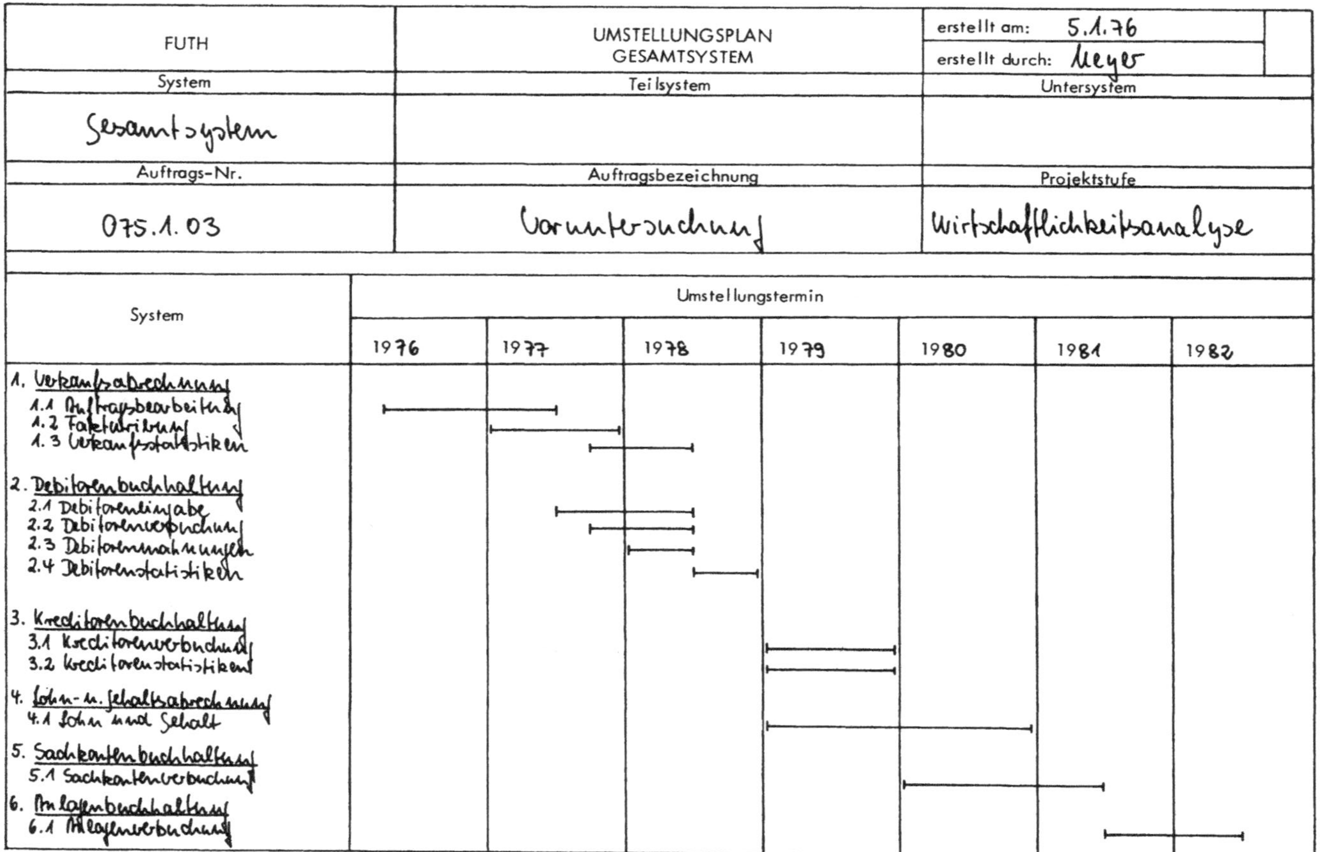

Formular II/12

FUTH	KOSTENAUFSTELLUNG EINMALKOSTEN	erstellt am: 6.1.76 / erstellt durch: Meyer
System	Teilsystem	Untersystem
Gesamtsystem		
Auftrags-Nr.	Auftragsbezeichnung	Projektstufe
075.1.03	Voruntersuchung	Wirtschaftlichkeitsanalyse

Kostenart	Spezifikation	Anz.	mtl. Einzelkosten	Jährliche Kosten 1976	1977	1978	19	19	Bemerkungen
2. Personal									
2.1 Gehälter									
EDV-Leiter	ab 1976	1	4.500	54.000	58.000				ca. 8% Geh.-Steig.
Organisatoren	1 ab 1976, 1 ab 1977	2	3.000	36.000	78.000				ca. 8% Geh.-Steig.
Programmierer	alle ab 1977	3	2.700	—	97.200				—
				90.000	233.200				
2.2 Sozialleistungen									
gesetzlich u. freiwillig zus. 30%				27.000	69.960				
2.3 Ausbildung									
EDV-Abteilung	Ass.-Kurse			—	12.000				
Fachabteilungen	EDV-Einführung			6.000	—				
				6.000	12.000				
2.4 Sonstige									
Summe				123.000	315.160				

Formular II/13

FUTH	EINMALKOSTEN ÜBERSICHT	erstellt am: 6.1.76 erstellt durch: Meyer
System	Teilsystem	Untersystem
Gesamtsystem		
Auftrags-Nr.	Auftragsbezeichnung	Projektstufe
075.1.03	Voruntersuchung	Wirtschaftlichkeitsanalyse

	Kostenart	1976	1977	1978	Gesamtkosten Soll	Gesamtkosten Ist
1.	Maschinen (Kauf)					
1.1	EDV-Anlagen	——	——			
1.2	DE-Geräte	——	——			
1.3	DÜ-Einrichtungen	——	——			
1.4	Stromversorgung	——	25.000			
1.5	Klimatisierung	——	46.000			
1.6	Sonstige	——	13.000			
	Summe	——	84.000		84.000	
2.	Personal					
2.1	Gehälter	90.000	233.200			
2.2	Sozialleistungen	27.000	69.960			
2.3	Ausbildung	6.000	12.000			
2.4	Sonstige	——	——			
	Summe	123.000	315.160		438.160	
3.	Räume/Einrichtungen					
3.1	Baukosten	——	35.000			
3.2	Einrichtungskosten	——	49.500			
3.3	Mobiliar	——	22.000			
3.4	Sonstige	——	13.000			
	Summe	——	119.500		119.500	
4.	Material					
4.1	Maschinenzubehör	——	13.000			
4.2	Verbrauchsmaterial	——	5.000			
4.3	Sonstige	——	4.000			
	Summe	——	22.000		22.000	
5.	Fremdleistungen					
5.1	Beratung/Unterstützung	15.000	20.000			
5.2	DE/Testkosten	——	24.000			
5.3	Standard-Software (Kauf)	——	——			
5.4	Sonstige	——	6.000			
	Summe	15.000	50.000		65.000	
6.	Installationskosten					
6.1	Einmalgebühren	——	——			
6.2	Anlaufkosten	——	——			
6.3	Sonstige	——	6.500			
	Summe	——	6.500	38.000	44.500	
	Gesamt-Einmalkosten	138.000	597.160	38.000	773.160	

Formular II/14

FUTH	KOSTENAUFSTELLUNG LAUFENDE KOSTEN	erstellt am: 7.1.76
		erstellt durch: Meyer
System	Teilsystem	Untersystem
Gesamtsystem		
Auftrags-Nr.	Auftragsbezeichnung	Projektstufe
075.1.03	Voruntersuchung	Wirtschaftlichkeitsanalyse

Kostenart	Spezifikation	Anz.	mtl. Einzel-kosten	jährliche Kosten					Bemerkungen
				1978	1979	1980	1981	1982	
1. Maschinen (Miete)									
1.1 EDV-Anlagen	IBM/370,125	1	18.000	216.000	216.000	240.000	240.000	240.000	ab 1980 = 1 zus. Platteneinh.
1.2 DE-Geräte	Locher	2	240	5.760	5.760	5.760	5.760	5.760	—
	Bandgeräte	4/6	385	18.480	18.480	27.720	27.720	27.720	ab 1980 = 2 zus. MB-Geräte
				24.240	24.240	33.480	33.480	33.480	
1.3 DÜ-Einrichtungen									
1.4 Sonstige									
Summe				240.240	240.240	273.480	273.480	273.480	

Formular II/15

FUTH	LAUFENDE KOSTEN ÜBERSICHT	erstellt am: 7.1.76 erstellt durch: Meyer
System	Teilsystem	Untersystem
Gesamtsystem		
Auftrags-Nr.	Auftragsbezeichnung	Projektstufe
075.1.03	Voruntersuchung	Wirtschaftlichkeitsanalyse

Kostenart	1978	1979	1980	1981	1982
1. Maschinen (Miete)					
1.1 EDV-Anlagen	216.000	216.000	240.000	240.000	240.000
1.2 DE-Geräte	24.240	24.240	33.480	33.480	33.480
1.3 DÜ-Einrichtungen	–	–	–	–	–
1.4 Sonstige	–	–	–	–	–
Summe	240.240	240.240	273.480	273.480	273.480
2. Personal					
2.1 Gehälter	270.000	295.000	340.000	385.000	425.000
2.2 Sozialleistungen	81.000	88.500	102.000	115.500	127.500
2.3 Ausbildung	15.000	18.000	20.000	23.000	25.000
2.4 Sonstige	10.000	15.000	20.000	25.000	30.000
Summe	376.000	416.500	482.000	548.500	607.500
3. Material					
3.1 Maschinenzubehör	8.000	6.000	4.000	4.000	2.000
3.2 Verbrauchsmaterial	4.000	6.000	7.000	8.000	10.000
3.3 Sonstige	–	–	–	–	–
Summe	12.000	12.000	11.000	12.000	12.000
4. Fremdleistungen					
4.1 Beratung/Unterstützung	15.000	10.000	–	–	–
4.2 Standard-Software (Miete)	18.000	24.000	24.000	36.000	36.000
4.3 Sonstige	–	–	–	–	–
Summe	33.000	34.000	24.000	36.000	36.000
5. Betriebskosten					
5.1 Energiekosten	18.000	19.000	21.000	23.000	25.000
5.2 Arbeitsplatzkosten	10.000	12.000	8.000	8.000	10.000
5.3 Verwaltungskosten	6.000	7.000	9.000	10.000	12.000
5.4 Wartung (Kauf)	–	–	–	–	
5.5 Sonstige	6.000	6.000	9.000	9.000	12.000
Summe	40.000	44.000	47.000	50.000	59.000
6. Entwicklungskosten					
6.1 Umlage	154.632	154.632	154.632	154.632	154.632
6.2 Verzinsung	35.000	35.000	35.000	35.000	35.000
Summe	189.632	189.632	189.632	189.632	189.632
Laufende Gesamtkosten	890.872	936.372	1.027.112	1.109.612	1.177.612

Formular II/16

nen lediglich zur Aufbereitung der Einmalkosten bzw. laufenden Kosten. Sie enthalten eine detaillierte Aufschlüsselung der einzelnen Kostenarten, und ihre Summe gehen in die Formulare Einmalkosten Übersicht (Formular II/14) und Laufende Kosten Übersicht (Formular II/16) ein. Als Beispiel zur Ermittlung der Einmalkosten haben wir die Kostenartengruppen 2. Personal und für die laufenden Kosten die Kostengruppe 1. Maschinen (Miete) ausgewählt. Es sei darauf hingewiesen, daß eine gleiche Ermittlung auch für alle anderen Kostenarten der Einmalkosten und laufenden Kosten durchgeführt werden muß.

Das Formular II/14 enthält die Zusammenfassung der geschätzten Einmalkosten. Für die Erfassung der Einmalkosten genügt in der Regel ein Zeitraum von 2 bis 3 Jahren. Neben der Summenspalte "Gesamtkosten Soll" ist eine Spalte "Gesamtkosten Ist" vorgesehen, die später die wirklich angefallenen Ist-Einmalkosten zu Kontrollzwecken aufnimmt. In unserem Beispiel haben wir unterstellt, daß die neue EDV-Anlage Anfang 1978 installiert werden soll.

Erläuterung Einmalkosten

a) Maschinen (Kauf)

Zu dieser Kostenart gehören die Einmalkosten für die EDV-Anlage, Datenerfassungsgeräte, Datenübertragungseinrichtungen, Stromversorgungs- und Klimatisierungseinrichtungen und Sonstige. Da die Mietkosten zu den laufenden Kosten und die Aufstellungsgebühren zu den Installationskosten gehören, werden hier nur die Kaufpreise aufgeführt.

b) Personal

Zu dieser Kostenart gehören die Gehälter, Sozialleistungen, Ausbildungskosten und sonstige Kosten für alle Personen, die voll oder überwiegend mit der Einrichtung bzw. Erweiterung der EDV-beschäftigt sind. Da die EDV-Anlage in unserem Beispiel Anfang 1978 installiert werden soll, gehören die

Personalkosten von diesem Zeitpunkt an zu den laufenden Kosten.

c) Räume/Einrichtungen

Zu dieser Kostenart gehören die einmaligen Bau- und Einrichtungskosten, die Kosten für die Anschaffung des Mobiliars vor der Anlageninstallation und sonstige Kosten (z.B. für elektrische Anschlüsse).

d) Material

Die Anschaffung des Maschinenzubehörs (Magnetbänder, Magnetplatten) und die Kosten für das Verbrauchsmaterial, wiederum nur auf die Zeit vor der Installation bezogen, gehören hier zu den hauptsächlichsten Materialkostenarten.

e) Fremdleistungen

Zu den einmaligen Entwicklungskosten vor Installation der EDV-Anlage gehören die Kosten für Beratung und Unterstützung, mögliche Fremdkosten für Datenerfassung und Programmtests außer Haus und für den Kauf von Standard-Software.

f) Installationskosten

Diese Kostenart teilt sich in die Einmalgebühren für Transport, Versicherung und Aufstellung der Maschinen und in die Anlaufkosten (das sind beispielsweise Mietkosten für den Anlauf der Anlage nach der Installation, aber bevor mit den Praxisarbeiten begonnen wird).

Die Höhe der gesamten Einmalkosten ist abhängig vom Umfang der Umstellungen vor Installation der EDV-Anlage, vom Organisations- und Automatisationsstand des Unternehmens und von der Qualifikation des eingesetzten Personals. Als Faustregel für die Höhe der gesamten Entwicklungskosten (in unserem Beispiel DM 773.160) kann man bei Neuinstallation etwa das Dreifache einer Jahresmiete (in unserem Beispiel DM 240.240) rechnen.

Erläuterung der laufenden Kosten

Die Kostenarten der laufenden Kosten entsprechen im Prinzip den Kostenarten der einmaligen Kosten mit dem Unterschied, daß sie nach Installation und Anlauf der EDV-Anlage anfallen. Zu den fünf Kostenarten Maschinen (Miete), Personal, Material, Fremdleistungen und Betriebskosten kommt die Umlage (in unserem Beispiel DM 773.160 : 5 = DM 154.632) und Verzinsung der einmaligen Entwicklungskosten hinzu. Aus der Addition ergeben sich dann die laufenden jährlichen Gesamtkosten.

Bei Ansatz der einmaligen und laufenden Kosten sind sowohl die wertmäßigen Steigerungen (z.B. Erhöhung der Personalkosten und Materialpreise) als auch die sachbezogenen Steigerungen (Erweiterung der EDV-Anlage, Einrichtung einer zweiten Arbeitsschicht u.a.) in die Planung einzubeziehen. Darüber hinaus sollte aus Sicherheitsgründen eine Kostenreserve (hierzu eignet sich jeweils am besten der Punkt Sonstige) von üblicherweise 20 bis 30 % hinzugerechnet werden.

3. Einsparungen

Bei den Einsparungen geht man in gleicher Weise wie bei der Aufstellung der Kosten vor. Dies bedeutet, daß zunächst die errechenbaren Einsparungen, getrennt nach Maschinen-, Personal- und Materialeinsparungen sowie Einsparung von Betriebskosten, einzeln spezifiziert werden. Ausgang für diese Spezifizierung ist wiederum der Umstellungsplan mit den Umstellungsterminen (und damit mit dem Realisierungszeitpunkt der Einsparungen) je Arbeitsgebiet. Die Einsparungen selbst werden auf den Formularen II/17 (Aufstellung Einsparungen) und II/18 (Einsparungen Übersicht) dokumentiert. Das Formular II/17 zeigt das Beispiel von Einsparungen für die Kostenart Personal. Für alle anderen Kostenarten sind die gleichen Aufstellungen anzufertigen.

Zu den bewertbaren Einsparungen der Maschinen-, Personal-, Material- und der Betriebskosten kommen weitere Einsparun-

FUTH	AUFSTELLUNG EINSPARUNGEN	erstellt am: 8.1.76 erstellt durch: Meyer
System	Teilsystem	Untersystem
Gesamtsystem		
Auftrags-Nr.	Auftragsbezeichnung	Projektstufe
075.1.03	Voruntersuchung	Wirtschaftlichkeitsanalyse

Kostenart	Spezifikation	Anz.	mtl. Einzel-einsparg.	jährliche Einsparungen 1978	1979	1980	1981	1982	Bemerkungen
2. Personal									
2.1 Gehälter									
Abt. Verkauf	Sachbearbeiter	10	1.800	216.000	→	→	→	→	
	Hilfskräfte	3	1.300	46.800	→	→	→	→	
				262.800	283.000	306.000	330.000	357.000	ca. 8% Steigerung p.a.
Abt. Buchhaltung	Buchhalter	8	2.000	—	102.000	164.000	176.000	250.000	ab 1979 = 4/1
	Hilfskräfte	3	1.300	—	17.000	38.500	41.000	62.000	" 1980 = 6/2 " 1982 = 8/3
Abt. Personal	Sachbearbeiter	2	1.800	—	—	—	52.000	56.000	
	Hilfskräfte	—	—	—	—	—	—	—	
				—	—	—	52.000	56.000	
				262.800	402.000	508.500	599.000	725.000	
2.2 Sozialleistungen	30% p.a.			78.840	120.600	152.550	179.700	217.500	
2.3 Sonstige									
Summe				341.640	522.600	661.050	778.700	942.500	

Formular II/17

FUTH	EINSPARUNGEN ÜBERSICHT	erstellt am: 8.1.76 erstellt durch: Meyer
System	Teilsystem	Untersystem
Gesamtsystem		
Auftrags-Nr.	Auftragsbezeichnung	Projektstufe
075.1.03	Voruntersuchung	Wirtschaftlichkeitsanalyse

Kostenart	1978	1979	1980	1981	1982
1. Maschinen					
1.1 EDV-Anlage	—	—	—	—	—
1.2 DE-Geräte	—	—	—	—	—
1.3 DÜ-Einrichtungen	—	—	—	—	—
1.4 Büromaschinen	24.000	24.000	—	—	—
1.5 Sonstige	—	—	—	—	—
Summe	24.000	24.000	—	—	—
2. Personal					
2.1 Gehälter	262.800	402.000	508.500	599.000	725.000
2.2 Sozialleistungen	78.840	120.600	152.550	179.700	217.500
2.3 Sonstige	—	—	—	—	—
Summe	341.640	522.600	661.050	778.700	942.500
3. Material					
3.1 Maschinenzubehör	—	—	—	—	—
3.2 Verbrauchsmaterial	12.000	15.000	18.000	21.000	25.000
3.3 Sonstige	—	—	—	—	—
Summe	12.000	15.000	18.000	21.000	25.000
4. Betriebskosten					
4.1 Energiekosten	—	—	—	—	—
4.2 Arbeitsplatzkosten	25.000	27.000	29.000	31.000	33.000
4.3 Verwaltungskosten	12.000	13.000	14.000	16.000	18.000
4.4 Sonstige	—	—	—	—	—
Summe	37.000	40.000	43.000	47.000	51.000
5. Weitere Einsparungen					
5.1 Lagerkosten	—	240.000	380.000	520.000	580.000
5.2 Zinskosten	—	35.000	60.000	85.000	95.000
5.3					
5.4					
5.5					
Summe	—	275.000	440.000	605.000	675.000
GESAMTE EINSPARUNGEN	414.640	876.600	1.162.050	1.451.700	1.693.500

Formular II/18

gen, die im einzelnen aufzuführen und zu bewerten sind. Grundsätzlich sollte gelten, daß nur diejenigen Einsparungen in Geldeinheiten bewertet werden, die mit Sicherheit, zumindest aber mit großer Wahrscheinlichkeit, realisiert werden können. Ähnlich wie bei den Kosten sollten auch bei den Einsparungen Reserven gebildet, d.h. die einzelnen Einsparungen um 20 bis 30 % niedriger angesetzt werden. Der Tendenz nach oben bei den Kosten muß die Tendenz nach unten bei den Einsparungen entsprechen. Denn in den meisten Fällen stellt sich später heraus, daß die Kosten eher höher als geschätzt und die Einsparungen eher niedriger als veranschlagt sind. Läßt man diese beiden Tendenzen unberücksichtigt, so kann es passieren, daß die Gesamtwirtschaftlichkeit (durch höhere Kosten plus niedrigere Einsparungen) erheblich von der Erwartung abweicht.

4. Kosten/Nutzen

Zum Abschluß der Wirtschaftlichkeitsanalyse werden die erwarteten Kosten den geschätzten Einsparungen gegenübergestellt. Hierzu dienen die Formulare II/19 (Kosten-/Nutzenanalyse) und II/20 (Kosten-/Nutzen-Diagramm). Unser Beispiel im Formular II/19 weist aus, daß in den ersten beiden Jahren eine erhebliche Unterdeckung besteht, während in den letzten 3 Jahren des Vergleichszeitraums die Einsparungen die erwarteten Kosten übersteigen. Die Amortisationszeit (= Deckung der Mehrkosten durch Einsparungen) beträgt etwas mehr als 4 Jahre, während die Gesamtdifferenz über alle 5 Jahre etwa 450.000 DM Einsparungsüberschuß ergibt, was durchaus als günstig bezeichnet werden kann.

Im Formular II/20 werden die Kosten den rein wertmäßigen Einsparungen in schaubildlicher Form gegenübergestellt. Unser Beispiel zeigt die Differenz der Kosten und Einsparungen in

1978 - 476.232 DM (Mehrkosten)
1979 - 59.772 DM (Mehrkosten)
1980 + 134.938 DM (Einsparungen)

1981 + 342.088 DM (Einsparungen)
1982 + 515.888 DM (Einsparungen)

Akkumuliert ergibt sich folgendes Bild:

1978 - 476.232 DM (Mehrkosten)
1979 - 536.004 DM (Mehrkosten)
1980 - 401.066 DM (Mehrkosten)
1981 - 58.978 DM (Mehrkosten)
1982 + 456.910 DM (Einsparungen).

Hieraus ergibt sich eine Amortisationszeit von ca. 4,2 Jahren.

Eine Gegenüberstellung der Kosten allein genügt jedoch nicht, um einen vollständigen Verfahrensvergleich bei Anwendung der EDV vornehmen zu können. Nicht alle Auswirkungen der EDV lassen sich in Geldeinheiten bewerten, weswegen zusätzlich zu den Kosten und Einsparungen die Vor- und Nachteile des geplanten maschinellen Verfahrens herausgestellt werden müssen. Ihre Bewertung bleibt jedoch allein der Geschäftsleitung überlassen. So kann es beispielsweise vorkommen, daß eine EDV-Anlage selbst bei etwas höheren Kosten gegenüber dem bisherigen Verfahren angeschafft wird, weil die Geschäftsleitung die zusätzlichen Vorteile besonders hoch bewertet und sich durch den Einsatz der EDV-Anlage eine Reihe von Vorteilen verspricht.

Diese zusätzlichen Vorteile können sein:

- die Straffung und gleichzeitige Vereinfachung des Verwaltungsablaufs; dadurch werden Verlustzeiten vermieden und es wird eine bessere Übersicht der Organisation im Unternehmen erzielt.

- eine Verkürzung der innerbetrieblichen Durchlaufzeiten und die beschleunigte Abwicklung der Geschäftsvorfälle.

FUTH	KOSTEN-/NUTZEN ANALYSE	erstellt am: 9.1.76 / erstellt durch: Meyer
System	Teilsystem	Untersystem
Gesamtsystem		
Auftrags-Nr.	Auftragsbezeichnung	Projektstufe
075.1.03	Voruntersuchung	Wirtschaftlichkeitsanalyse

Kosten/Einsparungen	1978	1979	1980	1981	1982
1. Kosten					
1.1 Maschinen	240.240	240.240	273.480	273.480	273.480
1.2 Personal	376.000	416.500	482.000	548.500	607.500
1.3 Material	12.000	12.000	11.000	12.000	12.000
1.4 Fremdleistungen	33.000	34.000	24.000	36.000	36.000
1.5 Betriebskosten	40.000	44.000	47.000	50.000	59.000
1.6 Entwicklungskosten	189.632	189.632	189.632	189.632	189.632
Summe	890.872	936.372	1.027.112	1.109.612	1.117.612
2. Einsparungen					
2.1 Maschinen	24.000	24.000	—	—	—
2.2 Personal	341.640	522.600	661.050	778.700	942.500
2.3 Material	12.000	15.000	18.000	21.000	25.000
2.4 Betriebskosten	37.000	40.000	43.000	47.000	51.000
2.5 Weitere Einsparungen	—	275.000	440.000	605.000	675.000
Summe	414.640	876.600	1.162.050	1.451.700	1.693.500
Einsparungen ./. Kosten	./. 476.232	./. 59.772	134.938	342.088	515.888
Amortisationszeit: ca. 4 Jahre	992.914 ./. 536.004 = 456.910				

Zusätzliche Vorteile

- Verkürzung der Auftragsdurchlaufzeiten auf etwa 2 Tage
- Bessere Einhaltung der Liefertermine
- Verminderung von Engpässen und Beseitigung von Überstunden in der Verkaufsabrechnung
- Bereitstellung aktueller Verkaufsinformationen
- Verbesserung der Lagerhaltung
- Straffung des Arbeitsablaufs

Zusätzliche Nachteile

- Bindung an zusätzliche Fixkosten
- Umstellungsrisiko
- Abhängigkeit von wenigen Spezialisten

Formular II/19

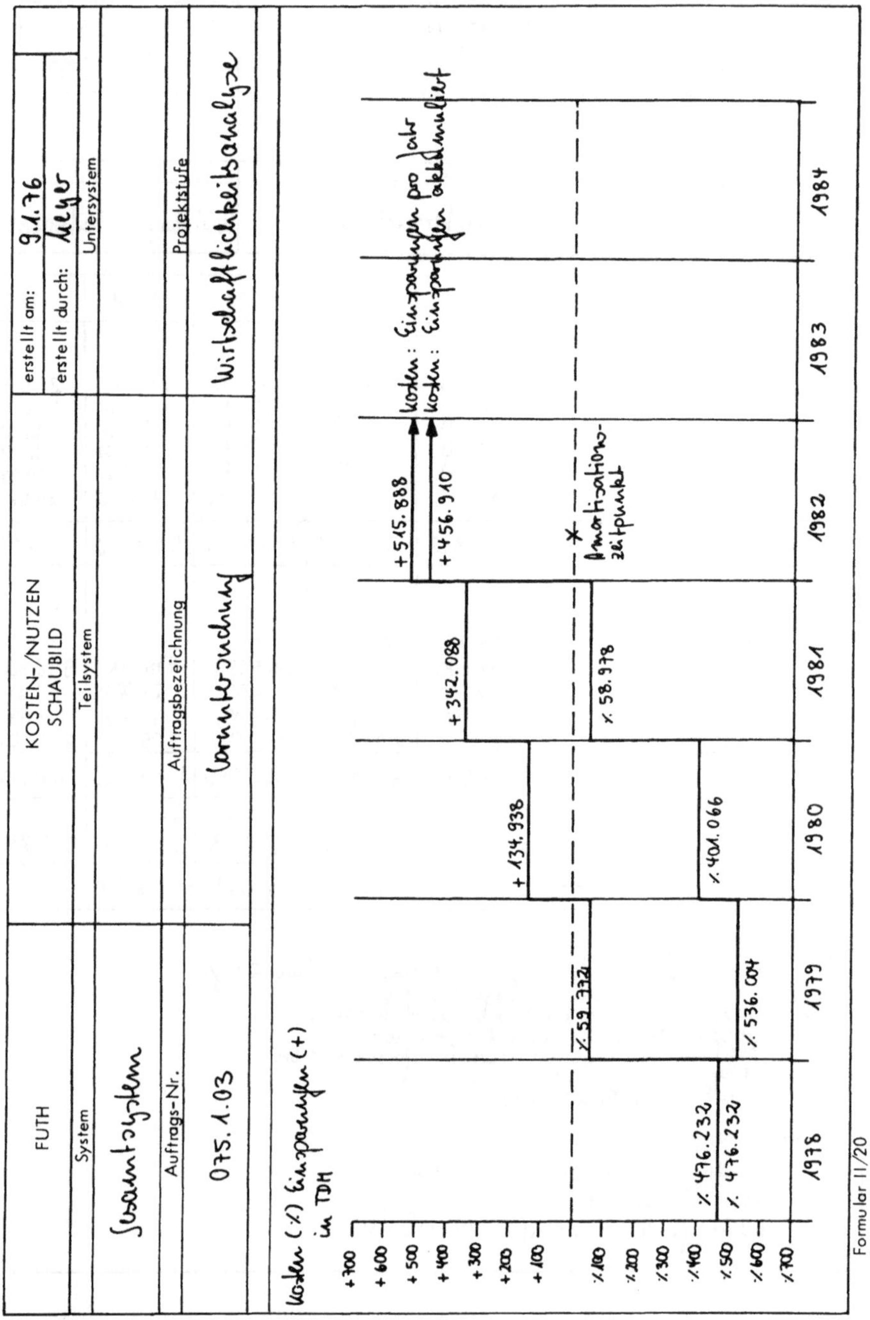
FUTH
KOSTEN-/NUTZEN SCHAUBILD
erstellt am: 9.1.76
erstellt durch: Meyer
System
Gesamtsystem
Teilsystem
Untersystem
Auftrags-Nr.
075.1.03
Auftragsbezeichnung
Voruntersuchung
Projektstufe
Wirtschaftlichkeitsanalyse
Kosten (÷) Einsparungen (+) in TDM
+700
+600
+500
+400
+300
+200
+100
÷100
÷200
÷300
÷400
÷500
÷600
÷700
÷ 476.232
÷ 476.232
÷ 59.332
÷ 536.004
+ 134.938
÷ 401.066
+ 342.088
÷ 58.978
+ 515.888
+ 456.910
Amortisationszeitpunkt
Kosten : Einsparungen pro Jahr
Kosten : Einsparungen akkumuliert
1978
1979
1980
1981
1982
1983
1984
Formular II/20

- eine bessere Einhaltung der Termine.

- eine größere Übersichtlichkeit, Genauigkeit und Schnelligkeit bei der Datenverarbeitung und Informationsauswertung.

- eine verminderte Datenausgabe bei erhöhter Aussagefähigkeit.

- durch eine beschleunigte Bereitstellung von Unterlagen können wirklichkeitsnahe Entscheidungen getroffen werden.

- die allgemeine Verbesserung des Berichts- und Informationswesens; Berichte, Kostenaufstellungen und Statistiken liegen kurz nach Ablauf der Bezugsperiode vor.

- eine bessere Dispositionsmöglichkeit und optimale Lagerhaltung; dadurch werden Lagerkosten gesenkt, Kapital freigesetzt und Zinseinsparungen erzielt.

- Kostensenkung in der industriellen Produktion durch bessere Arbeitsvorbereitung.

- Einsparung von Vertriebskosten durch maschinelle Marktanalyse.

- eine Verminderung der Personalabhängigkeit und der Überstunden in der Verwaltung.

- Verfügung über eine Datenverarbeitungsreserve, die im Mehrschichtbetrieb genutzt werden kann.

- durch die Verlagerung der Massen- und Routinearbeiten von den Fachabteilungen können sich die verbleibenden Sachbearbeiter mehr den Aufgaben der Auswertung und Disposition widmen.

- Anwendungsmöglichkeit neuer Verfahren auf dem gebiet der Unternehmensforschung (englisch: Operations Research).

- Verwendung der EDV-Anlage auch für technisch-wissenschaftliche Aufgaben.

- Verwirklichung des Grundsatzes vom Management by Exception (das heißt: Handeln und Eingreifen nur in Ausnahmefällen) und die Möglichkeit, vom "Fingerspitzen"-Handeln zur wissenschaftlichen Betriebsführung überzugehen.

An möglichen Nachteilen sind zu nennen:

- das organisatorische System wird starrer.

- Änderungen im System sind nur schwer und nur durch größeren Zeit- und Kostenaufwand möglich.

- der Anstieg der festen Verwaltungskosten (auch Bereitschaftskosten genannt, weil diese Kosten selbst dann anfallen, wenn die Anlage nicht genutzt wird, sondern nur "in Bereitschaft" steht).

- die Maschinenmiete ist auch dann in voller Höhe zu leisten, wenn die Anlage, beispielsweise bei rückläufiger Geschäftsentwicklung, nicht voll ausgelastet ist.

- eine starke Abhängigkeit von wenigen, auf dem Markt sehr gefragten Spezialisten der Datenverarbeitung.

- jede System- und Verfahrensänderung (das gilt in gewissem Maße auch für den Wechsel der EDV-Anlage) erfordert neue Umstellungskosten.

Unser Beispiel in Formular II/19 zeigt die Dokumentation der zusätzlichen Vor- und Nachteile, bezogen auf einen bestimmten Praxisfall.

Grundsätzlich sollten sich die Organisatoren von dem Grundsatz leiten lassen, nur diejenigen Kosten und Einsparungen in Geldeinheiten aufzuführen, die sich realistisch schätzen und bewerten lassen. Alle anderen Vor- und Nachteile sind dann "unterm Strich", zur Bewertung durch die Geschäftsleitung, hinzuzufügen. Diese Vor- und Nachteile sind jedoch soweit wie möglich zu spezifizieren und zu konkretisieren und dürfen sich nicht in allgemeinen Phrasen (schneller, besser, sicherer, aktueller usw.) ergehen. Damit die Geschäftsleitung die zusätzlichen Vorteile wirklich bewerten kann, muß sie konkret wissen, welche zusätzlichen Erfolge die Organisatoren einplanen und auch realisieren können.

2.54 Möglichkeiten der Kostenreduzierung

2.541 Kauf, Miete, Mietkauf und Leasing

1. <u>Einleitung</u>

Während im ersten Jahrzehnt der elektronischen Datenverarbeitung die EDV-Anlagen (wohl vor allem wegen ihrer schnellen technischen Veralterung) nahezu ausschließlich gemietet waren, hat der Benutzer heute die Wahl zwischen den vier Vertragsformen Kauf, Miete, Mietkauf und Leasing. Obwohl es keine verläßlichen Zahlen darüber gibt, wieviele EDV-Anlagen in der BRD gekauft und wieviele gemietet sind, kann angenommen werden, daß (von Kleincomputern abgesehen) etwa 70 - 80 % aller eingesetzten EDV-Anlagen gemietet oder geleast und nicht gekauft sind. Bei dieser Relation kann man jedoch davon ausgehen, daß bisher ganz allgemein ein Trend zur Anlagenmiete bestand und nur in verhältnismäßig wenigen Fällen die wirtschaftliche Alternative von Kauf und

Miete gründlich geprüft wurde. In letzter Zeit ist dagegen die Tendenz zu beobachten, daß Kaufverträge, vor allem aber Leasingverträge, gegenüber der Miete zunehmen.

Obwohl natürlich die Entscheidung zugunsten der einen oder anderen Vertragsart betriebsindividuell getroffen werden muß, können sich die Organisatoren im Hinblick auf die Beschreibung sowie auf die Vor- und Nachteile der einzelnen Vertragsarten an der Aufstellung in Bild 17 orientieren. Die Beschreibung der einzelnen Vertragsarten und ihrer Vor- und Nachteile im Bild 17 beruht auf unseren Kenntnissen und Erfahrungen. Sie können im praktischen Einzelfall von der Darstellung abweichen.

Die Entscheidung wird (bei objektiver Vorgehensweise) durch Merkmale beeinflußt, die zugunsten der einen oder anderen Vertragsart sprechen. Es sind dies:

- technische Merkmale
- anwendungsbezogene Merkmale
- kostenwirtschaftliche Merkmale und
- finanzwirtschaftliche Merkmale.

Bild 18 zeigt die Zuordnung von Zielsetzung (ausgedrückt durch Merkmale) und Vertragsart. Auch hier müssen wir wieder darauf verweisen, daß die Aufstellung zwar überwiegend gültig ist, sich jedoch in Einzelfällen Abweichungen ergeben können.

Zusätzlich zu den Aufstellungen in den Bildern 17 und 18 wollen wir im folgenden weitere Hinweise zugunsten der einen oder anderen Vertragsart geben.

2. Kauf oder Miete?

Da Mietkauf und Leasing (auf die wir am Ende dieses Abschnitts noch eingehen werden) nur Entscheidungsvarianten der Anlagenmiete sind, muß zunächst die Hauptentscheidung

FUTH	Wirtschaftlichkeitsanalyse Kauf, Miete, Mietkauf, Leasing		Bild 17
	Beschreibung	**Vorteile**	**Nachteile**
Kauf	- Kaufpreis inkl. Verzinsung und Wartungskosten) entspricht ca. 5 - 6 Jahresmieten - zusätzlicher Abschluß eines Wartungsvertrages erforderlich - Zahlungsbedingungen: 1/3 bei Abschluß, 1/3 vor Lieferung, 1/3 nach Installation	- bei längerer Nutzung als 5 - 6 Jahre wirtschaftlicher als Miete - noch wirtschaftlicher bei Nutzung "rund um die Uhr"	- Beanspruchung der Liquidität - wirtschaftliche Bindung an eine Nutzungsdauer von mehr als 5 - 6 Jahren - Entwicklungs- und Wartungsrisiko liegen beim Benutzer
Miete	- Abschluß eines Mehrjahresmietvertrages mit Rücktrittsrecht empfehlenswert - Beachtung, ob gebündelte oder entbündelte Mietpreise	- keine Vorfinanzierung - technisches und wirtschaftliches Risiko liegen beim Hersteller - Vorzeitige Vertragslösung bei Anwendungsänderung - Wertung im Vertrag eingeschlossen	- gegenüber Kauf bei längerer Nutzungsdauer unwirtschaftlich - Mieterhöhung bei Mehrschichtnutzung (nicht bei allen Herstellern)
Mietkauf	- zunächst Miete, dann Kauf unter teilweiser Berechnung (z.B. 50 % im ersten, 40 % im zweiten und 30 % im dritten Jahr) der gezahlten Miete - nach 2 oder 3 Jahren kennt der Benutzer die EDV-Anlage und seine Probleme besser	- die Vorteile liegen etwa in der Mitte von Kauf und Miete	- die Nachteile liegen etwa in der Mitte von Kauf und Miete
Leasing	- Eigentümer der EDV-Anlage wird die Leasinggesellschaft - der Benutzer mietet die Anlage von der Leasinggesellschaft	- insgesamt wie bei Miete - zusätzlich liegen die Leasinggebühren um, je nach Schichtnutzung, durchschnittlich 20 - 50 % unter den Herstellermieten	- Vereinbarung einer festen, meist 7 - 8 Jahre betragenden Leasingdauer - Benutzer hat 2 Geschäftspartner (Leasinggesellschaft und Hersteller für Wartung)

FUTH	Wirtschaftlichkeitsanalyse Zielsetzung und Vertragsart			Bild 18
Zielsetzung \ Vertragsart	Kauf	Miete	Mietkauf	Leasing
1. Technische Merkmale				
- Entwicklungsrisiko	-	++	+	+
- Reparaturrisiko	-	++	+	+
- Wartungsrisiko	-	++	+	+
- Erweiterung und Austausch der Hardware	-	++	+	+
- Hersteller-Bindung	-	++	+	+
2. Anwendungsgezogene Merkmale				
- Anwendungsflexibil.	-	++	+	+
- Anwendungsstabilit.	++	-	+	+
3. Kostenwirtschaftliche Merkmale				
- Nutzungsdauer	++	-	+	+
- Mehrschichtnutzung	++	-	+	++
- Laufende Belastungen	++	-	+	-
4. Finanzwirtschaftliche Merkmale				
- Liquiditätsbeanspr.	-	++	+	++
- Rentabilität	++	-	+	+
- steuerliche Vorteile	++	-	+	-

++ = besonders günstig
+ = günstig
- = ungünstig

zwischen Kauf und Miete fallen. Wie aus Bild 18 ersichtlich, sprechen allgemein die technischen Merkmale klar zugunsten der Miete, die anwendungsbezogenen Merkmale teils zugunsten eines Miet- teils Kaufvertrages, kostenwirtschaftliche Merkmale zugunsten des Kaufvertrages und die finanzwirtschaftlichen Merkmale (abgesehen von der Liquiditätsbeanspruchung) ebenfalls zugunsten des Kaufvertrages. In welchen Fällen sollte nun zugunsten eines Kauf- oder Mietvertrages entschieden werden?

Es spricht zugunsten eines Anlagenkaufs, wenn folgende Voraussetzungen vorliegen:

- EDV-Erfahrungen

  Abgesehen von Kleincomputern sollte ein Untermehmen, das zum erstenmal eine EDV-Anlage installiert, die Anlage nicht kaufen, sondern mieten, weil bei mangelnden EDV-Erfahrungen nur schwer eine langfristige EDV-Aussage getroffen werden kann.

- Technische Nutzungsdauer

  Hiermit meinen wir den Hinweis, daß es sich bei einer zu kaufenden EDV-Anlage weder um eine Neuentwicklung (Entwicklungs-, Reparatur- und Wartungsrisiko) noch um ein älteres Modell (technische Veralterung, schlechtes Preis/Leistungsverhältnis, Auslaufen von Wartung und Ersatzteillieferung) handeln sollte. Die technische Nutzungsdauer von EDV-Anlagen beträgt heute im Durchschnitt 8 - 12 Jahre, gerechnet vom Zeitpunkt des Markteintritts an.

- Organisatorische Nutzungsdauer

  Eine Anlage sollte nur dann gekauft werden, wenn man ziemlich sicher davon ausgehen kann, daß die EDV-Aufgaben und Datenmengen des Unternehmens in den nächsten 5 - 8 Jahren überschaubar sind. Ist die Entwicklung des Unternehmens im Hinblick auf seine Aufgaben und Datenmengen für diesen Zeitraum abzusehen, so bietet eine gekaufte Anlage den Vorteil einer Anwendungsstabilität für Organisation und Programmierung.

- Wirtschaftliche Nutzungsdauer

Im allgemeinen kann davon ausgegangen werden, daß der Kauf einer Anlage bei einer Nutzungsdauer von mehr als 5 Jahren, die Wartungskosten eingeschlossen, gegenüber der Miete wirtschaftlich von Vorteil ist. Mit Hilfe der Formel für den Barwert einer vorschüssigen Rente (siehe hierzu Bereska: Die Organisation der betrieblichen Datenverarbeitung, München, 1967, Seite 168 ff) sollte man ermitteln, welche Mietkosten finanzwirtschaftlich einem bestimmten Kaufpreis entsprechen (siehe hierzu Beispiel Kaufpreis/Mietkosten). Die wirtschaftliche Nutzungsdauer erhöht sich noch, wenn die EDV-Anlage in mehreren Schichten genutzt wird, vorausgesetzt, daß eine Mehrschichtmiete zu leisten ist. Zugunsten eines Kaufs sprechen auch geringere laufende Belastungen in den Folgejahren, eine günstigere Rentabilität bei längerer Nutzungsdauer und ggfs. steuerliche Vorteile. Beim Wirtschaftlichkeitsvergleich zwischen Kauf und Miete muß jedoch sichergestellt sein, daß beiden Vertragsformen dieselben Konditionen zugrunde liegen, d.h. ob es sich um gebündelte Preise handelt oder ob neben dem Hardware-Preis die Software- und Service-Leistungen getrennt berechnet werden (entbündelte Preise). Eine Ausnahme hiervon macht die Wartung beim Kaufvertrag, die immer getrennt berechnet wird, wofür noch einmal, je nach Ausrüstung, ca. 5-10 % des Kaufpreises p.a. zu bezahlen sind.

Beispiel: Kaufpreis/Mietkosten

Formel

$$r = b_n \cdot q^{n-1} \cdot \frac{q - 1}{q^n - 1}$$

$$q = 1 + \frac{p}{100}$$

r = Rente (jährliche Mietkosten)
b_n Barwert (Kaufpreis ohne Wartungskosten)
n = Laufzeit (Abschreibungsdauer)
p = Zinsfuß

Beispiel:

b_n = 1.000.000 DM

n = 5 Jahre

p = 6 % p.a.

$$q = 1 + \frac{6}{100} = 1{,}06$$

$$r = 1.000.000 \cdot 1{,}06^4 \cdot \frac{1{,}06 - 1}{1{,}06^5 - 1}$$

= 224.000 DM (gerundet)

Ziehen wir vom ermittelten Betrag noch die beim Kaufvertrag anfallenden Wartungskosten (Beispiel: 50.000 DM p.a.) ab, so erhalten wir 224.000 DM ./. 50.000 DM = 174.000 DM.

Aus dem Endresultat folgt, daß - rein finanzwirtschaftlich gesehen und auf eine fünfjährige Nutzungsdauer bezogen - ein Mietvertrag günstiger ist, wenn die Miete unter 174.000 DM p.a. oder unter 14.500 DM monatlich liegt.

Die Vor- und Nachteile der Miete im Vergleich zum Anlagenkauf verhalten sich etwa umgekehrt zueinander. Eine Anlagenmiete ist im allgemeinen dann als vorteilhaft anzusehen, wenn das Unternehmen gerade mit der EDV beginnt, das Entwicklungs-, Wartungs- und Reparaturrisiko für die Anlage scheut, die organisatorische und wirtschaftliche Nutzungsdauer nicht absehen kann und/oder die Liquidität nicht zu sehr beanspruchen will. Es muß jedoch darauf hingewiesen werden, daß der Vorteil einer kurzfristigen Kündigung beim Mietvertrag mit zunehmender EDV-Nutzung kaum als Vorzug angesehen werden kann, weil es in der Regel kurzfristig nicht möglich ist, andere Verfahren anstelle der EDV einzusetzen bzw. die Programme von einer auf eine andere Anlage umzustellen. Soweit Mehrjahresmietverträge (mit entsprechender Rabattgewährung) abgeschlossen werden, sollte der Vertrag eine Rücktrittsmöglichkeit auf die normale Kündigungszeit enthalten.

3. Mietkauf, Leasing

Vom Mietkauf spricht man, wenn die Anlage zunächst gemietet und später unter Anrechnung eines Teils der gezahlten Miete, z.B. 50 % im ersten, 40 % im zweiten und 30 % im dritten Jahr, gekauft wird. Die Vor- und Nachteile des Mietkaufs liegen etwa in der Mitte zwischen Kauf und Miete. Ein Mietkauf bietet sich vor allem dann an, wenn grundsätzlich ein Kaufinteresse besteht, die Anlage aber zunächst zur Risikovermeidung und zum Kennenlernen gemietet wird.

Eine weitere Alternative zur Miete von EDV-Anlagen ist der Leasing-Vertrag. Hier erfolgt das Mieten nicht beim EDV-Hersteller selbst, sondern bei einer Leasing-Gesellschaft. Beim Leasing-Vertrag können im allgemeinen zwischen 10 und 30 % der Mietkosten eingespart werden, wobei jedoch in der Regel etwas längere (7 - 8 Jahre) Vertragslaufzeiten in Kauf genommen werden müssen.

2.542 Mixed Hardware

Unter dem englischen Ausdruck "Mixed Hardware" versteht man die Kombination von Geräten und Einrichtungen verschiedener

Hersteller einer EDV-Anlage. Während die Zentraleinheit von einem Computerhersteller kommt, stammen die peripheren Geräte (Magnetbandgeräte, Magnetplatteneinheiten, Schnelldrucker und andere, teilweise aber auch Ausbaustufen des internen Hauptspeichers) von Speziallieferanten. Diese Lieferanten liefern sogenannte steckerkompatible Geräte zum Anschluß an fremde Zentraleinheiten. Vorteile der Mixed Hardware sind vor allem Mieteinsparungen von im allgemeinen 10 bis 30 %, bei Mehrjahresmietverträgen sogar bis zu 50 % bei gleichen oder sogar teilweise höheren Leistungen. Voraussetzung für den Anschluß von Mixed Hardware ist die Kompatibilität (Verträglichkeit) zwischen den Fremdgeräten und der Zentraleinheit sowie zwischen den fremden Hardware-Komponenten und dem Steuerprogramm (Betriebssystem). Besondere Aufmerksamkeit beim Einsatz von Mixed Hardware ist der Wartung und Ersatzteillieferung für die Fremdgeräte zu schenken. Die nächste Wartungsstation sollte in der Nähe des Anwenders liegen und Wartung und Ersatzteillieferung auch für die Zukunft sichergestellt sein.

2.543 Einsatz von Gebrauchtcomputern

Eine wesentliche Kosteneinsparung läßt sich durch die Anschaffung eines Gebrauchtcomputers erzielen, wie sie von Spezialfirmen für "Second-Hand-Computer" angeboten werden. Die Preisnachlässe für diese, meist gekauften oder geleasten Computer, liegen zwischen 20 und 80 % vergleichbarer Anlagen, bezogen auf die Herstellerpreise. Besondere Aufmerksamkeit muß man auch hier der Wartung und Ersatzteillieferung schenken, die unbedingt durch Vertrag über die gesamte geplante Nutzungsperiode abgesichert sein müssen, ganz gleich, ob die Wartung beim betreffenden Anlagenhersteller (was vorzuziehen ist) oder bei der Lieferfirma des Gebrauchtcomputers liegt.

2.544 Standard-Software

Eine weitere Kostenreduzierung kann ggfs. durch die Verwendung von Standard-Software erzielt werden. Dies gilt sowohl für Standard-Systemsoftware (und hier meinen wir das große Angebot der Hardwarehersteller und Softwarehäuser auf dem Gebiet der Arbeitsprogramme) als auch für Standard-Anwendungssoftware, also für standardisierte Benutzerprogramme. Bei der Standard-Software handelt es sich um vorgefertigte Programmpakete, die in der Regel erheblich billiger als individuelle Lösungen sind.

Die Prüfung der Alternative "Eigenentwicklung" oder "Standard-Software" muß die beiden Punkte

- Kostenvergleich und
- Prüfung und Beurteilung des Software-Produktes einschließlich Hersteller/Lieferant und Vertragsgestaltung

umfassen.

Beim Kostenvergleich müssen die geschätzten Kosten der Eigenentwicklung (Personalkosten, Maschinenkosten, Materialkosten und Gemeinkosten) den Fremdkosten (Kauf oder Miete) des Programmpaketes einschließlich Implementierung, Schulung, Dokumentation, Wartung, Anpassung und Nebenkosten gegenübergestellt und hieraus die Einsparungen oder Mehrkosten errechnet werden. Zur Prüfung und Beurteilung des Software-Produktes einschließlich Hersteller/Lieferant und Vertragsgestaltung eignet sich am besten eine Prüfliste, wie im Formular II/21 (Checkliste Standard-Software) dargestellt.

2.55 Wirtschaftlichkeitskennziffern

1. Einleitung

Kennziffern haben sich seit langem in der Betriebswirtschaft durchgesetzt. Wir kennen sie beispielsweise zur Messung des Lagerumschlags, der Liquidität, der Finanzierung

FUTH	CHECKLISTE STANDARD-SOFTWARE	erstellt am: 7.1.76 erstellt durch: Meyer
System	Teilsystem	Untersystem
Gesamtsystem		
Auftrags-Nr.	Auftragsbezeichnung	Projektstufe
075.1.03	Voruntersuchung	Hardware- und Softwareauswahl

Lfd. Nr.	Softwaremerkmal	relevant	Bewertung
1.	Softwareprodukt		
1.0	Ist die Zielsetzung für das Produkt genau formuliert?		
1.2	Entspricht das Produkt, mit welchen Abweichungen, dieser Zielsetzung?		
1.2	Kann das Produkt, mit welchem Aufwand, der Problemstellung angepaßt werden?		
1.3	Muß die Problemstellung, mit welchem Aufwand, dem Produkt angepaßt werden?		
1.4	Stimmt das Produkt mit den Hardware- (Größe, Konfiguration) und den Software- (Programmgröße, Programmsprache, Programmstruktur) Erfordernissen überein?		
1.5	Kann das Produkt reibungslos installiert und angepaßt werden?		
1.6	Ist das Produkt vollständig und ausreichend dokumentiert?		
1.7	Ist der Einsatz des Produkts wesentlich wirtschaftlicher als eine Eigenentwicklung?		
1.8	Ist das Produkt genügend ausgereift?		
1.9	Wann soll das Produkt installiert werden und mit welcher Vertragsart (Kauf, Miete)?		
2.	Softwarehersteller		
2.1	Wer ist der Hersteller des Softwareprodukts?		
2.2	Wer ist der Anbieter des Softwareprodukts?		
2.3	Ist der Anbieter (im Falle der Trennung) der alleinige Geschäftspartner des Kunden?		
2.4	Sind Hersteller und Anbieter ausreichend qualifiziert?		
2.5	Gewährleistet der Anbieter die Wartung des Produkts?		
2.6	Gewährleistet der Anbieter die Weiterentwicklung des Produkts?		
2.7	Gewährleistet der Anbieter ausreichende Einführungsschulung und Unterstützung bei der Implementierung?		
2.8	Bietet der Anbieter auch die Miete des Produkts an?		

Formular II/21 (1)

Lfd. Nr.	Softwaremerkmal	relevant	Bewertung
2.9	Gehört der Anbieter zu den großen, mittleren oder kleinen Softwareunternehmen?		
3.	<u>Softwarevertrag</u>		
3.1	<u>Kaufvertrag (zeitlich unbegrenzte Nutzung)</u>		
	- genaue Spezifikation des Softwareprodukts		
	- Einschluß von Tochterunternehmen und Zweigrechenzentren		
	- genaue Spezifikation des Leistungsumfangs nach Lieferung, Installation, Dokumentation, Einführungsunterstützung, Wartung und Anpassung		
	- Kaufpreis		
	- Verbindung zu Allgemeinen Nutzungsbedingungen und Allgemeinen Wartungsbedingungen		
3.2	<u>Mietvertrag (zeitlich begrenzte Nutzung)</u>		
	wie Kaufvertrag, zusätzlich		
	- Laufzeit		
	- Verlängerung		
	- Kündigung innerhalb Erstlaufzeit (mit Mietverrechnung) und innerhalb Verlängerungszeit		
	- Mietpreis, innerhalb Erstlaufzeit und für Verlängerung		
	- Umwandlung in Kaufvertrag mit Anrechnungsstaffel für bis dahin geleistete Mieten		
3.3	<u>Allgemeine Nutzungsbedingungen</u>		
	(als Zusatz zum Kauf- und Mietvertrag)		
	- Umfang der Nutzung mit Spezifikation von		
	- Einfachnutzung		
	- Mehrfachnutzung (für verschiedene Tochterunternehmen und/oder EDV-Anlagen)		

<table>
<tr><td colspan="2">FUTH</td><td>CHECKLISTE
STANDARD-SOFTWARE</td><td colspan="2">erstellt am: 7.1.76
erstellt durch: Meyer</td></tr>
<tr><td colspan="2">System</td><td>Teilsystem</td><td colspan="2">Untergruppen</td></tr>
<tr><td colspan="2">Gesamtsystem</td><td></td><td colspan="2"></td></tr>
<tr><td colspan="2">Auftrags-Nr.</td><td>Auftragsbezeichnung</td><td colspan="2">Projektstufe</td></tr>
<tr><td colspan="2">075.1.03</td><td>Voruntersuchung</td><td colspan="2">Hardware- und Softwareauswahl</td></tr>
<tr><td>Lfd. Nr.</td><td colspan="2">Softwaremerkmal</td><td>relevant</td><td>Bewertung</td></tr>
<tr><td></td><td colspan="2">- Dauer der Nutzung mit Spezifikation von

- zeitlich unbegrenzter Nutzung

- zeitlich begrenzter Nutzung (mit Beginn und Beendigung)

- Anschluß-Nutzungsvertrag bei zeitlich begrenzter Nutzung

- Umwandlung von zeitlich begrenzter in zeitlich unbegrenzte Nutzung

- Leistungsumfang mit Spezifikation von

- Lieferung und Installation (Termin, personelle und maschinelle Voraussetzungen)

- Dokumentation (Produktbeschreibung, Programmierer- und Operator-Handbuch)

- Einführungsunterstützung (Implementierungsunterstützung, Mitarbeiterschulung)

- Wartung (mit Verbindung zu den Allgemeinen Wartungsbedingungen)

- Gewährleistung des Anbieters mit Spezifikation von

- Leistungsgewährleistung

- unverzüglicher Information bei Mängeln

- unverzüglicher Mängelbeseitigung</td><td></td><td></td></tr>
</table>

Formular II/21 (2)

Lfd. Nr.	Softwaremerkmal	rele-vant	Bewertung

	- Vertragsrücktritt bei Mängeln bzw. bei vergeblicher Mängelbeseitigung
	- Schadenshaftung des Anbieters
	- Freistellung des Kunden gegenüber Drittrechten
	- Verzug und höhere Gewalt mit Spezifikation von
	  - Vertragsrücktritt des Kunden bei Erfüllungsverzug des Anbieters
	  - höhere Gewalt und entsprechenden Rechten des Anbieters
	- Gebühren, Nebenkosten, Fälligkeiten mit Spezifikation von
	  - Zahlung des Kaufpreises
	  - Zahlung der Mietgebühren einschließlich Zahlungsbeginn
	  - Zahlung bei Vertragswandlung
	  - Zahlung bei Vertragsverlängerung
	  - Nebengebühren für Installation und Wartung
	  - Höhe der Mehrwertsteuer
	- Vertragsbeendigung mit Spezifikation von
	  - zeitlich begrenzter Nutzung
	  - Anschluß-Nutzungsvertrag mit Kündigungstermin
	  - Verpflichtung des Kunden (Löschung, Rückgabe) bei Vertragsbeendigung und Rücktritt
	- Sonstige Vereinbarungen mit Spezifikation von
	  - Gerichtsstand
	  - Rechtsbasis (deutsches oder ausländisches Recht)
	  - Ersatz unwirksamer Vorschriften		

FUTH	CHECKLISTE STANDARD-SOFTWARE	erstellt am: 7.1.76 erstellt durch: Meyer
System	Teilsystem	Untersystem
Gesamtsystem		
Auftrags-Nr.	Auftragsbezeichnung	Projektstufe
075.1.03	Voruntersuchung	Hardware- und Softwareauswahl

Lfd. Nr.	Softwaremerkmal	rele-vant	Bewertung
3.4	Allgemeine Wartungsbedingungen (als Zusatz zum Kauf- und Mietvertrag) - Umfang der Wartungsleistungen mit Spezifikation von - Produktverbesserungen - Versionsänderungen - geänderten Dokumentationsunterlagen - Nachschulungen aufgrund von Änderungen - Fehlerbeseitigung - Änderungen aufgrund von Betriebssystemänderungen - Änderungen aufgrund von Hardwareänderungen - Änderungen aufgrund von Programmsprachenänderungen - Anpassung an die Problemstellung - Voraussetzungen für die Wartung mit Spezifikation von - Pauschalwartung für die angebotene bzw. vom Anbieter oder mit Zustimmung des Anbieters geänderte Produktversion - Einzelwartung für alle anderen Produktteile - Wartungsterminen		

Formular II/21 (3)

Lfd. Nr.	Softwaremerkmal	relevant	Bewertung
	- Gewährleistung für die Wartung mit Spezifikation von - Wartungsqualität - Wartungsmängelinformation durch den Anbieter - Beseitigung von Wartungsmängeln - Vertragskündigung bei Wartungsverzug - Haftung des Anbieters bei Schäden - Verzug und höhere Gewalt mit Spezifikation von - Vertragskündigung mit Wartungsverzug - Recht des Anbieters bei höherer Gewalt - Gebühren, Nebenkosten, Fälligkeiten mit Spezifikation von - Gebühren für Wartung bei Kaufvertrag (kostenlose Wartung im 1. Jahr, danach als Prozentsatz des Kaufpreises) - Gebühren für Wartung bei Mietvertrag (in der Regel im Mietpreis einbegriffen) - Gebühren für Einzelwartung - Gebühren für Anpassungs- und Änderungsarbeiten - Behandlung von Reisekosten und sonstigen Nebenkosten - Berechnung der Mehrwertsteuer - Vertragsbeendigung mit Spezifikation von - Vertragsdauer - Kündigungsfrist und -form		

. FUTH	CHECKLISTE STANDARD-SOFTWARE	erstellt am: 7.1.76 erstellt durch: Meyer
System	Teilsystem	Untersystem
Gesamtsystem		
Auftrags-Nr.	Auftragsbezeichnung	Projektstufe
075.1.03	Voruntersuchung	Hardware- und Softwareauswahl

Lfd. Nr.	Softwaremerkmal	rele- vant	Bewertung
	- Sonstige Vereinbarungen mit Spezifikation von - Gerichtsstand - Rechtsbasis (deutsches oder ausländisches Recht) - Ersatz unwirksamer Vorschriften		

Formular II/21 (4)

u.a. Im Bereich der EDV können sie sicher nicht als "Naturgesetz" oder "Patentregel für den Einzelfall" angesehen werden, bieten jedoch zumindest eine gute Orientierungshilfe. Soweit die ermittelten Werte im Einzelfalle von der "Standard"-Kennziffer abweichen, sollte dies zumindest anlaß zu einer detaillierten Untersuchung sein, um die Abweichungsgründe analysieren zu können.

2. Gebräuchliche EDV-Kennziffern

- EDV-Gesamtkosten
  Nach der Diebold-Statistik von 1974 betragen die EDV-Gesamtkosten aller Anwender in der Bundesrepublik zwischen 0,18 und 1,58 % (Durchschnitt 0,69 %) des Umsatzes. Vorteilhafter ist es jedoch, wenn statt der Gesamtanwender die Diebold-Vergleichszahlen der betreffenden Branche zum Vergleich herangezogen werden.

- EDV-Kostenarten
  Orientierungszahlen sind hier:
  Maschinenkosten (inkl. Wartung, Datenerfassung und -übertragung) = Faktor 1
  Personalkosten (inkl. Datatypistinnen) = Faktor 1,0 - 1,5
  Übrige EDV-Kosten (inkl. Umlage) = Faktor 1,0

  Diese Relation bedeutet, daß die Gesamtkosten der EDV der drei- bis dreieinhalbfachen Maschinenemiete entsprechen (Tendenz: Großanlagen zu Faktor 3,0, Klein- und Mittelanlagen zu 3,5).

- Einmalkosten
  Hier gilt als Faustregel, daß man für die gesamten Einmalkosten vor Installation der EDV-Anlage mit etwa dem dreifachen Satz einer Jahresmiete rechnen muß.

- <u>Laufende Kosten</u>

  Die Orientierungsdaten sind hier:

  30 % Maschinenkosten
  15 % Umlage der Entwicklungskosten
  10 % Kosten der Programmpflege
  25 % Kosten des Rechenzentrumsbetriebs (ohne Maschinenkosten)
  20 % Kosten für Neuentwicklungen
  100 %

2.56 Kostenverrechnung

Mit Hilfe der Kostenverrechnung werden die in der EDV-Abteilung angefallenen Kosten auf die verursachenden Kostenstellen im Unternehmen weiterverrechnet. Die Verrechnung umfaßt

- die Personalkosten für Umstellung, Änderung und Programmpflege (Personal-Verrechnungssätze) und

- die Abwicklungskosten im Rechenzentrum (Maschinen-Verrechnungssätze).

Die Kosten können entweder manuell (durch Kostenaufschreibung und Maschinenlogbuch) oder maschinell (durch Job-Accounting-Programm) verrechnet werden.

Methoden der Kostenverrechnung sind das Umlageverfahren (die Kosten der EDV-Abteilung werden nach Schlüsseln auf die anderen Kostenstellen umgelegt) und die Verrechnung mit Hilfe von Verrechnungssätzen, bei der die Kosten von Umstellung, Änderung und Pflege bzw. Abwicklung im Rechenzentrum aufgrund von festen Personal- und Maschinensätzen weiterverrechnet werden. Die Verrechnungssätze werden entweder jährlich einmal festgelegt (zu geplanten Durchschnittssätzen) oder monatlich neu errechnet und hängen von dem geplanten bzw. errechneten Auslastungsgrad des Personals und der Maschinen ab.

Die Personal-Verrechnungssätze beziehen sich jeweils auf eine Gruppe (EDV-Organisatoren, Programmierer) und umfassen neben dem durchschnittlichen Gruppengehalt die Kosten für die gesetzlichen und freiwilligen Sozialleistungen, die Arbeitsplatzkosten, die Weiterbildungskosten sowie sonstige Personalkosten, wie Überstundenzuschläge, Prämien usw. Durch Division der Personalkosten durch die Arbeitszeit erhält man den Personalverrechnungssatz je Stunde für Organisatoren bzw. Programmierer.

Bei den Maschinen-Verrechnungssätzen ist zunächst zu unterscheiden, ob die Maschine im Einfachbetrieb oder im Multiprogramming genutzt wird. Bei Einfachnutzung werden der monatlichen Maschinenmiete (bzw. bei Kauf die Abschreibungsrate plus Wartungskosten) die RZ-Gemeinkosten (Personalkosten, Materialkosten und Betriebskosten) hinzugerechnet und die so erhaltenen Gesamt-Abwicklungskosten durch die Anzahl der monatlichen Nutzungsstunden (z.B. 182 Stunden bei Einschichtnutzung) dividiert. Auf diese Weise erhält man den Stunden-Verrechnungssatz bzw., daraus abgeleitet, den Minuten-Verrechnungssatz. Entsprechend der Aufschreibung im Maschinen-Logbuch (Laufzeit plus Rüstzeit) wird so die monatliche Nutzung für die einzelnen Kostenstellen ermittelt. Beim Mehrfachbetrieb (Multiprogramming) wird dagegen die Maschinennutzung nach Nutzung von Verarbeitungszeit (CPU-Zeit), Hauptspeicherkapazität, Ein-/Ausgabegeräten und Zugriffen zu externen Speichern differenziert. Eine solche Unterteilung läßt sich nur mit Hilfe eines Job-Accounting-Programms durchführen. Auch für diesen Fall sind die Rüstkosten und die RZ-Gemeinkosten der Maschinennutzung hinzuzurechnen.

Zur Weiterverrechnung der EDV-Kosten dient das Formular II/22 EDV-Kostenverrechnung.

FUTH	EDV-KOSTENVERRECHNUNG	erstellt am: / erstellt durch:
System	Teilsystem	Untersystem
Auftrags-Nr.	Auftragsbezeichnung	Projektstufe
Abrechnungsmonat: März 1976 Kostenstelle: 183, Verkauf	Personalsatz Org.: 40,- / Std. Personalsatz Progr.: 30,- / Std. Maschinensatz: 300,- / Std.	

Aktivität	Häufigkeit	mtl. Std.	Betrag	Bemerkungen
1. Umstellung Verkaufsstatistiken				
- EDV-Organisation		210,0	8.400,-	
- Programmierung		130,5	3.915,-	
		340,5	12.315,-	
2. Änderung Fakturierung				
- Programmierung		85,0	2.550,-	
3. RZ-Abwicklung				
AA1 Eingabe/Prüfung	t	6,66		
AA2 Auftragsbearbeitung	t	13,33		
AA3 Sortieren	t	4,00		
AA4 Drucken	t	16,00		
AF1 Fakturierung	t	15,00		
AF2 Drucken	t	13,83		
AS1 Vorsortierung Statistiken	m	1,35		
AS2 Drucken 1	m	2,45		
AS3 Drucken 2	m	3,50		
		76,12	22.836,-	
Summe			37.701,-	

Formular II/22

2.6 Ausarbeitung und Präsentation des Organisationsvorschlages

Wie jede andere Organisationsaufgabe, so besteht auch die Voruntersuchung aus den drei Phasen

- Planung, Vorbereitung, Zielsetzung (2.1 Organisationsauftrag)

- Realisierung
  - Problemanalyse (2.2 Aufgaben- und Datenanalyse)
  - Problemlösung (2.3 Entwurf eines Gesamtsystems, 2.4 Hardware- und Softwareauswahl, 2.5 Wirtschaftlichkeitsanalyse) und
- Ergebnisdokumentation (2.6 Ausarbeitung und Präsentation des Organisationsvorschlages)
- Kontrolle (2.7 Prüfung, Entscheidung und Bestellung der EDV-Anlage).

Im letzten Teil der Realisierungsphase arbeiten die beteiligten Organisatoren unter der Verantwortung des Projektleiters einen Untersuchungsbericht (Organisationsvorschlag) aus, der folgende Punkte enthalten sollte:

1. <u>Organisationsauftrag</u>
   - Zielsetzung
   - Untersuchungsteam
   - Terminplan
   - Vorgehensweise

2. <u>Untersuchungsergebnisse</u>
   - Aufgaben- und Datenanalyse
   - Gesamtsystem mit Umstellungsplan
   - Hardware- und Softwareauswahl
   - Wirtschaftlichkeitsanalyse

3. <u>Zusammenfassende Beurteilung und Empfehlungen</u>
   Der Untersuchungsbericht ist das Ergebnis einer mehrmonatigen Arbeit der mit der Untersuchung beauftragten Organisatoren. Er bildet zugleich die Grundlage für eine Entscheidung, die das

Unternehmen auf Jahre hinaus an das gewählte Verfahren und die technischen Mittel bindet. Denn der Einsatz einer EDV-Anlage ist mit hohen Investitionen und aufwendigen Umstellungsarbeiten verbunden. Deshalb muß unbedingt gewährleistet sein, daß der Bericht auch wirklich den besten Weg für die Verwirklichung einer zweckmäßigen und wirtschaftlichen Datenverarbeitung aufzeigt. Selbst wenn man gute Erfahrungen und größte Gewissenhaftigkeit des Untersuchungsteams unterstellt, wird es sich nie ganz vermeiden lassen, daß Irrtümer und Fehleinschätzungen vorkommen. Eine nicht vollständige Marktübersicht sowie zu geringe Kenntnisse und eine gewisse Automationsfreudigkeit der beteiligten Organisatoren können die Ursache hierfür sein. Hieraus folgt, daß die Geschäftsleitung einen möglichst unbeteiligten, erfahrenen und unabhängigen Gutachter beauftragen sollte, das Ergebnis der organisatorischen Untersuchung zu prüfen. Diese Maßnahme bedeutet auf keinen Fall irgendein Mißtrauen gegenüber dem Untersuchungsteam. Die Probleme der Organisation und Datenverarbeitung sind so vielschichtig und die Auswirkungen einer falschen Entscheidung so schwerwiegend, daß es einer besonders hohen Sicherheit bei der Umstellung auf die elektronische Datenverarbeitung oder ihrer Erweiterung bedarf. Denn noch ist es Zeit, um Fehler und falsche Schlußfolgerungen ohne hohe Kosten und organisatorische Schwierigkeiten beseitigen oder korrigieren zu können.

Die Arbeit des Untersuchungsteams schließt mit der Präsentation des Organisationsvorschlags vor der Geschäftsleitung und den Führungskräften der Fachbereiche sowie Übergabe der Untersuchungsdokumentation. Hinweise für die Durchführung einer solchen Präsentation gibt Bild 19.

FUTH	Organisationsvorschlag Präsentation	Bild 19

Merkmale	Hinweise
1. Zweck	- über die Voruntersuchung zu informieren - die Empfehlungen durchsetzen - eine Entscheidung erzwingen
2. Zeitpunkt	- nach Ausarbeitung des Organisationsvorschlags
3. Zielgruppen	- Geschäftsleitung, Führungskräfte der Fachbereiche, der EDV-, Organisations- und Revisionsabteilung
4. Referenten	- Projektleiter (Einleitung, Zusammenfassung) - Projektmitarbeiter (Einzelheiten)
5. Termin und Dauer	- möglichst nicht montags oder freitags - 2 x 1,5 Stunden - Vortrag 1.5 Std., Diskussion 1.0 Std., Entscheidungsprozeß 0,5 Std.
6. Hilfsmittel	- Dokumentation bereithalten, aber erst nach Vortrag verteilen - Demonstation mit farbigen Flipcharts und Projektorvorlagen - viele Tabellen, Graphiken, Abläufe usw. mit wenig Text
7. Vortragstechnik	- Einleitung (= Fragestellung), Hauptteil (= konkrete Vorschläge) und Schluß (= Empfehlungen und Aufforderung zur Entscheidung) - kein EDV-Chinesisch (Fachausdrücke erklären) - Tatsachen, keine Vermutungen

2.7 Prüfung, Entscheidung und Bestellung der EDV-Anlage

Die Voruntersuchung schließt mit der Kontroll- und Entscheidungsphase einschließlich der Bestellung der EDV-Anlage, soweit die Geschäftsleitung den Empfehlungen des Untersuchungsteams folgt.

Doch zunächst sollte die Geschäftsleitung, unterstützt durch die EDV-Koordinationsstelle oder, wenn es diese nicht gibt, durch einen Ausschuß von Führungskräften aus den Fachbereichen und der Organisation und Revision, den Organisationsvorschlag in seinen wesentlichen Aussagen im Hinblick auf den Istzustand und die geplante Konzeption überprüfen.

Der zweite - und zugleich wichtigste - Schritt besteht in der Beurteilung und Überprüfung der Relation "Zielsetzung/ökonomisches Prinzip". Hiermit meinen wir die Beantwortung der Frage, ob mit den geringstmöglichen Mitteln ein bestimmter Erfolg erzielt werden kann. Dies bedeutet einmal die Suche nach Alternativen, um das Ziel mit vielleicht noch geringeren als den vorgeschlagenen Mitteln zu erreichen, und zum anderen, wenn festgestellt wird, daß das gesteckte Ziel nur mit erheblichen Kosten erreicht werden kann, die Einschätzung der Zielsetzung selbst. Denn niemals darf übersehen werden, daß die zu diesem Zeitpunkt getroffene Entscheidung das Unternehmen langfristig an die eingeleiteten Verfahren und damit an beträchtliche Kosten bindet. Aus diesem Grunde sollten die letzten Überprüfungsfragen vor der Bestellung der EDV-Anlage lauten:

1. Handelt es sich bei dem vorliegenden Vorschlag um den Einsatz der geringstmöglichen Mittel zur Erreichung des festgelegten Ziels?
2. Muß die Zielsetzung eingeschränkt oder variiert werden, um den geplanten Mitteleinsatz zu reduzieren?

Erst wenn ein wirtschaftliches Optimum zwischen Zielsetzung und Mitteleinsatz gefunden ist, sollte die Entscheidung getroffen werden.

Nach Prüfung des Organisationsvorschlages und Entscheidung der Geschäftsleitung zur Anschaffung der EDV-Anlage wird die Bestellung eingeleitet. Grundlage hierfür ist das von dem betreffenden Hersteller ausgearbeitete verbindliche Angebot. Bei der Vertragsgestaltung ist darauf zu achten, daß alle für den Benutzer wichtigen Punkte verbindlich und schriftlich fixiert sind. Es sind dies (vgl. hierzu Bottler J., Horváth P., Kargel H., Methoden der Wirtschaftlichkeitsberechnung für die Datenverarbeitung, verlag moderne industrie, München, 1972, Seiten 141 und 142):

- Umfang der durch den Mietvertrag vereinbarten Leistungen,
- Umfang der durch den Kaufvertrag vereinbarten Leistungen,
- Konditionen für Mehrjahres-Mietverträge,
- Kaufoptions-Bedingungen,
- Einmalkosten der Installation,
- Kosten bei Systemwechsel,
- Kosten und Bedingungen bei Vertragsrücktritt,
- Kosten und Bedingungen bei Herstellerwechsel,
- Zahlungsbedingungen,
- Vereinbarung von Sonderregelungen bei Leasing-Verträgen,
- Haftungsumfang für zugesagte Termine seitens des Herstellers,
- Haftungsregelung für zugesagte Termine seitens des Abnehmers,
- Miet-Mehrkosten bei Mehrschichtbetrieb,
- Wartungs-Mehrkosten bei Mehrschichtbetrieb,
- Duldung des Ein- und Anbaus von Fremdhardware,
- Zusicherung von Hardware-Kompatibilität, besonders im Hinblick auf den Anschluß von Fremdhardware,
- Regelung der Haftungsfrage bei Fremdhardware,

- Umfang und Kosten von personeller Unterstützung seitens des Herstellers,
- Umfang und Kosten von Anwendungssoftware-Sachleistungen seitens des Herstellers,
- Umfang und Kosten der Mitarbeiterschulung durch den Hersteller,
- Zurverfügungstellung von Testmöglichkeiten und Testzeiten,
- Berechnung von Testzeiten,
- Art und Umfang von maschinellen Ausweichmöglichkeiten ,
- Regelung der Benutzung von Hersteller-Software auf Fremdgeräten,
- Konditionen für Software-Überlassung,
- Weiterverkauf bzw. Untervermietung von freier Rechenkapazität,
- Umfang und Konditionen für Versicherungsleistungen,

Erst wenn alle Fragen zur Zufriedenheit des Unternehmens geklärt und verbindlich im Vertrag festgelegt sind, wird die EDV-Anlage durch die beiderseitige Unterzeichnung des Vertrages bestellt. Mit der Unterzeichnung ist zugleich der erste Abschnitt der organisatorischen Tätigkeit bei der Einrichtung oder Erweiterung einer EDV-Abteilung beendet.

3. Einsatzplanung und -vorbereitung

3.1 Bekanntgabe der EDV-Einführung oder -Erweiterung

Die Anschaffung oder wesentliche Erweiterung einer EDV-Anlage, der Ausbau der EDV-Abteilung oder die Ausdehnung der EDV-Aufgaben bringen verständlicherweise eine gewisse Unruhe in das Unternehmen. Diese Unruhe resultiert einmal aus der Furcht, den Arbeitsplatz zu verlieren und zum anderen aus der Unkenntnis über die Möglichkeiten und Grenzen der EDV.

Noch immer hat es sich als der beste Weg erwiesen, die Mitarbeiter rechtzeitig, wahrheitsgemäß und in der richtigen Form über die geplanten Neuerungen oder Änderungen zu informieren. Dies sollte nicht erst zu dem Zeitpunkt geschehen, wo die Entscheidung für die Anschaffung, die Erweiterung oder den Ausbau bereits gefallen ist, sondern möglichst schon bei der Erteilung des Organisationsauftrages. Zu diesem frühen Zeitpunkt kann naturgemäß nur zu dem Auftrag für die Voruntersuchung Stellung genommen werden, während jetzt den Mitarbeitern alle Einzelheiten über die eingeleiteten Maßnahmen mitgeteilt werden können.

Für die Information der Führungskräfte und Mitarbeiter der Fachabteilungen ist zu empfehlen, daß ein Mitglied der Geschäftsleitung, unterstützt durch das Untersuchungsteam oder den EDV-Leiter, über die geplanten Maßnahmen informiert und Gelegenheit zur Diskussion gibt. Bei der Unterrichtung sollte jedoch klar gesagt werden, welche Zielsetzungen die Geschäftsleitung mit der Entwicklung und Einrichtung verfolgt und welche Änderungen vorgesehen sind. Hierbei ist die Erzielung von Panikstimmung genauso wenig am Platze wie eine

Abwiegelung mit dem Hinweis, daß "sich nichts ändern werde". Soweit Frei- und Umsetzungen von Mitarbeitern erforderlich werden, sollte die Geschäftsleitung dazu Stellung nehmen und die geplanten personalpolitischen Maßnahmen offenlegen. Denn nur auf diese Weise können eine größere Unruhe im Unternehmen vermieden und die Mitarbeiter zur Aktivität und Zusammenarbeit motiviert werden.

3.2 Ausarbeitung eines Gesamtplans

Unmittelbar nach Entscheidung für die Einrichtung oder Erweiterung der EDV muß mit der Gesamtplanung begonnen werden. Sie wird vom Projektleiter bzw. EDV-Leiter durchgeführt und enthält alle Aktivitäten für die Planung und Einrichtung der EDV-Abteilung, im einzelnen

- den organisatorischen Aufbau der EDV-Abteilung
- den personellen Aufbau der EDV-Abteilung
- den räumlichen und technischen Aufbau der EDV-Abteilung und
- die Umstellung der Arbeitsgebiete, bezogen auf den Planungszeitraum.

In zeitlicher Hinsicht umfaßt die Einsatzplanung und -vorbereitung den Zeitraum von der Bestellung der EDV-Anlage bis ca. 1 Jahr nach ihrer Installation, also im Einzelfall insgesamt etwa 2 - 3 Jahre, abhängig von der Dauer der Planungs- und Vorbereitungsarbeiten.

Die Hilfsmittel für die Gesamtplanung sind:

- der Einsatzplan EDV-Vorbereitung (Formular II/23)
- der Einsatzplan EDV-Umstellung (Formular II/24)
- der Netzplan Einsatzplanung und -vorbereitung (Formular II/25, als Faltplan im Anhang untergebracht)

- der Gesamt-Terminplan (Formular II/26, als Faltplan im Anhang untergebracht) und
- der Gesamt-Personaleinsatzplan (Formular II/27, als Faltplan im Anhang untergebracht).

Der Einsatzplan EDV-Vorbereitung (Formular II/23) nimmt die einzelnen Aktivitäten für den organisatorischen und personellen sowie räumlichen und technischen Aufbau der EDV-Abteilung auf. Den jeweiligen Aktivitäten wird das Personal für die Durchführung zugeordnet, getrennt nach Projektleiter und Projektmitarbeitern. Für jede Aktivität werden nun der Zeitaufwand in Mann-Wochen (MW) und die Termine nach Beginn und Ende festgelegt. Soweit der Zeitaufwand nur ungenau geschätzt werden kann, empfiehlt es sich, neben dem durchschnittlichen Aufwand den geschätzten Minimal- und Maximalaufwand auszuweisen. Für die Terminplanung gilt dann (wie in unserem Beispiel) entsprechend der Durchschnitts- oder der Maximalaufwand. Bei den Terminen sind jeweils zwei Spalten für den Beginn und das Ende einer Aktivität vorgesehen. Während zunächst die Solltermine (Beginn S und Ende S) eingetragen werden, kann man später zu Vergleichszwecken die Isttermine (Beginn I und Ende I) nachtragen.

Aus dem Umstellungsplan Gesamtsystem (Formular II/12) wird der Einsatzplan EDV-Umstellung (Formular II/24) abgeleitet. Dieser Plan wird je Arbeitsgebiet (System) und Programmkomplex angefertigt und enthält alle einzelnen Aktivitäten der Umstellung mit Personaleinsatz, Zeitaufwand und Terminen. Für die einzelnen Felder des Formulars gelten die gleichen Ausführungen wie zum Formular II/23.

Aus den Einzelaufstellungen

- Einsatzplan EDV-Aktivitäten (Formular II/23) und
- Einsatzplan EDV-Umstellung, für jede Umstellung innerhalb des Planungszeitraums (Formular II/24)

werden jetzt die Planübersichten

FUTH	EINSATZPLAN EDV-VORBEREITUNG	erstellt am: 20.1.76 erstellt durch: Meyer
System	Teilsystem	Untersystem
Gesamtsystem		
Auftrags-Nr.	Auftragsbezeichnung	Projektstufe
076.2.05	Einsatzplanung	Gesamtplanung

Lfd. Nr.	Aktivität	Personal		Zeitaufwand in MW			Termine			
		Projektleiter	Projektmitarbeiter	min.	Ø	max.	Beginn S	Beginn i	Ende S	Ende i
1.0	Organisatorischer Aufbau									
1.1	Einordnung der EDV-Abteilung	Meyer	Franz		1		2.2.76		6.2.76	
1.2	Gliederung der Org./Programmierung	〃	〃		3		9.2.		13.2.	
1.3	Gliederung des Rechenzentrums	〃	〃		2		16.2.		20.2.	
	Summe	1	2		5		2.2.76		20.2.76	
2.	Personeller Aufbau									
2.1	Ermittlung des Personalbedarfs	Sonnemann	Heinze		1		2.2.76		6.2.76	
2.2	Beschaffung und Auswahl des Personals	〃	〃		22		9.2.		30.4.	
2.3	Aus- und Fortbildung des Personals	〃	〃		32		10.5.		15.9.	
	Summe	1	2		55		2.2.76		15.9.76	
3.0	Räumlicher und technischer Aufbau									
3.1	Umbau und Einrichtung der Räume	Meyer	Franz	35	40	50	1.3.76		15.2.77	
3.2	Einrichtung der Energieversorgung	〃	〃	4	6	8	1.4.77		30.5.77	
3.3	Einrichtung der Klimatisierung	〃	〃	4	6	8	1.4.77		30.5.77	
3.4	Sicherheitseinrichtungen	〃	〃	7	8	10	1.4.77		30.6.77	
3.5	Beschaffung des Zubehörs	〃	〃	3	4	4	1.10.77		30.10.77	
3.6	Vorbereitung der Installation	〃	〃	8	10	12	1.10.77		30.12.77	
3.7	Durchführung der Installation	〃	〃	8	10	12	1.1.78		30.3.78	
	Summe	1	3	69	84	104	1.3.76		30.3.78	

Formular II/23

FUTH	EINSATZPLAN EDV-UMSTELLUNG	erstellt am: 22.1.76 erstellt durch: Hirt
System	Teilsystem	Untersystem
Verkaufsabrechnung	Auftragsbearbeitung	
Auftrags-Nr.	Auftragsbezeichnung	Projektstufe
076.2.06	Einsatzplanung	Gesamtplanung

Lfd. Nr.	Aktivität	Personal		Zeitaufwand in MW			Termine			
		Projektleiter	Projektmitarbeiter	mind.	Ø	max.	Beginn S	Beginn i	Ende S	Ende i
1.0	Problemanalyse									
1.1	Planung und Vorbereitung	Hirt	Fritzler	2	2	2	1.4.76		7.4.76	
1.2	Aufnahme und Darstellung des Istzustandes	"	"	4	6	8	8.4.		15.5.	
	Summe	1	2	6	8	10	1.4.76		15.5.76	
2.0	Systementwicklung									
2.1	Festlegen der Anforderungen und Ziele	Hirt	Fritzler	2	2	2	1.6.76		8.6.76	
2.2	Entwicklung der Soll-Konzeption	"	"	10	14	18	9.6.		15.8.	
	Summe	1	2	12	16	20	1.6.76		15.8.76	
3.0	Detailorganisation									
3.1	Entwurf des Fein-Datenflusses	Hirt	Fritzler	2	4	4	1.9.76		15.9.76	
3.2	Ausarbeitung der organisatorischen Einzelh.	"	"	16	16	20	16.9.		30.11.	
3.3	Zusammenstellen der Programmvorgaben	"	"	2	4	4	1.12.		15.12.	
	Summe	1	2	20	24	28	1.9.76		15.12.76	
4.0	Programmierung									
4.1	Entwurf des Programmablaufplans	Hirt	Weber, Krause	4	6	8	16.1.77		15.2.77	
4.2	Codierung	"	" "	8	10	12	16.2.		30.3.	
4.3	Programmtests	"	" "	6	6	8	1.4.		30.4.	
	Summe	1	3	18	22	28	16.1.77		30.4.77	
5.0	Systemeinführung									
5.1	Planung und Vorbereitung	Hirt	Fritzler, Weber, Krause	4	4	4	1.1.77		30.1.77	
5.2	Übernahme und Abschlußdokumentation	"	" " "	4	8	8	1.6.		15.6.	
	Summe	1	5	8	12	12	1.1.77		15.6.77	

Formular II/24

- Netzplan Einsatzplanung und -vorbereitung (Formular II/25)
- Gesamt-Terminplan, getrennt für jedes Planungsjahr (Formular II/26) und
- Gesamt-Personaleinsatzplan, getrennt für jedes Planungsjahr (Formular II/27)

erstellt.

Für die Einrichtung oder wesentliche Erweiterung der EDV-Abteilung bedient man sich vorteilhaft der Netzplantechnik, mit deren Hilfe alle Tätigkeiten graphisch und in Form eines Netzwerkes dargestellt werden. Das Netzwerk hat gegenüber anderen Methoden den Vorteil, daß das Neben- und Nacheinander der einzelnen Tätigkeiten sowie ihre gegenseitigen Abhängigkeiten in anschaulicher Weise aufgezeigt werden. Alle Einzelschritte zur Erfüllung eines Projektes werden als Netzwerk dargestellt mit dem Ziel, einen Überblick über die neben- und nacheinander ablaufenden Tätigkeiten zu schaffen und kritische Stellen in der Planung zu ermitteln und aufzuzeigen.

Die Elemente des Netzwerkes sind Aktivitäten und Ereignisse. Während jede Aktivität einen Vorgang (also eine Tätigkeit) bedeutet, stellen Ereignisse Zeitpunkte dar, in denen bestimmte Einzelvorgänge beendet sein und andere beginnen müssen. Zwischen dem Beginn und dem Ende eines Ereignisses liegt jeweils eine Aktivität. Immer muß ein Vorgang abgeschlossen sein, bevor die nächste Aktivität beginnen kann. In der Darstellung wird eine Aktivität durch einen Pfeil und ein Ereignis durch einen Kreis bezeichnet. Die Ereignisse werden außerdem fortlaufend numeriert. Die Anordnung der Pfeile und Kreise weist auf die Reihenfolge hin, in der die Aktivitäten ablaufen bzw. die Ereignisse eintreten. Es sei vermerkt, daß es Programme gibt, die den Aufbau und Änderungsdienst eines Netzwerkes mit Hilfe von EDV-Anlagen gestatten. Der Vollständigkeit halber und um die Zusammenhänge aufzuzeigen, haben wir in unserem Netzplan auch die Stufe Voruntersuchung aufgenommen.

Aus dem Netzplan werden dann die Terminpläne abgeleitet, getrennt nach Aktivitäten (Formular II/26) und Personaleinsatz (Formular II/27). Es empfiehlt sich, beide Terminpläne für den gesamten Planungszeitraum (in unserem Beispiel für die Jahre 1976 bis 1978) anzulegen. Nach Abschluß eines Planungsjahres wird dann wiederum für weitere drei Jahre und so fort geplant. Bei der Terminplanung geht man am besten retrograd vor, d.h. rückwirkend vom Lieferungs- und Installationstermin der EDV-Anlage. Aus Platzgründen und zugunsten einer Reservekapazität werden die einzelnen Planungsmonate zu je vier Wochen à 5 Arbeitstage angenommen. Die Verbindung zwischen Terminplan bzw. Personaleinsatz und dem Netzplan erfolgt mit Hilfe der Netzplanspalte. Neben den Sollterminen sollten dann auch die Isttermine durch eine farbige oder gestrichelte Linie eingetragen werden, um jederzeit einen Vergleich zwischen der Planung und der Realisierung ziehen zu können.

3.3 Organisaorischer Aufbau der EDV-Abteilung

3.31 Einordnung der EDV-Abteilung

Die richtige Einordnung einer Abteilung in den hierarchischen Organisationsaufbau des Unternehmens wird durch die Art und den Umfang ihrer Aufgaben bestimmt. Im Hinblick auf die historische Entwicklung der EDV-Aufgaben können wir drei Stufen unterscheiden:

- Einsatz von EDV-Anlagen für begrenzte Aufgaben innerhalb des Rechnungswesens (1. EDV-Stufe)
- Einsatz von EDV-Anlagen für die Erledigung von Massen- und Routinearbeiten innerhalb des Gesamtunternehmens (2. EDV-Stufe) und
- Einsatz von EDV-Anlagen zur Gewinnung von Informationen für Führungsentscheidungen innerhalb des Gesamtunternehmens (3. EDV-Stufe).

Die Einordnung der EDV-Abteilung als Teil einer Fachabteilung oder eines Fachbereichs ist meist historisch begründet und lehnt sich an die Unterstellung der früheren Lochkartenstelle als Teil der Buchhaltung oder des Rechnungswesens an. Im Gegensatz zu früher werden heute EDV-Anlagen aber in der Regel für Aufgaben in allen Bereichen des Unternehmens eingesetzt. Wird eine EDV-Anlage jedoch auch für andere Aufgaben als die der Buchhaltung und des Rechnungswesens verwendet, so ist ihre Unterstellung unter einer Fachabteilung unzweckmäßig. Da diese Fachabteilung nicht der einzige Benutzer der Anlage ist, führt eine solche Unterstellung früher oder später zu Schwierigkeiten. Bei Kapazitäts- und Terminengpässen ist der Leiter der EDV-Abteilung an die Anweisungen seines unmittelbaren Vorgesetzten gebunden und kann nicht frei über die sachlich richtige Reihenfolge bei der Umstellung und Abwicklung der Arbeiten entscheiden, was zwangsläufig zur Bevorzugung der Arbeit des eigenen Bereichs und Benachteiligung der anderen Fachabteilungen führt.

Da jedoch EDV-Anlagen heute selten nur zur Lösung von Aufgaben innerhalb einer einzigen Abteilung verwendet werden, ist es zweckmäßig, die EDV-Abteilung (als Abteilung Datenverarbeitung) direkt der Unternehmensführung zu unterstellen. Das kann einmal als selbständiger, gleichberechtigter Bereich im Instanzenaufbau des Unternehmens sein (Bild 20) oder als ausgegliederter Stabsbereich. Für den ersten Weg spricht, daß es sich bei der EDV-Abteilung überwiegend nicht um eine Stabsstelle mit beratenden, empfehlenden Funktionen handelt, sondern um einen Service-Betrieb, der Dienstleistungen für alle Bereiche des Unternehmens übernimmt.

Die zweite Möglichkeit, die organisatorische Einordnung in der Stabsebene, kann entweder gemeinsam mit der Organisationsabteilung (Allgemeine Organisation, Betriebsorganisation) oder aber von ihr getrennt erfolgen (Bilder 21 und 22). Für eine Zusammenlegung von Organisation und Datenverarbeitung spricht die starke Verknüpfung von organisatorischer Tätigkeit und EDV-Umstellung. Denn die erfolgreiche Einführung der maschinellen Datenverarbeitung ist haupt-

FUTH	Organisatorischer Aufbau Einordnung (1)	Bild 20

Datenverarbeitung als gleichberechtigter Bereich im Instanzenaufbau

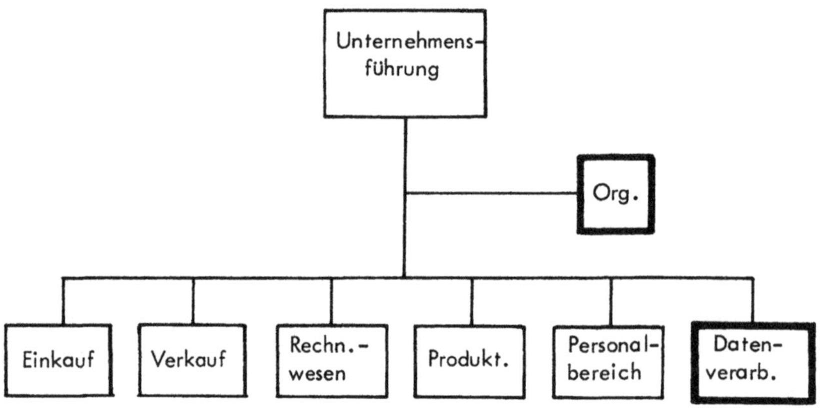

FUTH	Organisatorischer Aufbau Einordnung (2)	Bild 21

Gemeinsame Organisation und Datenverarbeitung als Stabsbereich

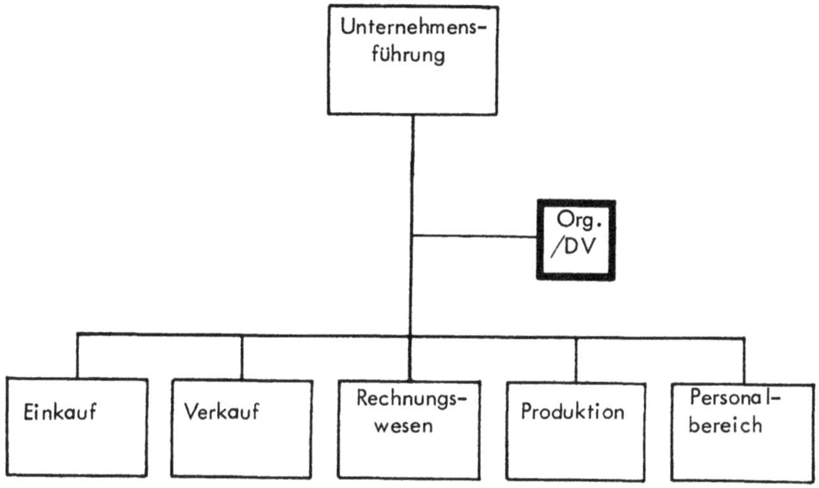

FUTH	Organisatorischer Aufbau Einordnung (3)	Bild 22

Getrennte Organisation und Datenverarbeitung als Stabsbereiche

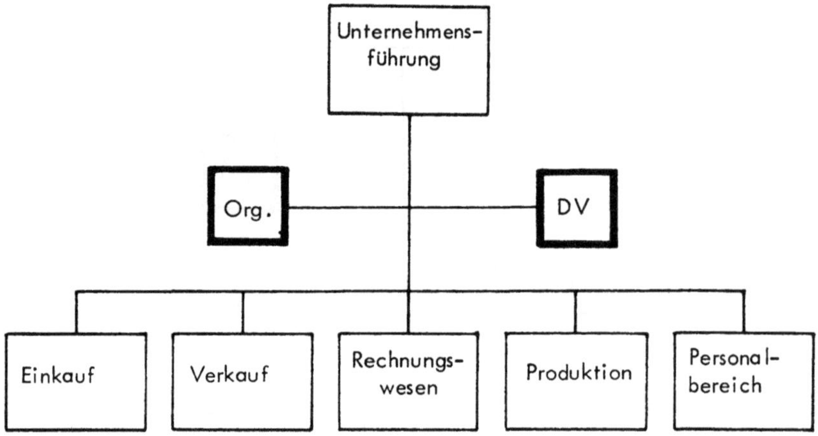

sächlich eine Frage der sorgfältigen organisatorischen Planung und Vorbereitung. Laufen die Programme auch noch so gut, sie können niemals einen mangelhaften und nicht voll durchdachten organisatorischen Unterbau ausgleichen. Der Nachteil einer vereinigten Organisation und Datenverarbeitung ist das Fehlen der fachlichen Überwachung, die im Falle der Trennung zumindest teilweise durch die Organisationsabteilung ausgeübt werden kann. Fehlt eine solche Überwachung, kann es zu einer ungesunden und sachlich nicht gerechtfertigten Aufblähung der Datenverarbeitung kommen. Es werden möglicherweise auch Aufgaben übernommen, die nicht das Merkmal einer wirtschaftlichen und sinnvollen Datenverarbeitung tragen. Diese negativen Auswirkungen sind jedoch zu umgehen, wenn ein sachkundiges Mitglied der Unternehmensführung oder geschulte EDV-Revisoren die Überwachungsfunktion übernehmen.

3.32 Gliederung der EDV-Abteilung

Neben der zweckmäßigen Einordnung der EDV-Abteilung in die Hierarchie des Unternehmens kommt es vor allem auch auf die klare organisatorische Gliederung innerhalb der EDV-Abteilung an, damit Aufgaben und Verantwortungen eindeutig festgelegt und voneinander abgegrenzt werden können. Die richtige Struktur des EDV-Bereichs kann zu den wesentlichsten Voraussetzungen für Erfolg oder Mißerfolg der EDV-Aktivitäten im Unternehmen zählen.

In der Praxis gibt es eine Vielzahl von EDV-Strukturen, die gut oder weniger gut funktionieren. Die Größe der EDV-Abteilung und die Trennung oder Zusammenfassung verschiedener Funktionen sind neben personellen Gegebenheiten die Haupteinflußgrößen für die Gliederung der EDV-Abteilung.

Ausgehend von dem Hauptmerkmal "Größe der EDV-Abteilung" zeigen die Bilder 23 - 26 Gliederungsbeispiele, im einzelnen

- die Gliederung einer kleinen EDV-Abteilung (Bild 23), mit 5 - 10 Mitarbeitern
- die Gliederung einer mittleren EDV-Abteilung (Bild 24), mit 11 - 50 Mitarbeitern
- die Gliederung einer großen, gemeinsamen Abteilung Organisation und Datenverarbeitung, nach dem Funktionenprinzip in EDV-Organisation und Programmierung (Bild 25), mit mehr als 50 Mitarbeitern und
- Gliederung einer großen, gemeinsamen Abteilung Organisation und Datenverarbeitung, nach dem Sachgebietsprinzip in EDV-Organisation und Programmierung (Bild 26), mit mehr als 50 Mitarbeitern.

Bei großen EDV-Abteilungen (Bilder 25 und 26) können die einzelnen Gruppen des Rechenzentrums noch weiter untergliedert werden, wie z.B.

- die Arbeitsvorbereitung in Arbeitsplanung, Ablaufvorbereitung und Archivierung
- die Datenerfassung in Erfassung, Prüfung und Kontrolle
- der Maschinenraum in 1. und 2. Schicht und
- die Kontrolle/Abstimmung in Eingabe- und Ausgabekontrolle.

FUTH	Organisatorischer Aufbau Gliederung (1)	Bild 23

Gliederung einer kleinen EDV-Abteilung

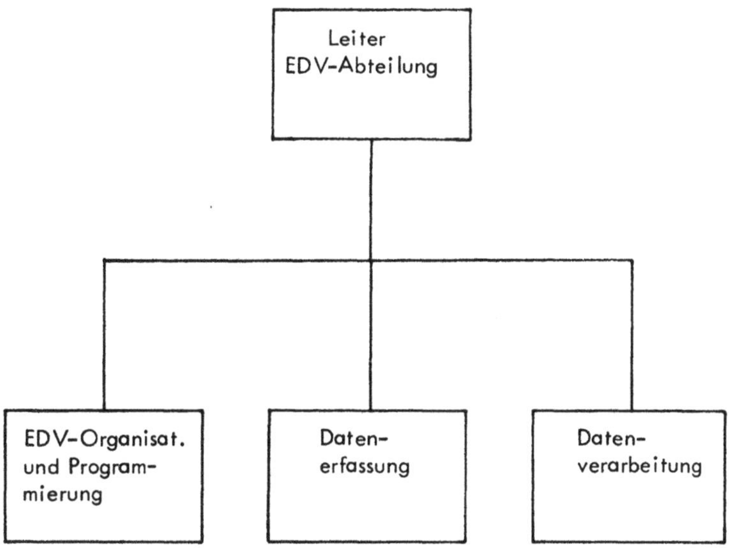

FUTH	Organisatorischer Aufbau Gliederung (2)	Bild 24

Gliederung einer mittleren EDV-Abteilung

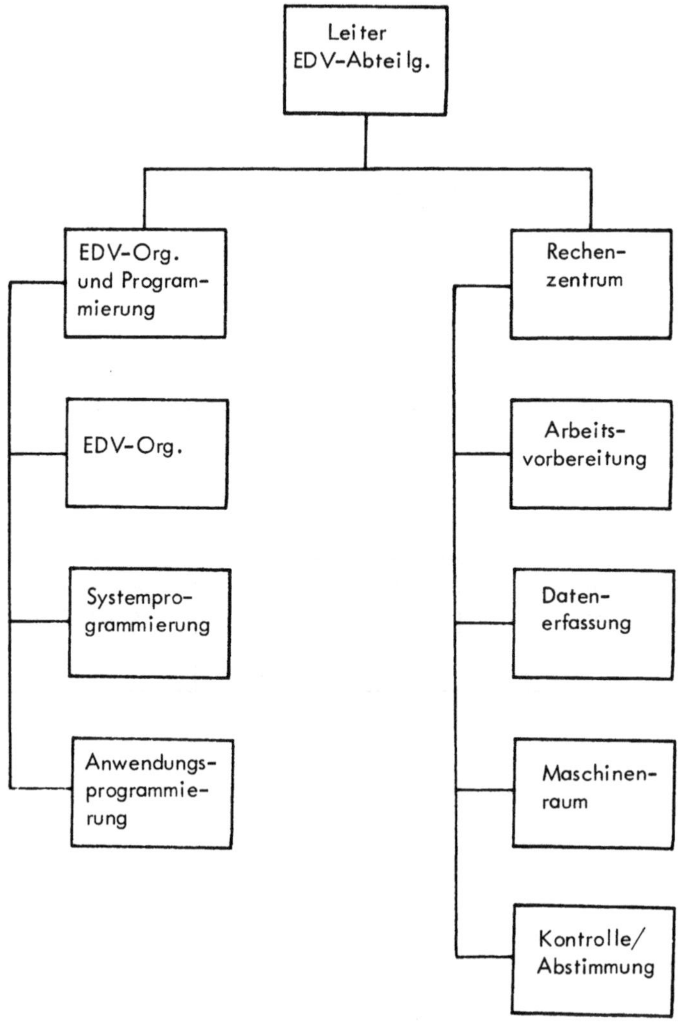

FUTH	Organisatorischer Aufbau Gliederung (3)	Bild 25

Gliederung einer großen Abteilung Organisation und Datenverarbeitung (nach dem Funktionenprinzip in EDV-Organisation und Programmierung)

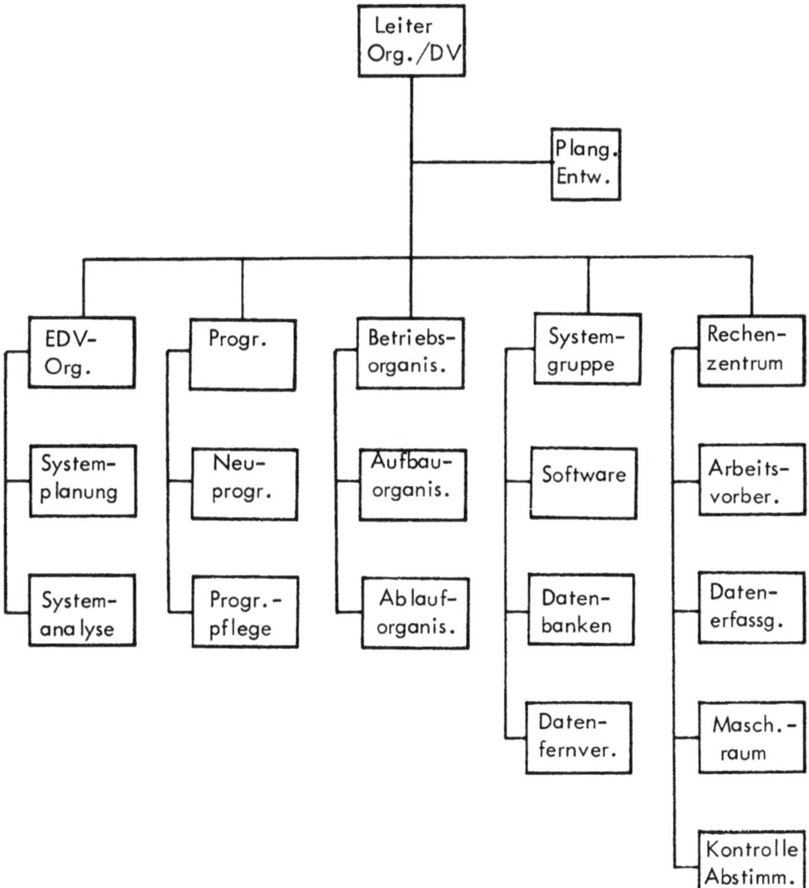

FUTH	Organisatorischer Aufbau Gliederung (4)	Bild 26

Gliederung einer großen Abteilung Organisation und Datenverarbeitung (nach dem Sachgebietsprinzip in EDV-Organisation und Programmierung)

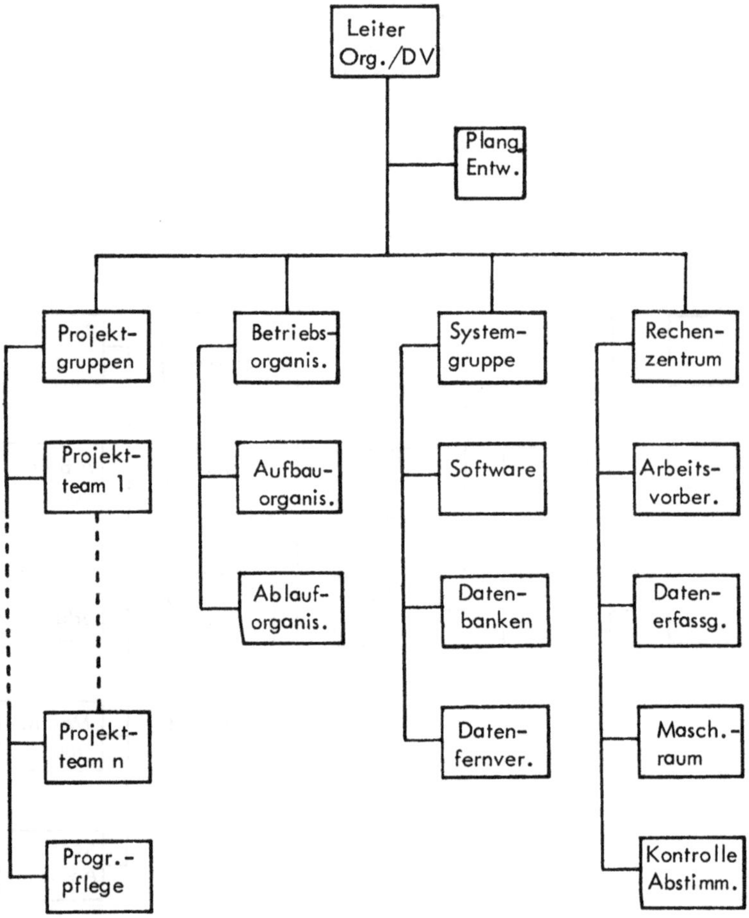

3.33 Stellenbeschreibungen

Zur Darstellung der Organisationsstruktur gehört aber nicht nur die klare Gliederung und Abgrenzung der einzelnen Stellen, sondern auch ihre Beschreibung unabhängig vom Stelleninhaber. Diesen Zweck erfüllen Stellenbeschreibungen, die an die Organisationsstruktur anknüpfen und deshalb immer sach- und nicht personenbezogen sein dürfen.

Die Vorteile der Stellenbeschreibung für den Vorgesetzten sind:

Die Stellenbeschreibung

- bietet dem Vorgesetzten die Sicherheit, daß der Mitarbeiter sich seiner Verantwortung und seiner Aufgaben nicht entziehen kann.
- zeigt dem Vorgesetzten, wo er selbst nicht handeln und entscheiden darf.
- gibt dem Vorgesetzten die Unterlage für die Einarbeitung neuer Mitarbeiter.
- bietet die Grundlage für die Steuerung und Überwachung des Mitarbeiters.
- ist ein Hilfsmittel für die fachliche Beurteilung des Mitarbeiters.
- hilft zur richtigen Stellenbesetzung
- läßt dem Vorgesetzten mehr Zeit für Führungsaufgaben.

Für den Mitarbeiter bietet die Stellenbeschreibung folgende Vorteile:

- In der Stellenbeschreibung sind die Normalfälle festgelegt; jeder Mitarbeiter weiß, welche Aufgaben er zu erfüllen hat und wie groß sein Ermessensspielraum ist.
- Der Mitarbeiter erhält durch die Stellenbeschreibung Handlungsfreiheit gegenüber seinem Vorgesetzten.

- Die Stellenbeschreibung legt die Verantwortung des Mitarbeiters eindeutig fest.
- Der Mitarbeiter erhält durch die Stellenbeschreibung Handlungsfreiheit gegenüber seinen Kollegen.
- Der Mitarbeiter weiß, wie er sich den einzelnen Stellen im Unternehmen gegenüber zu verhalten hat.
- Die Stellenbeschreibung bietet dem Mitarbeiter eine Grundlage zur Selbstkontrolle.
- Die Stellenbeschreibung gibt dem Mitarbeiter mehr Sicherheit gegenüber einer falschen fachlichen Beurteilung.
- Die Stellenbeschreibung ist eine wichtige Grundlage für die Gehaltseinstufung.
- Die Stellenbeschreibung ist für den neuen Mitarbeiter eine wichtige Unterlage für seine Einarbeitung.

Als Hilfsmittel für die Festlegung der Einzelheiten einer Stelle dient das Formular Stellenbeschreibung (Formular II/28).

FUTH	STELLEN-BESCHREIBUNG	erstellt am: 19.3.76 erstellt durch: Futh
System	Teilsystem	Untersystem
Auftrags-Nr.	Auftragsbezeichnung	Projektstufe

Stellenbezeichnung: Anwendungsprogrammierer

Unterstellung: Er ist dem Leiter der Programmierung unterstellt

Überstellung: Bei Einsatz als Projektleiter unterstehen ihm fachlich alle Teammitglieder

Stellvertretung: —

Kommunikation: Er nimmt an allen Sitzungen und Präsentationen seiner Projekte teil

Information: Er wird über alle Tatbestände seiner Projekte sowie über neue Techniken und Hilfsmittel informiert. Bei Einsatz als Projektleiter informiert er den Leiter der Programmierung wöchentlich über Stand und Entwicklung seiner Projekte

Ziel der Stelle: Ausarbeitung neuer Programme und Programmänderungen entsprechend der Zielsetzung der Unternehmensführung

Besondere Befugnisse des Stelleninhabers

Bei Einsatz als Projektleiter kann er Überstunden in begründeten Ausnahmefällen anordnen, fachliche Anordnungen treffen und ist für die ordnungsgemäße Projektrealisierung mitverantwortlich

Formular II/28

Aufgaben der Stelle

- Er wirkt an Zeitschätzverfahren für neue Programme und Programmänderungen mit.
- Er arbeitet Programme aus; im einzelnen bestehen seine Aufgaben aus: Analyse der Programmvorgabe, Entwurf von Programmabläufen, Codierung, Programmumwandlung, Ausarbeitung von Testdaten für Programmtests, Programmtests, Mitwirkung bei Programmfolgetests und bei der Programmeinführung sowie Ausarbeitung der Programmdokumentation.
- Er führt vorgegebene Programmänderungen durch.
- Er schlägt Verbesserungen in der Programmierung vor.
- Er erstellt wöchentliche Arbeitsberichte.
- Er informiert sich selbst über Neuerungen.

3.4 Personeller Aufbau der EDV-Abteilung

3.41 Ermittlung des Personalbedarfs

Die Anschaffung einer EDV-Anlage ist völlig sinnlos, schafft man nicht zugleich die entsprechenden personellen Voraussetzungen in der EDV-Abteilung. Denn Erfolg und Mißerfolg der elektronischen Datenverarbeitung hängen entscheidend von den Fähigkeiten und Erfahrungen der Mitarbeiter ab, die die neuen Systeme entwerfen, die gestellten Aufgaben programmieren und die Maschinen bedienen.

Wie viele Personen sind nun für die Vorbereitung und Durchführung der maschinellen Datenverarbeitung erforderlich, und wovon hängt die Anzahl der Mitarbeiter für die einzelnen Aufgaben ab?

Ganz allgemein wird der Bedarf an EDV-Organisatoren und Programmierern von folgenden Tatbeständen beeinflußt:

- Größe und Ausrüstung der EDV-Anlage und Zusatzmaschinen
- Anzahl und Schwierigkeitsgrad der umzustellenden Arbeitsgebiete
- EDV-Stufe (Routineaufgaben, Dispositionsaufgaben, Planungs- und Informationssysteme)
- Zeitraum, der für die einzelnen Umstellungsstufen vorgesehen ist
- fachliche Qualifikation und Ausbildungsstand des eingesetzten Personals
- Automatisierungsstand des Unternehmens (Einführung oder Erweiterung der EDV)
- Vorlage wirklichkeitsnaher Organisationsunterlagen (Arbeitsablaufpläne, Arbeitsanweisungen usw).

Bei der Ermittlung des mengenmäßigen Bedarfs an EDV-Organisatoren und Programmierern geht man am besten von den umzustellenden Hauptarbeitsgebieten und den geplanten Umstellungsstufen aus. Für jedes dieser Hauptarbeitsgebiete (beispielsweise Brutto- und Nettolohnabrechnung, Materialabrechnung, Kostenrechnung, Finanzbuchhaltung, Arbeitsvorbereitung), die gleichzeitig bearbeitet werden sollen, wird ein Umstellungsteam (EDV-Organisatoren und Programmierer) in der Größe von 2 - 5 Personen gebildet. Diesen Teams überträgt man dann die vollständige Vorbereitung und Umstellung der Arbeitsgebiete. Von dem organisatorischen und programmierungstechnischen Schwierigkeitsgrad der Aufgabe hängt es ab, wie viele Organisatoren bzw. Programmierer ein Team umfaßt. So wird die Umstellung der Lohnabrechnung weitaus mehr Programmierungsarbeiten als organisatorische Aufgaben mit sich bringen. Umgekehrt werden die Entwicklung und Einführung eines neuen Informationssystems die EDV-Organisatoren weitaus länger und stärker beanspruchen als die Programmierer.

Die Größe der Bedienungsmannschaft im Maschinenraum wird durch die Größe und Ausrüstung der EDV-Anlage, die Maschinenauslastung und die Arbeitsweise der Anlage bestimmt. Jeder Schicht steht ein Schichtleiter vor. Bei Schichtbetrieb muß die Anzahl der Operateure entsprechend verdoppelt oder verdreifacht werden. Aus Sicherheitsgründen sollten mindestens zwei Operateure je Schicht vorgesehen sein. Zu den Operateuren kommen weitere Mitarbeiter für die Arbeitsplanung und -vorbereitung, für das Archiv und Materiallager, zum Bedienen der Trenn- und Schneidemaschinen und der Ein- und Ausgabekontrolle. Die Anzahl der Datatypistinnen steht im Verhältnis zu der je Zeiteinheit anfallenden Datenmenge.

Der Versuch, zu allgemeingültigen und generell anwendbaren Aussagen über den Personalbedarf zu kommen, scheitert an der Vielfalt und Gewichtung der obengenannten Einflußgrößen. Zur Orientierung mag dienen, daß in der Regel die Personalkosten der EDV-Abteilung das 1 1/2 bis 2-fache der Maschinenkosten betragen. Zur weiteren Hilfe mögen die Zahlen des Personalbedarfs in Bild 27 beitragen, die jedoch nur unter Vorbehalt gewertet werden dürfen. Sie können in der Praxis

FUTH	Personeller Aufbau Personalbedarf			Bild 27
Funktionen / Personal-bed.	kleine EDV-Abt.	mittlere EDV-Abt.	große EDV-Abt.	Bemerkungen
1. EDV-Leiter	1	1	1	
2. Assistent	-	-	1	
3. Leiter EDV-Organisation	-	1	1	
4. EDV-Organisatoren (Systemplaner, -analytiker)	2 - 3	4 - 6	11 - 25	bei sehr großen EDV-Abteilungen auch darüber
5. Leiter Programmierung	-	1	1	
6. Anwendungsprogrammierer	2 - 3	5 - 8	11 - 25	"
7. Systemspezialisten	-	1 - 2	3 - 7	
8. RZ-Leiter	1	1	1	
9. Arbeitsplaner, -vorbereiter und Archivare	1	2 - 3	4 - 10	
10. Operateure	1	2 - 3	4 - 6	je Schicht!
11. Datatypistinnen	2 - 4	5 - 10	16 - 30	abhängig vom Datenvolumen
12. Sachbearbeiter Kontrolle/Abstimmung	1	2 - 4	6 - 15	
13. Hilfskräfte	1	1 - 2	4 - 6	
Summe	12 - 16	26 - 42	64 - 129	inkl. Datatypist.

sowohl nach oben als auch nach unten abweichen. Der gegenwärtige als auch der geplante Personalbedarf wird im Stellenplan (Formular II/29) festgehalten. Die rein mengenmäßige Stellenplanung und -besetzung ist aber nicht mit der Qualifikation des eingesetzten oder zu beschaffenden Personals zu verwechseln. Während die Umstellung reiner Abrechnungsaufgaben bzw. die Steuerung kleiner EDV-Anlagen noch durch mittelmäßig qualifizierte Kräfte möglich ist, erfordern die gegenwärtigen, aber noch vielmehr die künftigen EDV-Aufgaben hochqualifizierte Fachkräfte. Dies gilt sowohl für neue Anwendungen als auch für die Planung, Vorbereitung und Steuerung der EDV-Anlagen. Den qualifizierten Anwendungsfachkräften (Systemplaner, Systemanalytiker, Organisationsprogrammierer) entsprechen Systemspezialisten (Arbeitsplaner, Konsoloperateure, Systemprogrammierer, TP-Spezialisten, DB-Verwalter, Datensicherungsingenieure und andere). Die Anforderungen an die einzelnen Mitarbeitergruppen werden im Anforderungsprofil (Formular II/30) festgehalten, und die Realisierung der Anforderungen erfolgt durch Aus- und Fortbildung vorhandener qualifizierter Fachkräfte bzw. Beschaffung geeigneter Mitarbeiter auf dem Personalmarkt.

Es fehlt nicht an Bestrebungen, den Personalbedarf in der EDV-Abteilung einzuschränken. Die Verwendung von Standard-Systemsoftware und -Anwendungssoftware, die Benutzung problemorientierter Programmsprachen sowie Vereinheitlichung in EDV-Organisation, Programmierung und Rechenzentrum durch Standards, Arbeitsanweisungen und einheitliche Dokumentation sind Beispiele, wie sich die zeitraubenden und kostenaufwendigen Umstellungs- und Abwicklungsarbeiten vermindern lassen.

FUTH	STELLENPLAN	erstellt am: 17.10.75 erstellt durch: Hirt
System	Teilsystem	Untersystem
Auftrags-Nr.	Auftragsbezeichnung	Projektstufe

Hauptabteilung:	Gruppe:
Abteilung: EDV-Abt.	Bemerkungen:

Stellenbezeichnung	Position	Ist am 1.10.75	Plan 1976	Plan 1977	Plan 1978	Plan	Summe	Bemerkungen
EDV-Leiter		1	–	–	–		1	
Leiter EDV-Organisation		1	–	–	–		1	
EDV-Organisatoren	Fachkräfte	3	+1	+1	+2		7	
Leiter Programmierung		1	–	–	–		1	
Anwendungsprogrammierer	Fachkräfte	5	+1	+2	–		8	
"	Junioren	2	–	+1	–		3	
Systemprogrammierer	Fachkräfte	2	–	–	+1		3	
Leiter Rechenzentrum		1	–	–	–		1	
Arbeitsvorbereiter		3	+1	–	+1		5	
Operateure	Senioren	2	–	–	+1		3	
"	Fachkräfte	2	–	–	+1		3	
Datatypistinnen	Fachkräfte	12	–	./. 2	./. 3		7	
"	Junioren	3	–	./. 1	./. 1		1	
Sachbearbeiter Kontrolle	Fachkräfte	5	–	–	–		5	
Hilfskräfte		2	–	–	–		2	
Summe		45	+3	+1	+2		51	

Formular II/29

FUTH	ANFORDERUNGSPROFIL	erstellt am: 13.1.76 erstellt durch: Hirt
System	Teilsystem	Untersystem
Auftrags-Nr.	Auftragsbezeichnung	Projektstufe

Hauptabteilung: Abteilung: EDV-Abt.	Gruppe: Programmierung Stellenbez.: Anwendungsprogrammierer

Anforderungsmerkmale	Spezifizierung	Anforderungsbewertung						
		HK	JF	F	SF	UF	MF	OF
Schulbildung								
Schule			2	2	2			
Hochschule			0	0	0			
Ausbildung								
Fachausbildung			2	2	2			
EDV-Grundausbildung			2	4	4			
EDV-Spezialausbildung	Platte / Band		2	2	4			
Berufserfahrung								
Facherfahrung			2	2	2			
EDV-Grunderfahrung			2	4	4			
EDV-Spezialerfahrung	Cobol		2	2	2			
Verantwortung								
Für Aufgabenkomplexe oder Maschinen			1	2	2			
Für Mitarbeiter			0	0	2			
Für Kontakte			0	1	1			
Besondere Fähigkeiten								
Selbständigkeit	} insbes. bei Einsatz als Projektleiter		2	2	4			
Zusammenarbeit			2	2	2			
Durchsetzungsvermögen			1	1	1			
Belastbarkeit			2	2	4			
Summe			22	28	36			

Bewertung

0 = keine Bedeutung
1 = geringe Bedeutung
2 = mittlere Bedeutung
4 = große Bedeutung

Positionen

HK = Hilfskraft
JF = Juniorfachkraft
F = Fachkraft
SF = Seniorfachkraft
UF = Untere Führungskraft
MF = Mittlere Führungskraft
OF = Obere Führungskraft

Formular II/30

3.42 Auswahl und Beschaffung des Personals

Steht der Personalbedarf fest, so folgt die Auswahl der Führungskräfte, EDV-Organisatoren, Programmierer und Mitarbeiter für das Rechenzentrum. Ob diese Kräfte (oder ein Teil davon) aus dem eigenen Unternehmen hervorgehen oder auf dem Arbeitsmarkt angeworben werden, ist für die Beschaffung von zweitrangiger Bedeutung. Soweit fähige Kräfte im eigenen Unternehmen zur Verfügung stehen, wird man auf diese zurückgreifen und sie ausbilden. Ist dies nicht der Fall, so ist das Unternehmen auf den Arbeitsmarkt angewiesen. In der Praxis hat sich die Methode bewährt, vorhandene Mitarbeiter durch Fachkräfte von außen zu ergänzen, die bereits über entsprechende Erfahrungen in anderen Unternehmen verfügen. Nachwuchskräfte wird man dagegen meist aus eigenen Mitarbeitern auswählen. Da für diese Personen aber ein bis zwei Jahre für Ausbildung und Einarbeitung benötigt werden, bevor sie als vollwertige Kräfte zur Verfügung stehen, und diese Zeit oftmals nicht vorhanden ist, muß zumindest teilweise auf Kräfte außerhalb des Unternehmens zurückgegriffen werden.

Von entscheidender Bedeutung ist die Auswahl des Leiters der EDV-Abteilung. Ob er aus dem eigenen Unternehmen hervorgeht oder auf dem Arbeitsmarkt angeworben wird, spielt bei der Besetzung dieser wichtigen Führungsposition eine zweitrangige Rolle. Zweckmäßig ist es jedoch, wenn der Leiter der EDV-Abteilung bereits an der Voruntersuchung mitgewirkt hat. Von ihm werden die höchsten Eignungen und Fähigkeiten verlangt. Er muß nicht nur gute Kenntnisse auf dem Gebiet der Betriebswirtschaft und Organisation besitzen, sondern auch die Datenverarbeitung in allen ihren Disziplinen sicher beherrschen. Neben seinen besonderen fachlichen Fähigkeiten sollte er zur Menschenführung befähigt sein und sich zum Teamgeist bekennen. Nicht wenige Führungskräfte der Datenverarbeitung scheitern daran, daß sie ein unzeitgemäßes Untertanensystem errichten oder ein Kumpelverhältnis zu ihren Mitarbeitern haben. Der Leiter der EDV-Abteilung muß loyal auf der Seite des Unternehmens stehen und das volle Vertrauen der Unternehmensführung besitzen.

Die Leiter für die einzelnen Gruppen können aus eigenen Mitarbeitern ausgewählt oder ebenfalls auf dem Arbeitsmarkt beschafft werden. Sie müssen in erster Linie hervorragende Fachleute ihrer Disziplin sein, die den Mitgliedern ihrer Gruppe Rat und Unterstützung geben. Auch für diese Position sind Kräfte ungeeignet, denen eine Teamarbeit fremd ist.

Auch an die EDV-Organisatoren sind hohe Maßstäbe zu legen. Von einem Organisator auf dem Gebiete der elektronischen Datenverarbeitung werden nicht nur gute betriebswirtschaftliche Kenntnisse und eine gründliche EDV-Ausbildung verlangt, er muß auch das Rüstzeug für seine Organisationsarbeit besitzen. Die Fähigkeit zum logischen und abstrakten Denken und dazu Phantasie und Kombinationsgabe sind die Grundvoraussetzungen jeder organisatorischen Tätigkeit. Zusätzlich wird von ihm gefordert, daß er die Programmierungstechnik kennt und selbst eine Zeitlang programmiert hat. Die Befähigung im Umgang mit den Angehörigen der Fachabteilungen gehört genauso zu den Eigenschaften eines guten EDV-Organisators wie die Anpassung an die Mitglieder des eigenen Teams.

Im Gegensatz zum EDV-Organisator kommt es beim Programmierer weniger auf Vorkenntnisse als auf eine gute Eignung und gründliche Ausbildung an. Unerläßlich ist es für seine Qualifikation, daß er ein hohes Maß logischen Denkvermögens und eine Spezialbegabung zum abstrakten Denken besitzt. Eine gute Allgemeinbildung und das Wissen um die wirtschaftlichen Zusammenhänge sind von Vorteil, jedoch nicht in jedem Falle unbedingte Voraussetzung für den Beruf eines Programmierers.

Die Auswahl der Nachwuchsprogrammierer erfolgt meist mit Hilfe eines Tests, bei dem der Bewerber innerhalb einer bestimmten Zeit eine größere Anzahl Aufgaben lösen muß, die aus der Fortführung logisch aufgebauter Folgen bestehen.

Die richtigen Lösungen erhalten dann eine dem Schwierigkeitsgrad entsprechende Punktbewertung, und der Test gilt als bestanden, wenn eine festgesetzte Punktzahl erreicht ist. Sicher sagt der Test wenig über die besondere Eignung eines Bewerbers als Programmierer aus. Denn wer eine hohe Punktzahl erreicht, braucht deshalb nicht ein Spitzenprogrammierer zu werden. Allerdings wird ein Bewerber, der in einer vorgeschriebenen Zeit nur eine sehr geringe Punktzahl erzielt, sich wohl kaum für den Beruf eines Programmierers eignen.

Weitaus höhere Ansprüche als früher werden heute an das Bedienungspersonal und an die Arbeitsplaner und Ablaufvorbereiter gestellt. Bei der Auswahl der Operateure werden häufig Fehler gemacht. Nicht jeder Bediener einer kleinen EDV-Anlage eignet sich als Konsoloperator, an den heute außerordentlich hohe Ansprüche gestellt werden.

Bild 28 zeigt eine Übersicht über die Aktivitäten der Personalbeschaffung und die Aufgabenteilung zwischen Personal- und EDV-Abteilung.

3.43 EDV-Ausbildung

Es liegt in der Natur der Sache, daß die Mitarbeiter der EDV-Abteilung gründliche Kenntnisse in den Grundlagen der EDV (Hardware, Software, Orgware) als auch auf ihrem Spezialgebiet (EDV-Organisation, Programmierung, Maschinenbedienung etc.) besitzen müssen. Der Einsatz neuer Hardware- und Softwaretechniken (Datenfernverarbeitung, Multiprogramming, Datenbanksysteme und andere), aber auch die Umstellung auf höhere EDV-Stufen (Dispositions-, Planungs- und Informationssysteme) machen eine solide Ausbildung der Fachkräfte zur Voraussetzung. Aber nicht minder wichtig als eine gute Ausbildung der Fachkräfte ist ihre ständige Fortbildung. Die Anschaffung von Fachliteratur und Fachzeitschriften, der Besuch von Fortbildungskursen und der

FUTH	Personeller Aufbau Personalbeschaffung			Bild 28
Lfd. Nr.	Aktivität	Pers.-Abt.	EDV-Abt.	Bemerkungen
1.	<u>Planung der Personalbeschaffung</u>			
1.1	Festlegung der Beschaffungsdaten	X	X	
1.2	Prüfung auf interne Beschaffung	X		
1.3	Einschaltung Arbeitsämter und Ausbildungsinstitute	X		
1.4	Bereitstellung von Unterlagen		X	Stellenbeschreibungen, Anforderungsprofile, Gehaltspläne
2.	<u>Anzeigenwerbung</u>			
2.1	Auswahl der Werbeträger	X		
2.2	Festlegung der Schalttermine	X		
2.3	Entwurf und Vergabe der Anzeigen	X	X	
3.	<u>Bewerbungsaktion</u>			
3.1	Telefonische Anfragen		X	
3.2	Schriftliche Kurzbewerbung		X	
3.3	Auswertung der Bewerbungsunterl.	X	X	
3.4	Vorstellung der Bewerber und Auswahl	X	X	
4.	<u>Einstellungsaktion</u>			
4.1	Entscheidung	X	X	
4.2	Angebot	X		
4.3	Zusagen	X		
4.4	Absagen	X		
5.	<u>Beschaffungskontrolle</u>			
5.1	Anzeigenkontrolle	X		
5.2	Bewerbungskontrolle	X		
5.3	Kostenkontrolle	X		

zwischenbetriebliche Erfahrungsaustausch sind wichtig, damit sich die EDV-Fachkräfte nicht zu einseitigen und eingeengten Spezialisten entwickeln und sich stets dem technischen Fortschritt anpassen können. Für die notwendige Fortbildung der Mitarbeiter müssen heute etwa 10 Arbeitstage pro Jahr und Mitarbeiter angesetzt werden.

Neben den Mitarbeitern der EDV-Abteilung müssen auch andere Führungskräfte und Fachkräfte des Unternehmens entsprechende EDV-Kenntnisse besitzen. Hierzu gehören:

- die Mitglieder der Unternehmensführung
- die untere und mittlere Führungsschicht
- die Sachbearbeiter in den Fachabteilungen
- die Kontaktleute in den Fachabteilungen (sie arbeiten aktiv an der EDV-Umstellung mit und betreuen die Arbeitsabläufe in den Fachabteilungen nach der Umstellung)
- die Mitarbeiter der Betriebsorganisation und
- die Mitarbeiter der Revisionsabteilung.

Es empfiehlt sich, den einzelnen Zielgruppen neben EDV-Grundkenntnissen EDV-Spezialwissen zu vermitteln, das sich an den speziellen Aufgaben der einzelnen Zielgruppen orientieren muß. Sogenannte EDV-Einführungskurse (dies sei mit aller Deutlichkeit gesagt) bilden heute keinen Ersatz mehr für eine gründliche, zweckorientierte EDV-Ausbildung der Führungskräfte und Fachkräfte außerhalb der EDV-Abteilung.

Bild 29 zeigt eine Übersicht über Inhalt, Ziel und Umfang der EDV-Ausbildung für die einzelnen Zielgruppen außerhalb der EDV-Abteilung.

Soweit dies wirtschaftlich ist, empfiehlt sich eine firmeninterne Ausbildung durch fachlich und pädagogisch geeignete betriebsinterne oder betriebsexterne Instruktoren. Ein gleich guter Nutzen bei geringeren Kosten kann erzielt werden, wenn die Ausbildung auf Verbandsebene folgt. Bei firmenexternen Seminaren sollte (durch Seminarbeurteilungen)

FUTH	Personeller Aufbau EDV-Ausbildung	Bild 29

Zielgruppe	Seminarinhalt und -ziel	Umfang Tage
1. Unternehmensführung	- EDV-Grundkenntnisse	3 - 5
	- EDV-Organisationsaufbau und -ablauf (Überwachung der EDV-Abteilung)	3 - 5
	- EDV-Planungs- und Informationswesen (Mitwirkung bei EDV-Umstellungen)	3 - 5
	- jährliche Fortbildung	2 - 3
2. Untere und mittlere Führungsschicht	- EDV-Grundkenntnisse	3 - 5
	- EDV-Anwendungen (Information über spezielle Anwendungen)	2 - 3
	- EDV-Umstellungen (Mitwirkung bei EDV-Umstellungen)	2 - 3
	- jährliche Fortbildung	2 - 3
3. Sachbearbeiter in Fachabteilungen	- EDV-Grundkenntnisse	3 - 5
	- EDV-Umstellungen (Mitwirkung bei EDV-Umstellungen)	2 - 3
	- jährliche Fortbildung	2 - 3
4. Kontaktleute in Fachabteilungen	- EDV-Grundkenntnisse	5 - 10
	- EDV-Anwendungen (Kenntnisse über spezielle Anwendungen)	5 - 10
	- EDV-Umstellungen (Mitarbeit bei EDV-Umstellungen)	5 - 10
	- jährliche Fortbildung	5 - 10
5. Mitarbeiter der Betriebsorganisation	- EDV-Grundkenntnisse	5 - 10
	- EDV-Umstellungen (Mitarbeit bei EDV-Umstellungen)	5 - 10
	- jährliche Fortbildung	3 - 5
6. Mitarbeiter der Revisionsabteilung	- EDV-Grundkenntnisse	5 - 10
	- Programmierung (Programmrevision)	10 - 15
	- EDV-Organisationsaufbau und -ablauf (Systemrevision)	10 - 15
	- jährliche Fortbildung	3 - 5

sichergestellt sein, daß langfristig nur solche Institute und Seminare für die EDV-Ausbildung herangezogen werden, die den erwarteten Nutzen bringen.

3.5 Räumlicher und technischer Aufbau der EDV-Abteilung

3.51 Gebäude, Anordnung und Einrichtung der Räume

1. Gebäude

Da die baulichen Probleme bei der Einrichtung einer EDV-Abteilung bzw. Installation oder Erweiterung einer EDV-Anlage von Anwender zu Anwender verschieden sind, können innerhalb eines Buches nur gemeinsame Fragen behandelt werden. Im allgemeinen hängt die Lösung der räumlichen und technischen Probleme von folgenden Faktoren ab:

- Bauliche Gegebenheiten
  (wird die EDV-Abteilung in einem vorhandenen oder neu zu errichtenden Gebäude untergebracht?)
- Neueinrichtung oder Erweiterung
  (wird die EDV-Abteilung neu eingerichtet oder nur erweitert?)
- Größe der EDV-Abteilung
  (Größe der EDV-Anlage und Art und Anzahl der peripheren Geräte, Anzahl der EDV-Mitarbeiter, Größe der Lagerräume)
- Zielsetzung der Unternehmensführung
  (in welchem Umfang werden Zukunftserwartungen des Unternehmers mit in die Planung einbezogen?).

Sofort nach der Entscheidung für die Installation oder Erweiterung der EDV-Anlage sollte ein Planungsstab gebildet werden, der aufgrund der baulichen und EDV-mäßigen Gegebenheiten sowie der Zielsetzung der Unternehmensführung den räumlichen und technischen Aufbau der EDV-Abteilung plant, vorbereitet und überwacht. Der Planungsstab setzt sich zusammen aus

- Architekten mit entsprechenden Erfahrungen beim Aufbau und bei der Einrichtung von EDV-Abteilungen und Rechenzentren
- Ingenieure des eigenen Unternehmens, des Herstellers der EDV-Anlage und der Lieferanten für Klimatisierung und Energieversorgung
- Organisatoren mit entsprechenden Erfahrungen auf dem Gebiet der Bürobauten und -einrichtungen und
- EDV-Fachkräften (EDV-Leiter, RZ-Leiter).

Projektleiter des Planungsstabes sollte ein Mitarbeiter des eigenen Unternehmens sein.

2. Anordnung der Räume

Obwohl sich die Planung natürgemäß an den räumlichen Gegebenheiten des Unternehmens ausrichten muß, sollte man sich bemühen, eine bestmögliche Lage der EDV-Abteilung, insbesondere aber des Rechenzentrums, und eine ideale Anordnung der Räume zu finden. Während die Lage des Rechenzentrums vornehmlich von Sicherheitsüberlegungen (sichere Entfernung zu Gefährdungszentren) und Transportwegen (geringstmögliche An- und Ablieferungswege für Datenträger, Listen usw.) bestimmt ist, erfolgt die Anordnung der Räume allein nach dem Prinzip der ablauforganisatorischen Zweckmäßigkeit.

Wie aus der modellhaften Anordnung der Räume in Bild 30 hervorgeht, gruppieren sich alle Personal-, Material- und sonstigen Räume in zwei Ringen um den Maschinenraum. Im mittleren Ring (also in geringer Entfernung zum Maschinenraum) sind die Personalräume für den RZ-Leiter, die Wartungstechniker, die Operateure, die Arbeitsvorbereitung und Kontrolle /Abstimmung sowie die Räume für die zentrale Datenerfassung das Datenträgerarchiv, das Materialhandlager, die Energieversorgung und Klimatisierung untergebracht. Der äußere

FUTH	Räumlicher und technischer Aufbau Modell	Bild 30

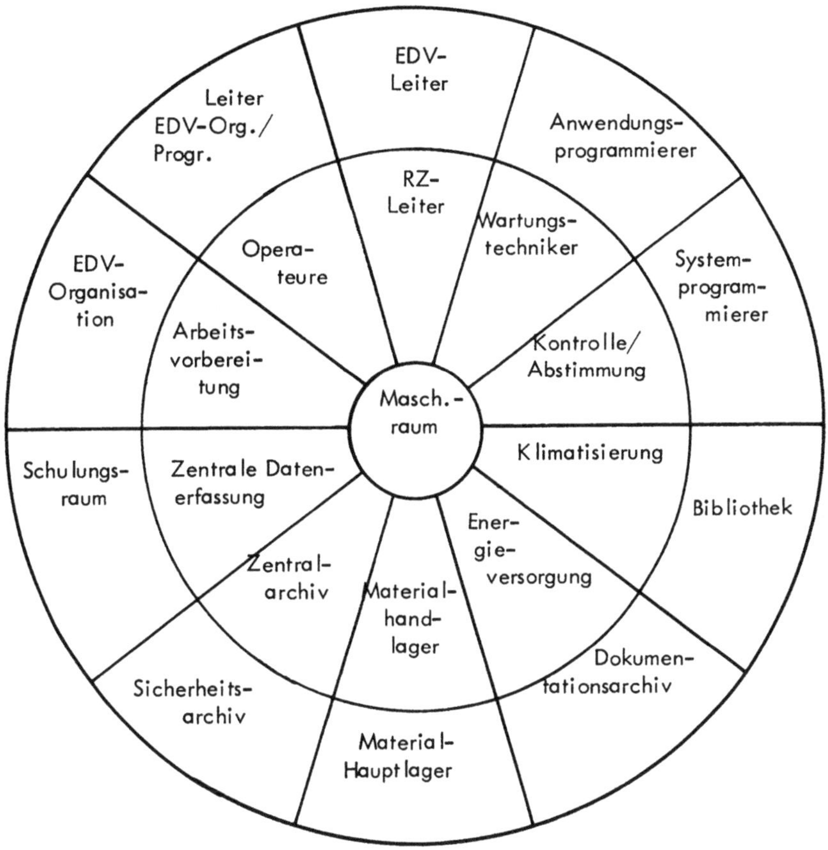

Innerer Ring = EDV-Anlage und periphere Geräte
Mittlerer Ring = um den Maschinenraum gruppiert bzw. im Keller untergebracht (Klimatisierung, Energieversorgung)
Äußerer Ring = Arbeits- und Nebenräume, Material-Hauptlager und ausgelagerte Archive

Ring (also etwas weiter entfernt vom Maschinenraum) nimmt dann die Räume für den EDV-Leiter, die Leiter für EDV-Organisation und Programmierung, EDV-Organisatoren und Anwendungs- und Systemprogrammierer sowie für Schulung, Bibliothek, Sicherheits- und Dokumentationsarchiv und Materialhauptlager auf. In Bild 31 ist das praktische Beispiel einer Raumanordnung dargestellt. Vom Notausgang abgesehen (der gleichzeitig den Transport der Maschinen ermöglicht), verfügt der Maschinenraum über zwei Zugänge, nämlich den Personalzugang (durch den Aufenthaltsraum der Operateure) und den Materialzugang (von der Arbeitsvorbereitung her). Alle im Maschinenraum permanent oder teilweise beschäftigten Personen (Operateure, Wartungstechniker, Systemprogrammierer und RZ-Leiter) betreten den Maschinenraum durch die Kontrollschleuse im Aufenthaltsraum der Operateure. Der zweite Zugang dient (von einzelnen Kontakten zwischen Arbeitsvorbereitung und Operateuren abgesehen) ausschließlich zur Anlieferung der Arbeitsunterlagen und Arbeitsmittel an den Maschinenraum bzw. Ablieferung der Arbeitsergebnisse vom Maschinenraum. Da die An- und Ablieferung des Materials sowie der Testdaten und -programme über einen Vorraum der Arbeitsvorbereitung erfolgt und die Außentüren zum Materialhandlager und Datenträgerarchiv verschlossen sind (sie werden nur zur Materialanlieferung geöffnet), ist der Maschinenraum einschließlich der umgebenden Räume völlig abgesperrt und gesichert. Die Zugangskontrollen im Operatorraum und in der Arbeitsvorbereitung können durch Lichtschranken, Ausweisleser o.ä. erfolgen.

Neben den genannten Räumen müssen auch die Räume für die Kontrolle/Abstimmung (An- und Ablieferung der Belege von und zu den Fachabteilungen) und die zentrale Datenerfassung in der Nähe des Maschinenraums liegen. Alle weiteren Räume können dagegen (wie im Bild) ebenfalls in der Nähe des Maschinenraums angeordnet sein oder aber, z.B. eine Etage darüber, in geringer Entfernung zum Maschinenraum liegen. Das gleiche gilt für Räume, die die Energieversorgung, die Klimatisierung und das Materialhauptlager bergen; diese Räume werden zweckmäßigerweise im Keller des Rechenzentrums untergebracht. Aus Sicherheitsgründen sind das Si-

FUTH	Räumlicher und technischer Aufbau Praktisches Beispiel	Bild 31

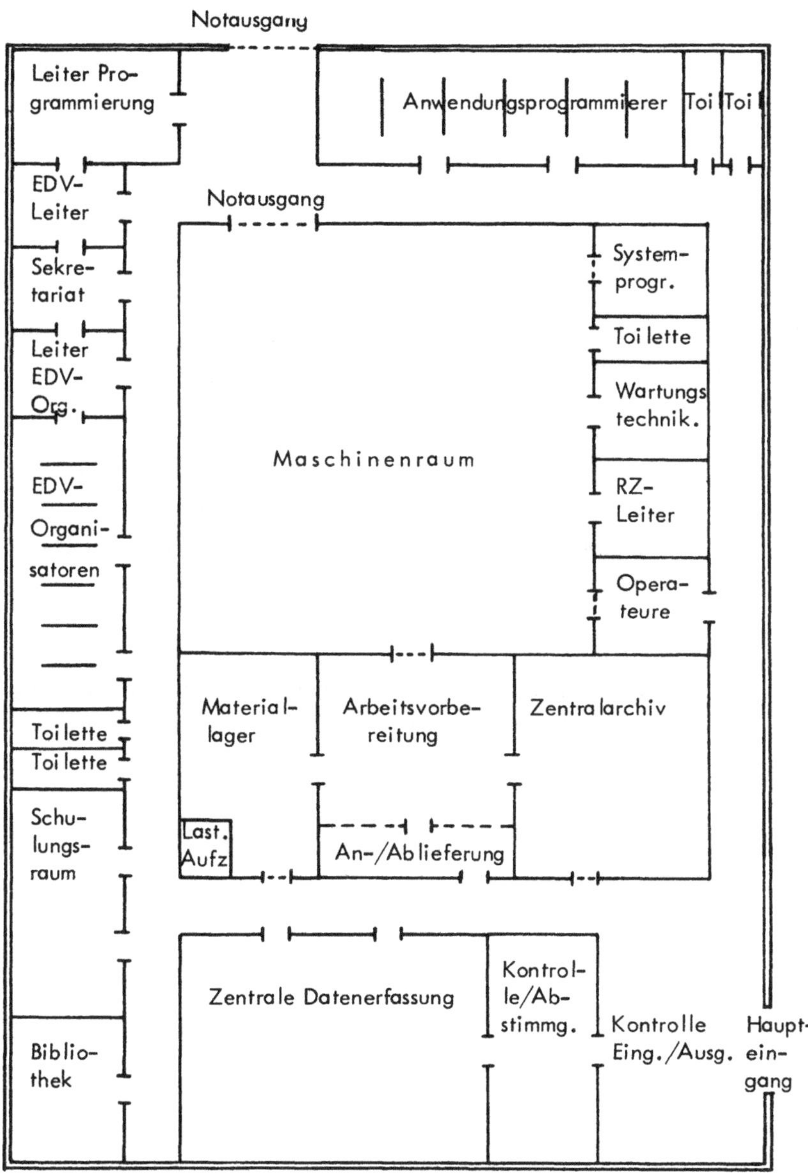

Energieversorgung, Klimatisierung und Materialhauptlager sind im Keller untergebracht. Sicherheitsarchiv und Dokumentationsarchiv sind ausgelagert.

cherheits-Datenträgerarchiv und das Dokumentationsarchiv außerhalb des Rechenzentrums untergebracht. Die Räume sollten zum einen so weit vom Rechenzentrum entfernt sein, daß sie bei einer Katastrophe nicht in Mitleidenschaft gezogen werden, zum anderen aber möglichst geringe Transportwege bedingen.

3. Einrichtung der Räume

Maschinenräume

Bei der Gestaltung und Einrichtung der Maschinenräume müssen folgende Punkte berücksichtigt werden:

- EDV-Anlage und Zusatzmaschinen
  (Aufstellungsplatz, Maschinenanordnung, ausreichende Klimatisierung von Maschinen und Raum, Bodenbelastung und Deckenhöhe, Kabel und Luftschächte, staubanziehendes Verkleidungsmaterial)

- Maschinenbedienung
  (Entfernung zwischen Zentraleinheit und peripheren Geräten, ausreichende und blendfreie Beleuchtung, minimale Geräuschbelästigung, zweckmäßige Farbgestaltung)

- Sicherheit
  (Closed-Shop-Betrieb, Zugangskontrolle, möglichst keine Außenfenster, Sicherung der Luftansaugschächte, elektromagnetische Abschirmung (soweit erforderlich), Feuerlöscher, Alarmanlage, akustische und optische Warngeräte, Kennzeichnung der Fluchtwege).

Da die Gestaltung und Einrichtung der Maschinenräume von den betrieblichen Gegebenheiten und der Größe und Ausrüstung der EDV-Anlage abhängen und alle Hersteller von EDV-Anlagen hierfür geeignete Daten zur Verfügung stellen, können wir uns auf die obengenannten Hinweise beschränken.

Personalräume

Bei den Personalräumen muß zwischen Arbeits- und Aufenthaltsräumen unterschieden und bei den Arbeitsräumen nochmals nach personenbezogenen und objektbezogenen Arbeitsräumen getrennt werden. Folgen wir dieser Dreiteilung, so gehören (in Anlehnung an Bild 31) zu den

- personenbezogenen Arbeitsräumen
  die Räume für alle Führungskräfte sowie für EDV-Organisatoren, Anwendungsprogrammierer und Systemprogrammierer.

- objektbezogenen Arbeitsräumen
  die Räume für Arbeitsvorbereitung, Kontrolle/Abstimmung, Datenerfassung, Wartungstechniker und Sekretariat.

- Aufenthaltsräumen
  der Operatorraum und ggfs. ein Pausenraum für die Datatypistinnen.

Die einzelnen Räume sind entsprechend ihrer Funktion auszustatten. Unabhängig davon, ob man dem Großraumbüro oder Einzelräumen den Vorzug gibt, müssen die personenbezogenen Arbeitsräume ein konzentriertes Arbeiten des einzelnen Mitarbeiters ermöglichen. Auf dieses Ziel hin müssen Raumgröße, Beleuchtung und Lrämfreiheit sowie Ausstattung abgestellt sein.

Bei den objektbezogenen Arbeitsräumen stehen zwar Maschinen (Datenerfassungsgeräte), Maschinenersatzteile oder Arbeitshilfsmittel im Vordergrund der Raumgestaltungsfragen, doch auch hier müssen die Arbeitsbedingungen personenfreundlich sein.

Aufenthaltsräume sind Pausen- und Freizeiträume. Auch sie sollten auf ihren Zweck abgestellt sein, einen bescheidenen Komfort bieten (Sessel, Kaffeemaschine, Kühlschrank) und im Gegensatz zum Maschinenraum und den ihm umgebenden Räumen das Rauchen gestatten.

Lagerräume

Sie dienen zur Lagerung der Datenträger und Programme (Zentral- und Sicherheitsarchiv), der Dokumentation (Dokumentationsarchiv) und des Verbrauchsmaterial (Materialhand- und -hauptlager). Bei diesen Räumen stehen allein Sicherheit und organisatorische Zweckmäßigkeit im Vordergrund. Sie müssen groß genug sein, in vorteilhafter Entfernung zum Maschinenraum liegen und organisatorisch zweckmäßig gestaltet sein.

Sonstige Räume

Neben den Sanitärräumen gehören zu diesem Raumtyp vor allem der Schulungsraum (mit entsprechender Größe, Lage und Ausstattung) und die Bibliothek für Literatur, Zeitschriften und Arbeitsdokumentation. Ihre Größe und Ausstattung sollte die Bedeutung widerspiegeln, der heute die Aus- und Fortbildung der Mitarbeiter zukommt.

3.52 Planung und Vorbereitung der Installation

Einer der wichtigsten Punkte bei der Vorbereitung der Installation ist die Beschaffung und Installation der Klimaanlage. Sie kann nur in enger Zusammenarbeit mit der Herstellerfirma der EDV-Anlage und den Ingenieuren des eigenen Unternehmens vorgenommen werden. Bei der Planung der Klimatisierung ist dafür zu sorgen, daß die Klimaaggregate in nächster Nähe der EDV-Anlage untergebracht und der erhebliche Wasserverbrauch der Kältemaschinen durch ausreichende Wasserversorgung sichergestellt sind.

Obwohl die Bauelemente moderner EDV-Anlagen bedeutend weniger Wärme abgeben als früher, bedürfen auch sie einer ausreichenden Klimatisierung. Hierzu gehört nicht nur die richtige Temperaturregelung, sondern auch eine entsprechende Feuchtigkeit und Filtrierung der Luft, letztere vor allem dann, wenn Magnetbandgeräte und Magnetplatteneinheiten angeschlossen sind.

Es ist zu empfehlen, zusätzlich zur Klimatisierung der EDV-Anlage und der Maschinenräume auch die anderen Räume einschließlich der Lagerräume zu klimatisieren. Diese Maßnahme gewährleistet, daß bei den Datenträgern keine Schwierigkeiten aufgrund veränderter Klimabedingungen auftreten. Für die Raumklimatisierung wird neben der Anlagenklimatisierung eine zweite Kältemaschine benutzt. Diese Trennung hat den zusätzlichen Vorteil, daß bei Ausfall des Hauptklimagerätes auf die Raumklimatisierung umgeschaltet werden kann und auf diese Weise eine Mindestklimatisierung und (abhängig vom Anlagentyp) eine zeitweise Weiterarbeit sichergestellt sind. Um die Luft von unten her durch die Maschinen zu leiten und sie, damit kein Überdruck entsteht, oben wieder abzusaugen, baut man im Fußboden und in der Decke Kanalsysteme ein. Der Einbau eines Doppelbodens ist auch deshalb notwendig, um die Kabel zu verlegen, die die einzelnen Maschinen mit der Zentraleinheit verbinden. Damit die Klimatisierung nicht beeinträchtigt wird, sollten die Fenster des Rechenzentrums nicht zu öffnen sein. Die Umwälzung der gekühlten Luft findet etwa 50 - 60 mal in der Stunde statt. Temperatur und Feuchtigkeitsgehalt werden ständig kontrolliert, und die Bediener werden, sobald die festgelegte Grenze über- oder unterschritten ist, durch Alarmsysteme gewarnt. Die im Klimasystem befindliche Luft wird, sobald erforderlich, durch von außen angesaugte und gereinigte Frischluft ergänzt.

Um die elektronischen Elemente abzusichern, ist in der EDV-Anlage ein Regler eingebaut, der Schwankungen innerhalb eines Toleranzbereichs selbständig ausgleicht. Zur Vermeidung starker Stromschwankungen, wie sie beispielsweise beim gleichzeitigen Ein- und Abschalten vieler Maschinen in Industrieunternehmen auftreten, muß manchmal ein zusätzlicher Umformer vorgeschaltet werden, der starke Spannungsgefälle abfängt. Einer Kontrolle der Stromversorgung und Klimatisierung dienen automatische Einrichtungen, die Spannung, Frequenz sowie Feuchtigkeit und Temperatur kontrollieren und aufzeichnen. Werden die festgelegten Werte über- oder unterschritten, schaltet sich ein optisches und/oder akustisches Signal ein, das die Bediener auf Störungen hinweist. Eine Notstromversorgung sollte wegen ihres beträchtlichen Preises nur dann für erforderlich gehalten werden, wenn die EDV-Anlage für die Steuerung von Produktionsanlagen oder für andere Real-Time-Anwendungen eingesetzt wird. Der doppelte Fußboden dient sowohl zur Aufnahme der Klimakanäle als auch zur Verlegung der Maschinenkabel. Der Oberboden ruht in einer lichten Höhe von etwa 20 cm auf einer Stahlkonstruktion und ist meist aus rechteckigen Holz- oder Kunststoffplatten zusammengesetzt, die sich leicht entfernen lassen. Die erforderliche Tragfähigkeit beträgt zwischen 1000 und 1500 kg je Quadratmeter. Dieser Belastungsanspruch kann es im Einzelfall notwendig machen, bei Altbauten den Boden zu verstärken oder abzustützen. Um eine möglichst hohe Staubfreiheit zu erzielen, muß der Fußboden mit einem Spezialanstrich versehen oder mit einem staubanziehenden Belag von Korklinoleum beklebt sein. Damit die Maschinengeräusche auf ein Mindestmaß gesenkt werden, sind die Seitenwände und Deckenverkleidung aus schallschluckendem Material gefertigt. Darüber hinaus ist für ausreichende und blendfreie Lichtverhältnisse zu sorgen.

Der Leiter des Planungsprojekts hat rechtzeitig dafür Vorsorge zu tragen, daß die EDV-Anlage - den Anweisungen der Herstellerfirma entsprechend - sachgerecht zu ihrem Aufstellungsort transportiert werden kann. Da der Hersteller die Maschinen in der Regel nur "frei Haus" liefert, muß der Anwender selbst für die Bereitstellung von Hebezeugen, Transportmitteln und Arbeitern für die Aufstellung sorgen, es sei denn, daß die Herstellerfirma diese Arbeiten (auf Rechnung des Anwenders) übernimmt und sie durch eine Speditions- oder Transportfirma durchführen läßt.

3.53 Beschaffung des Zubehörs

Zur räumlichen Einrichtung und Installationsvorbereitung gehören die Planung und Beschaffung des Zubehörs. In den meisten Fällen wird das Zubehör vom Anwender gekauft. Zum

Zubehör zählen neben Magnetbändern und Magnetplatten (die meist größten Posten des Zubehörs ausmachen) Lochkartenbehälter, Transportgeräte und Schränke für die Lagerung von Magnetbändern und Magnetplatten. Die Anzahl der Magnetbänder und Magnetplatten hängt von der Datenmenge, der Häufigkeit der Verarbeitung und dem Sicherheitsbedürfnis des Unternehmens ab. Es sei jedoch darauf hingewiesen, daß der Bedarf, insbesondere bei Magnetbändern, häufig unterschätzt wird. Die zunehmende Bedeutung von Datensicherung und Datenschutz werden ein übriges tun, um den Bestand an Magnetbändern und Magnetplatten sowie entsprechenden Aufbewahrungsschränken stark zu erhöhen.

3.6 Umstellung der Arbeitsgebiete

Während die Vorbereitungsarbeiten und die Lieferung der EDV-Anlage in der Regel ein bis zwei Jahre umfassen, muß mit weit höherem Zeitaufwand für die Umstellung der Arbeitsgebiete gerechnet werden. Denn selten wird die Umstellung in einem Zuge vorgenommen, sondern erfolgt statt dessen in kleineren oder größeren Schritten vor und nach der Installation der EDV-Anlage. Vom Umfang und Schwierigkeitsgrad der umzustellenden Arbeitsgebiete, von der Anzahl und Qualifikation des eingesetzten Personals und von der terminlichen Zielsetzung der Unternehmensführung hängt es ab, welcher Zeitraum für die gesamten Umstellungsarbeiten angesetzt werden muß. Im allgemeinen geht man davon aus, daß zwischen 20 und 50 % der geplanten EDV-Aufgaben zum Zeitpunkt der Installation auf die EDV-Anlage übernommen werden.

Da die Aktivitäten bei der Umstellung sehr umfangreich und bedeutsam sind (und es zudem völlig gleich ist, ob sie vor oder nach der Installation der EDV-Anlage anfallen) haben wir ihnen ein gesondertes Buch gewidmet. Deshalb sei auf den Band III dieser Buchreihe hingewiesen, in dem alle Aktivitäten im Zusammenhang mit der Umstellung der Arbeitsgebiete unter dem Titel

Entwicklung und Einführung von EDV-Systemen

ausführlich dargestellt und erläutert werden.

Anhang

Begriffserklärungen

Ablaufvorbereitung	Aufgabe der Stelle Arbeitsvorbereitung zur Vorbereitung der Maschinenabläufe, d.h. Bereitstellung von Arbeitsunterlagen und -mitteln
Analysebogen	Hilfsmittel für die Analyse von Daten, Tätigkeiten und anderem
Anwendungssoftware	Begriff für die Summe aller Programme für bestimmte Anwendungen
Anwendungssoftware-Sachleistungen	hier: Serviceleistungen des EDV-Herstellers auf dem Gebiet der Anwendungsprogramme
Arbeitsprogramme	Teil der Systemsoftware für bestimmte, sachgebietsunabhängige Arbeiten, wie z.B. Standardprogramme für die Eingabe Lochkarten-Magnetband oder Magnetband-Drucker
Arbeitsspeicher	Interner Speicher (meist Magnetkernspeicher) der Zentraleinheit für die Speicherung ablaufender Befehle und Daten
Arbeitsplanung	Teilaufgabe der Stelle Arbeitsvorbereitung für die Einplanung von Praxis- und Testarbeiten

Archivierung	Verwaltung und Änderungsdienst des Datenträger-, Programm- und Dokumentationsarchivs
Assembler	Maschinenorientierte symbolische Programmsprache, auch Bezeichnung für Übersetzungsprogramm
Ausgabegerät	Gerät einer EDV-Anlage für die Ausgabe von Verarbeitungsergebnissen, insbesondere Drucker
Background-Programm	Englisch: Hintergrund-Programm; Programm, das beim Multiprogramming immer dann dazwischengeschoben wird, wenn das Vorrangprogramm auf die Ein- oder Ausgabe seiner Daten warten muß
Batch-Verarbeitung	Stapelverarbeitung; Verarbeitungsprinzip, bei dem die Daten nicht einzeln bei ihrem Anfall, sondern gesammelt verarbeitet werden; Gegensatz: Real-Time-Verarbeitung
Benchmark-Verfahren	Verfahren zur Leistungsmessung bei EDV-Anlagen; Auswahl einer repräsentativen Teilmenge vorhandener Programme, Unterteilung in verschiedene Programmklassen mit unterschiedlichen Hardware-Merkmalen und Messung der Benchmark-Ausführungszeiten je Programmklasse
betriebseigene Organisatoren	Organisatoren, die der eigenen Organisations- und EDV-Abteilung angehören
betriebsfremde Organisatoren	Organisatoren, die einer Hersteller- oder Beratungsfirma angehören

Betriebssystem	siehe Steuerprogramme
Bit	Abkürzung von binary digit; deutsch: Binärstelle, kleinste Stelle bei der Speicherung von Daten
Bytemaschine	EDV-Anlage, deren Arbeitsspeicher in Bytes unterteilt ist
Bytespeicher	Unterteilung des Arbeitsspeichers in Bytes, wobei jedes Byte einen Buchstaben oder ein Sonderzeichen bzw. 2 Ziffern aufnehmen kann
Closed-Shop-Betrieb	Abgeschlossener Maschinenraum, zu dem nur bestimmte Personen mit Genehmigung Zutritt haben
Cobol	Common Business Oriented Language, problemorientierte symbolische Programmsprache für kaufmännische Anwendungen
Compiler	Englisch: Übersetzungsprogramm, zur Übersetzung symbolischer Programme in die Maschinensprache
Datatypistin	Mitarbeiterin der Stelle Datenerfassung für die Erfassung und Prüfung von Daten
Datei	Bezeichnung eines zusammenhängenden Datenbestandes; Beispiel: Lagerbestandsdaten, Kundendaten, Personaldaten und andere
Datenbank	Ausdruck für die Speicherung unterschiedlicher, miteinander verknüpf-

	ter Daten verschiedener Art innerhalb einer bestimmten Systematik
Datenbanksystem	Speicherung- und Verarbeitungsform bei Datenbanken
Datenbit	siehe Bit
Datenerfassung	Erfassung der von äußeren oder inneren Stellen des Unternehmens eingehenden Daten und ihre Übertragung in Datenträger; gleichzeitig Bezeichnung der Stelle Datenerfassung
Datenerfassungsbeleg	Beleg, von dem die Daten in Datenträger übertragen werden
Datenfernübertragung	Einrichtung zur Übertragung von Daten zwischen EDV-Anlagen oder zwischen einer EDV-Anlage und Ein-/Ausgabestationen mit Hilfe von Fernschreib- oder Fernsprechleitungen
Datenfernverarbeitung	Datenfernübertragung mit anschließender Sofortverarbeitung der übertragenen Daten
Datenfluß	Arbeitsablauf, bezogen auf den Fluß der Daten zwischen verschiedenen Stellen
Datenflußplan	Darstellung eines Arbeitsablaufs in schaubildlicher Form
Datenkanal	Verbindung zwischen Zentraleinheit und den peripheren Ein-/Ausgabegeräten sowie externen Speichern zur Übertragung der Daten

Datenmengengerüst	Datenanfall je Zeiteinheit und Arbeitsgebiet
Datenschutz	Schutz der Daten, Programme und Dokumentationsunterlagen vor Mißbrauch
Datensicherung	Sicherung der Daten, Programme und Dokumentationsunterlagen gegen Beschädigung, Zerstörung und Verlust
Datensicherungsingenieur oder Datenschutzbeauftragter	Mitarbeiter der Organisations- oder Revisionsabteilung für die Sicherung und den Schutz von Daten, Programmen und Dokumentationsunterlagen
Datenstation	Ausdruck für ein Ein- und Ausgabegerät (Terminal) bei der Datenfernübertragung
Datenträger	Mittel für die Aufnahme von Daten bei der maschinellen Datenverarbeitung: Lochkarte, Lochstreifen, Magnetband, Magnetplatte und andere
Datenträgerarchiv	Archiv für die Aufbewahrung von Datenträgern, getrennt nach Zentral- und Sicherheitsarchiv
Datenübertragung	Übertragung der Daten vom Datenerfassungsbeleg in Datenträger
Datenverarbeitung außer Haus	Übertragung der Datenverarbeitung an ein fremdes Rechenzentrum
DB-Verwalter	Datenbank-Verwalter; Mitarbeiter der EDV-Abteilung, der für die Ver-

	waltung und Pflege der Datenbanken verantwortlich ist
Detailanalyse	Teilgebiet der Detailorganisation, im einzelnen Feinanalyse von Daten und Tätigkeiten
Dialogverkehr	oder Dialogbetrieb; Ausdruck für die direkte Eingabe, Verarbeitung und Ausgabe ohne Zeitverzögerung
Dienstprogramme	Unterteilung der Arbeitsprogramme in Dienst- und Verwaltungsprogramme, wobei die Dienstprogramme allgemeine Arbeitsprogramme, wie zum Beispiel das Sortieren und Mischen von Datenbeständen, umfassen, während Verwaltungsprogramme die Verwaltung von Datei- und Programmbibliotheken übernehmen
direkte Beleglesung	Bezeichnung für ein Verfahren, bei dem die Urbelege selbst von der EDV-Anlage direkt verarbeitet werden können, ohne daß es einer Übertragung in Datenträger bedarf
Direkteingabe	siehe direkte Ein- und Ausgabe
direkte Ein- und Ausgabe	Bezeichnung eines Verfahrens, bei dem die Daten über Datenstationen ohne Datenträger ein- bzw. die Ergebnisse direkt ausgegeben werden
Direkterfassung	anderer Ausdruck für Direkteingabe: Die Daten werden unmittelbar bei Anfall erfaßt und direkt in die EDV-Anlage eingegeben

Direktübertragung	Direkterfassung und -eingabe bedingen eine Direktübertragung der Daten zwischen Datenstation und EDV-Anlage
Direktverarbeitung	Bezeichnung eines Verfahrens, bei dem die direkt eingegebenen Daten nicht innerhalb der EDV-Anlage (auf Magnetband oder Magnetplatte) gesammelt, sondern unmittelbar nach ihrer Eingabe verarbeitet werden
Dokumentationsarchiv	Archiv für die Aufbewahrung der Organisations- und Programmdokumentation, getrennt nach Zentral- und Sicherheitsarchiv
Druckpuffer	Pufferspeicher im Schnelldrucker
EDV-Organisator	Mitarbeiter der Stelle EDV-Organisation zur Durchführung der organisatorischen Umstellungsarbeiten
Einfachbetrieb	im Gegensatz zum Mehrfachbetrieb (Multiprogramming) Arbeitsverfahren in der EDV-Anlage, bei dem die Programme einzeln und nacheinander ablaufen
Eingabegerät	Gerät für die Eingabe von Daten in eine EDV-Anlage
Einmalkosten	oder Einrichtungskosten; einmalige Kosten bei der Einrichtung oder Erweiterung der elektronischen Datenverarbeitung
externer Speicher	im Gegensatz zum internen Haupt- oder Arbeitsspeicher zusätzlicher

	Speicher wie Magnetband oder Magnetplattenspeicher
Fremdhardware	siehe Mixed Hardware
Gebrauchtcomputer	Computer, der bereits bei einem anderen Anwender eingesetzt war
gekoppelte Direkteingabe	automatische Direkteingabe durch Kopplung des Eingabegerätes mit einem anderen Gerät, zum Beispiel Registrierkasse, Produktionsmaschine und andere
Generierung	hier: Erzeugung eines betriebsindividuellen Steuerprogramms aus dem Standard-Steuerprogramm (Betriebssystem) des EDV-Herstellers
Gesamtsystem	hier: Gesamtplan für die Entwicklung und Einführung der EDV, der alle geplanten EDV-Abläufe eines Unternehmens umfaßt
Grob-Datenflußplan	Datenflußplan, der die einzelnen Schritte eines Arbeitsablaufs nur in größeren Einheiten und nur im Zusammenhang enthält
Hardware	Ausdruck für die Zusammenfassung aller technischen Einrichtungen der Datenerfassung, Datenübertragung und Datenverarbeitung
Hardware-Kompatibilität	Verträglichkeit, d.h. Koppelungsmöglichkeit von Hardwareeinheiten (Zentraleinheit mit fremden Ein- und Ausgabegeräten)

Hauptspeicher	siehe Arbeitsspeicher
Implementierung	Einrichtung, hier: Übernahme und Anlauf eines Softwareprogramms
Indexregister	besondere Einrichtung in der Zentraleinheit zur einfachen Änderung von Speicheradressen
Informationssystem	Ausdruck für ein System der Datenverarbeitung und Informationsgewinnung
integriertes Gesamtsystem	anderer Ausdruck für Gesamtsystem mit Betonung der Verbindungen zwischen den einzelnen Systemen, Teil- und Untersystemen
interner Speicher	siehe Arbeitsspeicher
Interview-Methode	Methode für die Aufnahme des Istzustandes, bei der die einzelnen, nach dem Istzustand arbeitenden Personen am Arbeitsplatz befragt werden
Istzustand	organisatorischer Zustand eines Arbeitsablaufs, wie er gegenwärtig besteht
Job-Accounting-Programm	Hilfsprogramm für die statistische Speicherung und Auswertung der Arbeiten auf der EDV-Anlage, um die EDV-Abwicklungskosten verrechnen und die Auslastung der EDV-Anlage prüfen zu können
Job-Control	Job-Kontrolle zur Steuerung der Programme, die zu sogenannten Jobs zusammengefaßt sind

K / KB
: K = Kilo = 1000, Größenangabe des internen Arbeitsspeichers in 1000 Einheiten (Stellen, Bytes, Worte); bei Bytemaschinen meist mit KB (= Kilobyte) bezeichnet

Kanalsteuerung
: hardware- oder softwaremäßige Steuerung des Datenflusses zwischen Zentraleinheit und peripheren Geräten in den Datenkanälen

Kauf
: hier: Kauf einer EDV-Anlage, meist mit Abschluß eines gesonderten Wartungsvertrages

Kleincomputer
: anderer Ausdruck für Magnetkontencomputer; ein elektronisches Gerät, das zwischen einer herkömmlichen Büromaschine und einer kleinen EDV-Anlage liegt

Kompatibilität
: Verträglichkeit zwischen Hardwareelementen verschiedener Hersteller bzw. zwischen Fremdhardware und Herstellersoftware

Konferenz-Methode
: Methode für die Aufnahme des Istzustandes, bei der die interessierenden Tatbestände im Gespräch eines größeren Personenkreises geklärt werden

Konsoloperator
: Operator, dessen Hauptaufgabe die Anlagensteuerung mit Hilfe des Konsol-Steuerpults oder der Konsol-Schreibmaschine ist

Kontrolle/Abstimmung
: Stelle des Rechenzentrums für die Durchführung der Ein- und Ausgabekontrolle

Kosten-/Leistungs-verhältnis	Ausdruck für die Gegenüberstellung von Kosten und Leistungen (ausgedrückt in Einsparungen) eines Verfahrens
Kosten-/Nutzen-Analyse	Ausdruck für die Gegenüberstellung von Kosten und Nutzen (Einsparungen + zusätzliche Vorteile) eines Verfahrens
laufende Kosten	im Gegensatz zu den einmaligen Entwicklungskosten die laufenden Betriebskosten der EDV
Leasing	Variante der Anlagenmiete, bei der eine Leasing-Gesellschaft die EDV-Anlage vom Hersteller kauft und an den Anwender weitervermietet
Leistungssimulation	Messung der Leistungsfähigkeit einer EDV-Anlage mit Hilfe eines besonderen Simulationsprogramms
Lochkartencode	Verschlüsselungssystem bei Lochkarten
Lochkartenverfahren	Verfahren der Datenerfassung mit Hilfe von Lochkarten
Lohnrechenzentrum	Rechenzentrum, das Datenverarbeitungsaufgaben für andere Unternehmen durchführt
Magnetband	Kunststoffband für die verschlüsselte Aufnahme und maschinelle Verarbeitung von Daten in Form von Magnetpunkten

Magnetband-Verfahren	hier: Einzelplatz-Datenerfassung auf Magnetband
Magnetplatte	polierte Metallscheibe, auf deren beiden Flächen Daten in konzentrischen Spuren gespeichert werden
Management by Exception	Ausdruck für das Eingreifen nur in Ausnahmefällen
manuelle Direkteingabe	Direkteingabe über Tastatur
Markierungsbeleg	Beleg für die Dateneingabe unter Umgehung eines zusätzlichen Datenträgers: Die Angaben werden nach einem speziellen Verfahren auf dem Beleg angebracht
Maschinencode	interne Verschlüsselung bei einer EDV-Anlage
Maschinenkonfiguration	Zusammensetzung einer EDV-Anlage nach Größe, Ein-/Ausgabegeräten und externen Speichern
Maschinenlogbuch	manuelle Aufschreibung aller Arbeiten und Störungen bei der EDV-Anlage
maschinenorientierte Programmsprache	siehe Assembler
Materialhandlager	Materiallager in der Nähe des Maschinenraums für die Aufnahme eines Wochenbedarfs an Verbrauchsmaterial
Materialhauptlager	Materiallager für die Aufnahme der Gesamtlagerung und des Nachschubs an Verbrauchsmaterial

Mehrfachbetrieb	siehe Multiprogramming
Mehrschichtmiete	zusätzliche Mietezahlungen für die 2. und 3. Schicht
Miete	hier: Miete einer EDV-Anlage unter Festlegung der Gesamtmietdauer und der Kündigungsfristen
Mietkauf	Vertragsform, bei der eine EDV-Anlage zunächst gemietet und später unter Anrechnung eines Teils der Mietezahlungen gekauft wird
Mixed Hardware	Fremdhardware; Ausdruck für den Anschluß fremder Ein- und Ausgabegeräte an einer EDV-Anlage
Mixed Kennzahlen	Verfahren der Leistungsmessung bei einer EDV-Anlage, bei der eine Summe aus verschiedenen Befehlsausführungszeiten mit den Mixed Kennzahlen anderer EDV-Anlagen verglichen wird
Monitor	hier: Einsatz von Hardwaremonitoren zur Auslastungs- und Leistungsmessung einzelner Elemente einer EDV-Anlage
Multiplexkanal	oder Vielfachkanal; Datenkanal für die Verbindung zwischen Zentraleinheit und verschiedenen Ein- und Ausgabegeräten
Multiprocessing	Verarbeitungsprinzip bei sehr grossen EDV-Anlagen, bei gleichzeitiger Verarbeitung mehrerer Programme in der Zentraleinheit

Multiprogramming	oder Mehrfachbetrieb; Kennzeichnung für die überlappte Verarbeitung mehrerer Programme in der Zentraleinheit
Netzplan	graphische Darstellung miteinander verknüpfter Operationen in der Form eines Netzgitters
Netzplantechnik	Darstellung aller Aktivitäten und Ereignisse in der graphischen Form eines Netzplans
Netzwerk	siehe Netzplan
optischer Belegleser	englisch: mathematische Entscheidungsforschung, auch Unternehmensforschung oder Verfahrensforschung genannt
optisch lesbarer Beleg	Gerät für die Eingabe von Daten in nicht verschlüsselter Form auf Urbelegen
Optisch lesbarer Beleg	Datenerfassungsbeleg, der unter Umgehung von besonderen Datenträgern mit Hilfe optischer Lesegeräte von der EDV-Anlage gelesen werden kann
Organisationsprogrammierer	Ausdruck für einen Programmierer, der neben den Programmierungsarbeiten auch Organisationsaufgaben bei der EDV-Umstellung durchführt
organisatorischer Kundendienst	hier: Kundendienst des EDV-Herstellers für die Mitarbeiterausbildung, Organisations- und Programmunterstützung sowie Bereitstellung von Testzeiten für den Anwender

primäre Eingabe	hier: Erfassung und Eingabe neuer Geschäftsvorfälle
Problemanalyse	1. Stufe der Projektrealisierung mit Aufnahme und Darstellung des gegenwärtigen Istzustandes
problemorientierte Programmsprache	Programmsprache, die sich nicht am Ablauf in der EDV-Anlage, sondern an der Darstellung eines Problems orientiert
Programm	Summe der Arbeitsschritte für die Durchführung einer Aufgabe auf der EDV-Anlage
Programmierer	Mitarbeiter der EDV-Abteilung für die Ausarbeitung von Programmen
Programmladen	Teil des Betriebssystems für die Übertragung eines Programms von externen Speichern (Magnetplatte oder Magnetband) in den internen Arbeitsspeicher einer EDV-Anlage
Programmpflege	Ausdruck für den Programmänderungsdienst
Projektrealisierung	Abwicklung eines EDV-Projektes, unterteilt nach Projektstufen
Pufferspeicher	Zwischenspeicher zur Pufferung der Ein- und/oder Ausgabedaten
Random Access Speicher	englisch: Bezeichnung für externe Speicher mit wahlfreiem Zugriff, insbesondere Magnetplattenspeicher

Real-Time-Betrieb	oder Echtzeitverarbeitung; Verarbeitungsform, bei der die anfallenden Daten sofort in der EDV-Anlage bearbeitet und ausgewertet werden
Sammelsystem	hier: Datenerfassungssystem, bei dem die Daten an Einzelplätzen erfaßt und zentral auf Magnetplatte und Magnetband zur Weiterverarbeitung zwischengespeichert werden
Schichtmiete	siehe Mehrschichtmiete
Schichtwartung	Schichtwartung bezeichnet die Wartung einer EDV-Anlage innerhalb der 2. oder 3. Schicht
schriftliche Befragung	Methode für die Aufnahme des Istzustandes, bei der die Sachbearbeiter Fragebogen beantworten oder Tätigkeitsberichtsblätter führen müssen
Second-Hand-Computer	siehe Gebrauchtcomputer
sekundäre Datei	hier: Speicherung von Stamm- oder Bestandsdaten (Gegensatz: primäre Eingabe)
Selektorkanal	oder Auswahlkanal; Datenkanal zwischen Zentraleinheit und einem bestimmten, meist schnellen Ein- oder Ausgabegerät
Service-Leistungen	hier: Gesamtheit der Unterstützungsleistungen des EDV-Herstellers
Sicherheitsarchiv	im Gegensatz zum Zentralarchiv der EDV-Abteilung oder des Rechenzen-

	trums ein ausgelagertes Archiv zur Sicherung der Datenträger, Programme und Dokumentationsunterlagen
Software	im Gegensatz zur Hardware die Summe aller System- und Anwendungsprogramme
Softwarehaus	Bezeichnung für ein Unternehmen, das sich auf die Entwicklung und den Vertrieb von Software spezialisiert hat
Software-Leistungen	hier: Leistungen eines EDV-Herstellers auf dem Gebiet der Standard-Software
Speicherkapazität	höchstmögliche Aufnahmefähigkeit eines Speichers, in Stellen, Bytes oder Worten ausgedrückt
Standard-Anwendungssoftware	einheitliches Softwarepaket für eine bestimmte Anwendung, das von mehreren Anwendern benutzt werden kann
Standard-Software	einheitliches Softwarepaket, das von mehreren Anwendern benutzt werden kann, unterschieden nach System- und Anwendungssoftware
Standard-System-Software	Systemsoftwarepaket, das von mehreren Anwendern benutzt werden kann
Stellenmaschine	Ausdruck für eine EDV-Anlage, deren interner Arbeitsspeicher eine Stelle (ein Buchstabe oder eine Ziffer) als kleinste adressierbare Einheit umfaßt

Stellenspeicher	interner Arbeitsspeicher mit einer Stelle als kleinste adressierbare Einheit
Steuereinheit	Teil der Zentraleinheit für die Durchführung des Steuerungsablaufs der EDV-Anlage
Steuerprogramme	Teil der Systemsoftware zur Steuerung des Gesamtablaufs einer EDV-Anlage, gemeinsam von Hardware und Software
Steuerpult-Schreibmaschine	elektrische Schreibmaschine für die Ein- und Ausgabe von Einzelinformationen zur Steuerung einer EDV-Anlage
Streifenbeleg	Papierstreifen einer Registrierkasse o.ä., der direkt von einem Streifen-Belegleser gelesen werden kann
Supervisor	Teil eines Steuerprogramms
Systemanalytiker	anderer Ausdruck für EDV-Organisator mit Schwergewicht auf den Aufgaben der Detailorganisation
Systemplaner	anderer Ausdruck für EDV-Organisator mit Schwergewicht auf der Konzeptionsentwicklung
Systemprogrammierer	im Gegensatz zum Anwendungsprogrammierer ein EDV-Mitarbeiter, der sich ausschließlich mit den Fragen der Systemsoftware befaßt

Systemsoftware	im Gegensatz zur Anwendungssoftware handelt es sich bei der Systemsoftware um Programmpakete, die der Steuerung der EDV-Anlage sowie allgemeinen Maschinenarbeiten und nicht bestimmten Anwendungen dienen
Systemsoftware-Sachleistungen	hier: Sachleistung des EDV-Herstellers an den Anwender auf dem Gebiet der Systemsoftware
Systemunterstützung	Unterstützung des EDV-Herstellers bei der Einrichtung einer EDV-Anlage
Technischer Service	im Gegensatz zum organisatorischen Service handelt es sich hier um die technischen Leistungen eines EDV-Herstellers auf dem Gebiet der Wartung und Reparatur
Teilsystem	betreffend Gliederung eines EDV-Systems in Teilsysteme und Untersysteme
Testbeispiele	simulierte Daten zur Durchführung von Programmtests
TP-Spezialist	TP = Teleprocessing = Datenfernverarbeitung; Mitarbeiter der EDV-Abteilung mit Spezialgebiet im Bereich der Datenfernverarbeitung
Übersetzungsprogramme	Teil der Systemsoftware zur Übersetzung von Programmen aus der symbolischen in die Maschinen-Programmsprache
Übertragungs-geschwindigkeit	Geschwindigkeit zur Übertragung von Daten zwischen Zentraleinheit und

	peripheren Geräten bzw. bei der Datenfernübertragung
Umwandlung	maschinelle Übersetzung eines Programms von der Programm- in die Maschinensprache
Untersuchungsteam	hier: Mitarbeitergruppe zur Durchführung der Voruntersuchung bei der Einrichtung oder Erweiterung einer EDV-Abteilung
Urbeleg-Verfahren	siehe direkte Beleglesung
Verwaltungsprogramm	Teil des Steuerprogramms zur Führung und Verwaltung von Programm- und Dateibibliotheken
wahlfreier Zugriff	englisch: Random Access; die Möglichkeit, gespeicherte Daten in beliebiger Reihenfolge ansprechen zu können
Wartungskosten	jährliche Kosten für Wartung und Reparatur einer EDV-Anlage beim Kaufvertrag
Wortmaschine	EDV-Anlage mit einer Einteilung des internen Arbeitsspeichers nach Worten (ein Wort kann mehrere Buchstaben und/oder Ziffern aufnehmen)
Wortspeicher	interner Arbeitsspeicher einer EDV-Anlage mit einer Einteilung nach Speicherworten
Zentralarchiv	im Gegensatz zum Sicherheitsarchiv Aufbewahrung der Datenträger, Programme und Dokumentationsunter-

	lagen innerhalb der EDV-Abteilung oder des Rechenzentrums
Zentraleinheit	englisch: CPU; Bezeichnung für Steuerwerk, Recheneinheit und internem Arbeitsspeicher einer EDV-Anlage
Zugriffszeit	Zeit für das Auffinden oder Hinbringen eines Datenbegriffs oder Datensatzes im Speicher

Sachregister

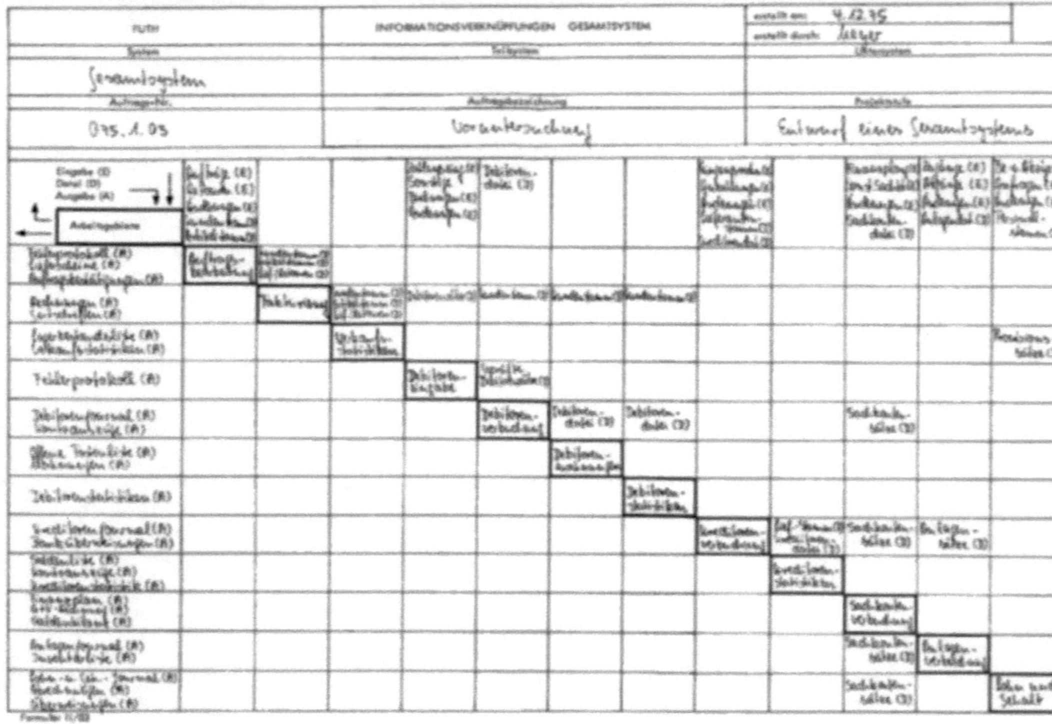

FUTH | INFORMATIONSVERKNÜPFUNGEN GESAMTSYSTEM | erstellt am: 4.12.75

System: Gesamtsystem | Teilsystem | Untersystem

Auftrags-Nr.: 075.1.03 | Auftragsbezeichnung: Voruntersuchung | Projektstufe: Entwurf eines Gesamtsystems

Eingabe (E)
Datei (D)
Ausgabe (A)
Arbeitsgebiete

Fehlerprotokoll (A)

Formular 11/80

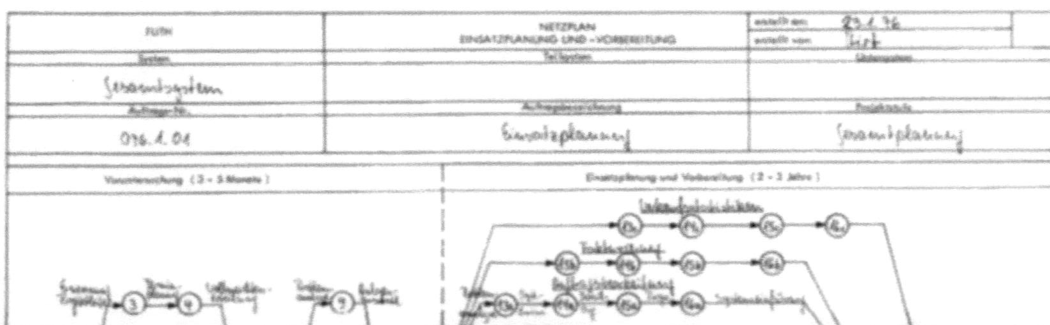

FUTH | NETZPLAN EINSATZPLANUNG UND -VORBEREITUNG | erstellt am: 23.1.76

System: Gesamtsystem | Teilsystem | Untersystem

Auftrags-Nr.: 076.1.01 | Auftragsbezeichnung: Einsatzplanung | Projektstufe: Gesamtplanung

Voruntersuchung (3 - 5 Monate) | Einsatzplanung und Vorbereitung (2 - 3 Jahre)

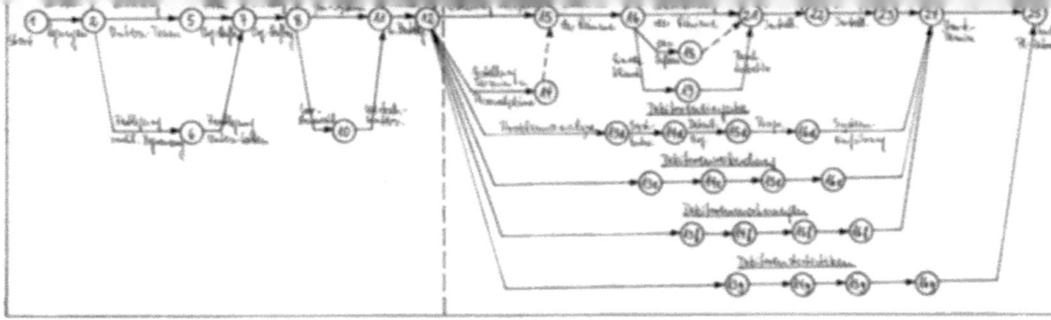

Formular 11/25

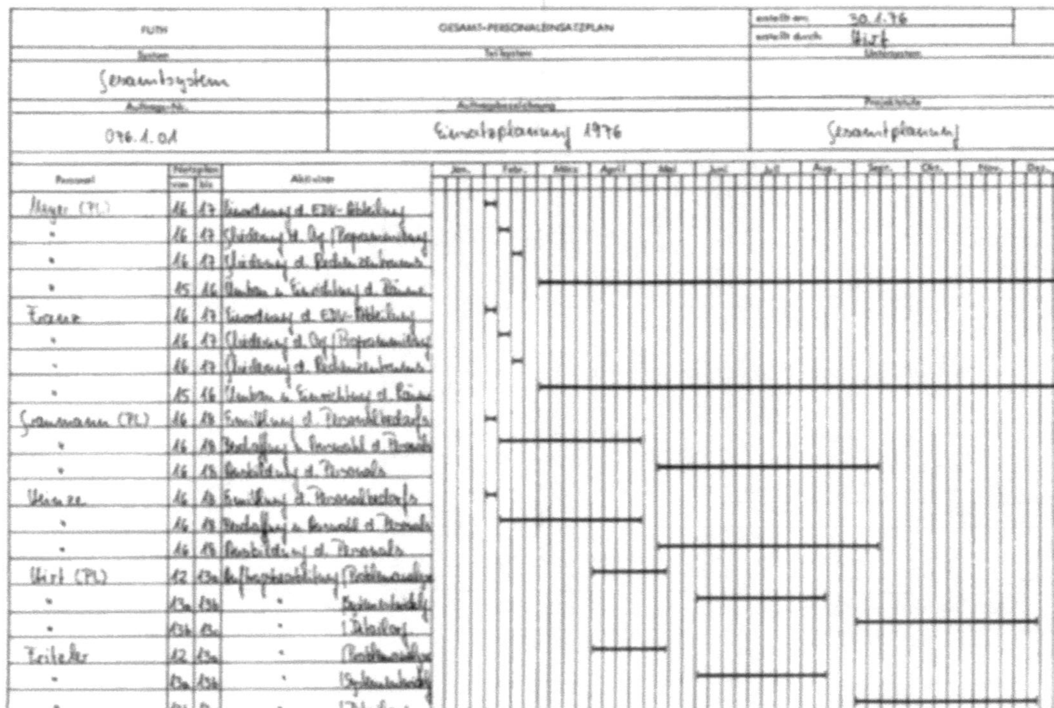

Formular 11/27

FUTH	AUFGABEN- UND DATENÜBERSICHT	erstellt am: 20.11.75 erstellt durch: Franz
System	**Teilsystem**	**Untersystem**
Verkaufsabrechnung		
Auftrags-Nr.	**Auftragsbezeichnung**	**Projektstufe**
075.1.03	Voruntersuchung	Aufgaben- u. Datenanalyse (Ist)

Stelle: Vertrieb Arbeitsgebiet: Verkaufsabrechnung	Organisation: Meyer Franz, Lehmann Mitarbeiter Fachabt.: Schmann, Huber, Ernst	Anzahl Führungskräfte: 1 Anzahl Sachbearbeiter: 6 Anzahl Hilfskräfte: 2

Tätigkeit								Eingang					Ausgang					Hilfsmittel			
Lfd. Nr.	Bezeichnung	Methode	Anz. Pers.	Periode	Zeit	Zeitaufw.	Mtl. Kosten	Beleg	von	Anz. je ZE	Mengenänderg.	Schlüssel	Beleg	an	Anz. je ZE	Mengenänderg.	Schlüssel	Art	Anz.	Mengenänderg.	Schlüssel
01	Annahme und Prüfung der Kundenaufträge	manuell	4	tägl.	10-14 Uhr	16 Std.	8.000	Kundenauftrag	Kunden	tägl. 200-250	+ ca. 10% p.a.	Kunden-Nr., Artikel-Nr.	bearbeiteter Kundenauftrag	—	s. Eingang Kundenauftrag			Kundenkartei	ca. 2.500	—	Kunden-Nr.
02	Verfügbarkeitsprüfung und Schreiben der Auftragsbestätigungen	manuell/ Schreibmaschine	2	tägl.	14-17 Uhr	6 Std.	5.000	bearbeiteter Kundenauftrag	—	s. Eingang Kundenauftrag			Auftragsbestätigung	Kunde, Registratur	tägl. 200-250	+ ca. 10% p.a.	Kunden-Nr., Artikel-Nr.	Bestandslisten	ca. 6000 Artikel	+/½ 5% p.a.	Artikel-Nr.
03	Schreiben der Lieferaufträge	manuell/ Schreibmaschine	2	tägl. (Folgetag)	8-12 Uhr	8 Std.	7.000	Auftragsbestätigung	—	s. Ausgang Auftragsbestätigung			Lieferauftrag	Lager	tägl. 150-180	+ ca. 5% p.a.	Kunden-Nr., Artikel-Nr.	Kundenkartei	s. Hilfsmittel Kundenkartei		
04	Fakturierung	manuell/ Fakturierautomaten	2	tägl.	14-17 Uhr	6 Std.	7.000	Lieferschein	Lager	tägl. 150-180	+ ca. 5% p.a.	Kunden-Nr., Artikel-Nr.	Rechnung	Kunde, Buchh., Registr., Vertreter	tägl. 150-180	+ ca. 5% p.a.	Kunden-Nr., Artikel-Nr.	Kundenkartei, Vertreterkartei	s. Hilfsmittel Kundenkartei; ca. 120	—	Vertreter-Nr.
05	Bearbeitung von Retouren	manuell	1	tägl.	10-14 Uhr	3 Std.	2.500	Retourenschein	Lager	tägl. 10-15	+ ca. 10% p.a.	Kunden-Nr., Artikel-Nr.	Gutschrift	Kunde, Buchh., Registr., Vertreter	tägl. 10-15	+ ca. 10% p.a.	Kunden-Nr., Artikel-Nr.	Kundenkartei, Vertreterkartei	s. Hilfsmittel Kunden- u. Vertreterkartei		
06	Gewinnung von Statistiken	manuell	1	mtl.	—	3-4 Tage	1.500	Auftragsbestätig., Rechnung, Retourenschein	Registratur	s. oben	s. oben	s. oben	Verkaufsstatistiken	Leiter ReWe	3 Listen: je Kunde, je Vertreter, Retouren	—	Kunden-Nr., Artikel-Nr., Vertreter-Nr.	—	—	—	—

Formular II/02

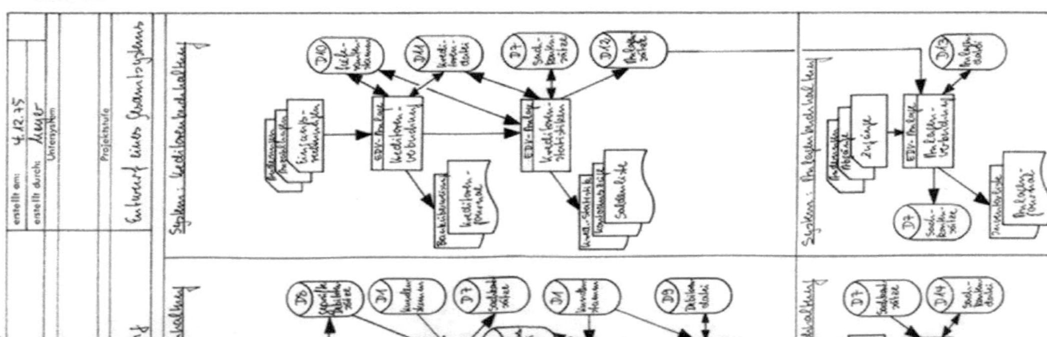

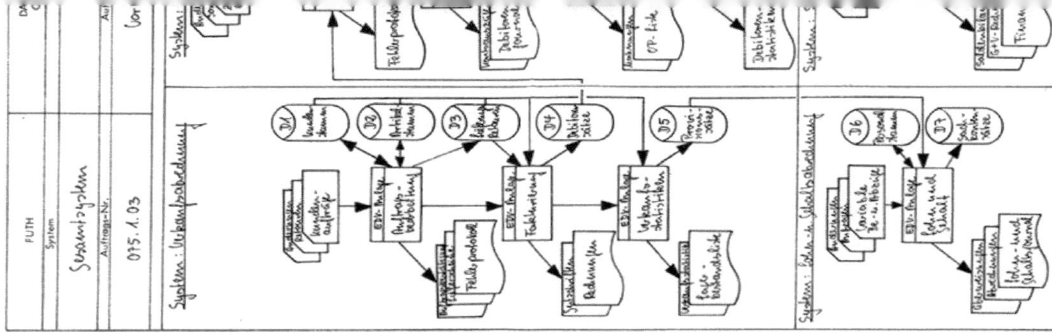

FUTH	GESAMT-TERMINPLAN	erstellt am: 27.1.76 / erstellt durch: Hirt
System	Teilsystem	Untersystem
Gesamtsystem		
Auftrags-Nr.	Auftragsbezeichnung	Projektstufe
076.1.01	Einsatzplanung 1976	Gesamtplanung

Netzplan von	Netzplan bis	Aktivität	Personal	Jan.	Febr.	März	April	Mai	Juni	Juli	Aug.	Sept.	Okt.	Nov.	Dez.
16	17	Einordnung der EDV-Abteilung	Meyer (PL), Franz												
16	17	Gliederung der Org. / Programmierung	" "												
16	17	Gliederung des Rechenzentrums	" "												
16	18	Ermittlung d. Personalbedarfs	Graumann (PL), Heinze												
16	18	Beschaffung u. Auswahl d. Personals	" "												
16	18	Ausbildung d. Personals	" "												
15	16	Umbau u. Einrichtung d. Räume	Meyer (PL), Franz												
12	13a	Auftragsbearbeitung / Problemanalyse	Hirt (PL), Fritzler												
13a	13b	" / Systementwicklg.	" "												
13b	13c	" / Detailorg.	" "												

Formular II/26

Bei Fragen zur Produktsicherheit wenden Sie sich bitte an:
If you have any questions regarding product safety,
please contact:

Walter de Gruyter GmbH
Genthiner Straße 13
10785 Berlin
productsafety@degruyterbrill.com